Arist von Schlippe / Jochen Schweitzer

Gewusst wie, gewusst warum: Die Logik systemischer Interventionen

Mit einem Vorwort von Jürgen Kriz

Mit 7 Abbildungen

Vandenhoeck & Ruprecht

Bibliografische Information der Deutschen Nationalbibliothek:
Die Deutsche Nationalbibliothek verzeichnet diese Publikation in der
Deutschen Nationalbibliografie; detaillierte bibliografische Daten sind
im Internet über http://dnb.de abrufbar.

© 2019, Vandenhoeck & Ruprecht GmbH & Co. KG,
Theaterstraße 13, D-37073 Göttingen
Alle Rechte vorbehalten. Das Werk und seine Teile sind urheberrechtlich
geschützt. Jede Verwertung in anderen als den gesetzlich zugelassenen Fällen
bedarf der vorherigen schriftlichen Einwilligung des Verlages.

Umschlagabbildung: Robert Delaunay, Kreisformen, 1930/akg-images

Satz: SchwabScantechnik, Göttingen
Druck und Bindung: ⊕ Hubert & Co. BuchPartner, Göttingen
Printed in the EU

Vandenhoeck & Ruprecht Verlage | www.vandenhoeck-ruprecht-verlage.com

ISBN 978-3-525-45904-1

Inhalt

Vorwort von Jürgen Kriz 9

1 **Einführung** 13

2 **Theorie und Praxis systemischer Interventionen** 19
   2.1 Historisches 19
   2.2 Konstruktivismus und sozialer Konstruktionismus 24
   2.3 Systemtheorie(n) – eine oder viele? 28
      2.3.1 Die Theorie sozialer Systeme/Differenztheorie ... 30
      2.3.2 Die Theorie komplexer dynamischer Systeme 41
      2.3.3 Narrative Theorien 46
      2.3.4 Sinnbegriff als Klammer 54
      2.3.5 Exkurs: Eine besondere Form von Sinn:
          Psychische »Krankheit« 59

3 **Logiken systemischer Interventionen** 64
   3.1 Orientierung und Bündnisrhetorik 65
      3.1.1 Erwartungen, Wünsche und Absichten 65
      3.1.2 Bündnisrhetorik 70
   3.2 Der Verzicht auf zielgerichtete Veränderung:
      Ein Rahmen für die Selbstorganisation 73
      3.2.1 Stabilität als der »erklärungsbedürftige
          Sonderfall« 73
      3.2.2 Rahmensteuerung 77
      3.2.3 Keine Tricks 80
      3.2.4 Dekonstruktion und Verstörung 82

3.3 Der Verzicht auf personenbezogene Zurechnung 84
3.4 Engagierter Austausch von Wirklichkeitsbeschreibungen 88
3.5 Eine »Wolke aus Erwartungs-Erwartungen« 95
3.6 Alles, was gesagt wird, wird von einem Beobachter gesagt 98
3.7 Potenziallandschaften hinterfragen 100
3.8 Suche nach alternativen Geschichten 103
3.9 Anwalt der Ambivalenz 106
3.10 Selbstreferenz: Sein eigener Beobachter werden 110
3.11 Fazit 113

4 Settings systemischer Interventionen 116
4.1 Settings im Kontext Familie 119
    4.1.1 Das »klassische« Setting: Familie und Berater(in) 119
    4.1.2 Multifamilientherapie 122
    4.1.3 Multidimensionale und Multisystemische
          Familientherapie 123
    4.1.4 Aufsuchende Arbeit mit Multiproblemfamilien 124
4.2 Kontext Paarbeziehung 127
4.3 Einzelpersonen 132
    4.3.1 Systemische Einzelarbeit 132
    4.3.2 Systemische Kinder- bzw. Spieltherapie 134
4.4 Elterncoaching 137
    4.4.1 Selbstbeobachtung per Video: Das Marte-Meo-
          Modell und die »Babysprechstunde« 138
    4.4.2 Gewaltloser Widerstand und systemisches
          Elterncoaching 141
4.5 Mediation, Trennungs- und Scheidungsberatung 146
4.6 Settings im Kontext Organisation 151
    4.6.1 Die Differenz von Bindungs- und Entscheidungs-
          kommunikation 152
    4.6.2 Teams 155
    4.6.3 Zwischen Unternehmen und Familie:
          Unternehmerfamilien 157
    4.6.4 Coaching 159

5 Schlusswort 163

Literatur 168
Sachregister 186

Vorwort von Jürgen Kriz

Die Autoren dieses Buches haben nicht nur seit vielen Jahren als Hochschullehrer und als systemische Lehrtherapeuten/Lehrsupervisoren eine große Zahl von Studierenden und Teilnehmenden an Ausbildungskursen mit dem systemischen Ansatz vertraut gemacht. Sie haben zudem durch zahlreiche Fachartikel den Diskurs in Wissenschaft und Praxis von systemischer Therapie, Beratung und Coaching befeuert. Ganz besonders aber dürften Arist von Schlippe und Jochen Schweitzer vielen Menschen als Autoren zahlreicher gemeinsamer Bücher bekannt sein, die – wie etwa die vertrauten Lehrbücher I und II – deswegen hohe Auflagen und Verbreitung erzielen, weil sie den Weg auf dem schmalen Grat bewundernswert meistern, auf dem Theorie und Praxis in überzeugender Weise miteinander verbunden werden können. Schmal ist der Grat deshalb, weil gerade bei der Auseinandersetzung mit Themen und Fragen zum systemischen Ansatz die Gefahr besteht, dass auf der einen Seite durch allzu viel bzw. »tiefe« Theorie der Anschluss an die konkreten Anliegen systemisch Arbeitender verloren geht und dass auf der anderen Seite scheinbar gut verständliche, aber letztlich unzureichende bis irreführende metaphorische Ausdeutungen des Modebegriffs »systemisch« kein wirklich tragfähiges Fundament für verantwortungsvolles Handeln zur Verfügung gestellt wird.

Eine solche erfolgreiche Gratwanderung zeigt auch dieses Buch. Es wird dabei ein Weg durch bedeutungsvolle Hinweisschilder vorgezeichnet, denen man gut und gern zu folgen vermag. Es ist ein Weg, der sowohl gleichzeitig festen Tritt auf dem Boden theoretischer Fundierung gewährleistet als auch die spielerische Leichtigkeit der Experten vermittelt und solcherart viele Ausblicke in weite und ansprechende Landschaften ermöglicht.

Die zentrale Botschaft ist ebenso klar wie unterstützenswert: Das Essenzielle am systemischen Arbeiten mit Menschen beruht nicht auf der Anwendung eines möglichst großen Kastens voller »Tools« – so wichtig und nützlich die Kenntnis solcher prototypischen Handlungswerkzeuge auch sein mag. Vielmehr liegt das Essenzielle systemischer Arbeit in einem bestimmten Weltbild und einer Epistemologie, die, verbunden mit einer guten theoretischen Grundlage, das erst zur Entfaltung bringt, was dann von Beobachtern oft als Tools beschrieben wird.

Die Grenzen einer auf Tools und Techniken basierenden Vorgehensweise werden schnell deutlich, wenn man sich klar macht, dass jede Situation eigentlich einmalig ist, auch wenn wir natürlich dazu gezwungen sind, diese unfassbare Komplexität u. a. dadurch fassbar zu machen, dass wir Klassen ähnlicher Situationen erfinden. Eine erfolgreiche Anwendung von Tools setzt voraus, dass bestimmte Werkzeuge für bestimmte Klassen von Situationen passen – eine Zuordnung, die vergleichsweise starr und reduziert ist. Werden hingegen Vorgehensweisen auf der Basis eines theoretisch fundierten Verständnisses entfaltet, so dass man Vorstellungen und Leitbilder dazu entwickelt, *warum* man so handelt, so kann man in einem viel größeren Spektrum von Situationen passungsgerechtes Vorgehen entwickeln. Arist von Schlippe und Jochen Schweitzer haben das so formuliert: »Wenn sich systemische Praxis darauf begrenzt, systemische Interventions*techniken* anzuwenden, fehlt eine wichtige Reflexionsebene, auf der man sich fragt, *warum* man interveniert, wie man es tut.« Eine brauchbare theoretische Basis für praktisches Handeln gibt Spielraum, Freiheit und Kompetenz, das eigene Wissen, die eigenen Fertigkeiten kreativ und situationsadäquat zur Gestaltung hilfreicher Interaktionsprozesse einzusetzen.

Sehr ansprechend ist auch die Fokussierung im dritten Kapitel auf zehn wesentliche Aspekte, Prinzipien oder Heuristiken, mit denen eine Brücke von den zuvor dargestellten theoretischen Fundamenten zur konkreten Praxis hergestellt wird. Denn dies ist eine Ebene von

Welt- und Wirkbildern, die Nicht-Theoretiker – also wohl die allermeisten Leserinnen und Leser – als handlungsleitende Grundprinzipien unmittelbar mit ihrer Arbeit verbinden und als Leitideen auch präsent halten können.

Die Absage an eine »toolzentrierte« Technologie wird dann auch im letzten (vierten) großen Kapitel durchgehalten, in dem relevante Fragen zu den Anwendungsfeldern anhand von unterschiedlichen Settings erörtert werden und nicht anhand von idealtypischen Anwendungs-»Tricks« (was manche Tool-Sammlungen im schlechten Sinne auszeichnet). Gleichwohl – um nicht zu sagen: gerade deshalb – werden auch hier die an Praxis Interessierten durch viele wertvolle Anregungen, Sichtweisen und Einladungen zu Reflexionsmöglichkeiten auf ihre Kosten kommen. Die Bedeutung des von Kurt Lewin geprägten Satzes »Nichts ist so praktisch wie eine gute Theorie« wird hier konkret sichtbar und erfahrbar.

Dieses Buch zeigt gerade in seiner prägnanten – auf das Essenzielle fokussierten – Kürze etwas, was man im Alltag als reife Leistung bezeichnet. Die Autoren sind genügend alt und berühmt, um sich weder von der Erodierung akademischer Tugenden zu vordergründig evidenzbasierter Effektivität und Multiple-Choice-Wissen verbiegen zu lassen noch als Rebellen der Zunft etwas beweisen zu müssen. Vielmehr können sie ihren Blick auf das Wesentliche systemischen Arbeitens (um nicht zu sagen: hilfreich unterstützender Begleitung und »Beisteuerung« bei den Auswegen aus narrativen Fallen) souverän und ausgewogen den Leserinnen und Lesern vermitteln. Die Evaluationskriterien, die Kurt Ludewig vor mehr als dreißig Jahren für systemische Arbeit vorgeschlagen hat – »Nutzen, Schönheit, Respekt« –, lassen sich bemerkenswerterweise auch auf dieses Buch anwenden: Es ist überaus nützlich für alle, die ihre systemische Arbeit mit theoretischen Fundamenten und daraus abgeleiteten heuristischen Prinzipien verbinden wollen. Es vermittelt die Schönheit, die in der gelungenen Passung von Theorie und Praxis zum Ausdruck kommt. Und es lädt zum kalkuliert respektlosen Umgang mit Sichtweisen und zu einer respektvollen Beziehung zu den dahinterstehenden Menschen ein. Dies gilt sowohl für die konkrete Arbeit als auch für die Vermittlung der Konzepte, Ideen, Erfahrungen und Verstehensangebote, die diesen Ausführungen zugrunde liegen.

Es ist ein Buch, das ich gern gelesen und als Anregung zum Nach-Denken genutzt habe. Daher wünsche ich ihm von Herzen, dass es auch von vielen anderen Menschen gelesen wird und dass sie es ihrerseits als hilfreiche Anregung erfahren.

Jürgen Kriz

1 Einführung

Die Gründerzeit der Familientherapie ist lange vorbei. In den 1950er Jahren machten mutige Rebellen die spannende Erfahrung, dass sich Störungsbilder völlig anders zeigten, wenn sie nicht nur gedanklich im Gespräch mit einer Einzelperson, sondern »live« im Kontext des jeweiligen engsten Bezugssystems des jeweiligen Patienten wahrgenommen werden konnten. Diese Pioniere mussten sich in den frühen Jahren gegen die – damals stark von der klassischen Psychoanalyse geprägten – akademischen Lehrmeinungen durchsetzen. Die Bereitschaft, sich quer zu diesen Standards zu verhalten, erforderte Mut: Man setzte seine berufliche Reputation, manchmal auch seine wirtschaftliche Existenz aufs Spiel – wie etwa Virginia Satir eindrücklich berichtete, die auch gern als »Mutter der Familientherapie« bezeichnet wird (von Schlippe u. Schweitzer, 2012, S. 32). Aus dem Mut heraus, die disziplinär gesetzten Grenzen zu überschreiten, entwickelte sich die Familientherapie zunächst eher pragmatisch sowie in Abgrenzung gegen starre Lehrmeinungen und gegen immer abstrakter werdende Forschungsergebnisse, die als zu wenig für die Praxis relevant erschienen.

Die theoretischen Bezüge, die hergestellt wurden, orientierten sich anfangs noch an tiefenpsychologischen Konzepten. Etwa ab den 1980er Jahren begann eine eigene Tradition der Theorieentwicklung, die sich mehr und mehr von den ursprünglichen Theorien der Gründermütter und -väter entfernte. Schließlich beanspruchte sie, eine eigene Form der Psychotherapie darzustellen, die Systemische Therapie (beispielhaft ist diese Entwicklung nachzulesen bei Ludewig, 2015). In ihr setzte sich die kritische Haltung über die gewohnten Arten, wie mit seelischen Phänomenen gearbeitet wurde, fort. Dabei begab sie sich auf einen stärker erkenntnistheoretisch ausgerichteten Weg. Dieser legte einen grundlegenden Unterschied zu der gewohnten Weise bisheriger wissenschaftlicher Beschreibungsformen nahe. Der Hintergrund für diese Nähe zu konstruktivistischen und sozialkonstruktionistischen Gedankengebäuden mag damit zu tun haben, dass besonders in der Arbeit mit Mehrpersonensystemen eine Erfahrung sehr augenfällig ist: Das, was Menschen als »Wirklichkeit« erleben, lässt sich nicht davon trennen, wie diese Wirklichkeit sozial erzeugt und stabil gehalten wird (Gergen, 2002; Gergen u. Gergen, 2009). Menschen machen »aus bloßem Rauschen, aus einem bloßen Geräusch im System selbst Ordnung« (Luhmann, 2004, S. 119). Diese Ordnung ist nicht vorgegeben, sondern sie wird in einem dynamischen Prozess immer wieder neu erzeugt. Die Frage, wie die Welt »ist«, verändert sich, wird weniger wichtig, man fragt mehr danach, wie sie »geschieht« (Kriz, 2017a, S. 75).

Der systemische erkenntnissuchende Blick versucht nicht mehr, feste Fakten herauszubekommen, er sucht nicht nach etwas, das es »gibt«, sondern eher nach dem, was zwischen den Menschen wirksam ist, nach den Mustern flüchtiger Kommunikationen, die wir in den Prozessen ständig neu erzeugter zwischenmenschlicher und psychischer Realitäten beobachten können. Ganz explizit verschiebt etwa die Systemtheorie von Niklas Luhmann die Frage vom System als einem Objekt auf die Frage, wie es sich mit der Differenz zwischen System und Umwelt verhält (Abschnitt 2.3.1). Man schaut also auf den Vorgang der Unterscheidung, nicht auf ihr Ergebnis. Damit ist aber immer ein Beobachter vorausgesetzt, der die Welt aktiv erkennt: »Es gibt keine beobachtungslose Welt [...]. Wir brauchen nicht mehr zu wissen, wie die Welt ist, wenn wir wissen, wie sie beobachtet wird« (Luhmann, 2004, S. 139 ff.). Eine solche Sicht verändert übrigens auch den Umgang mit psychiatrischen Diagnosen, wie derselbe Autor an anderer Stelle betont: »[W]enn man wissen will, was ›pathologisch‹ ist, muss man den Beobachter beobachten, der diese Beschreibung verwendet, und nicht das, was so beschrieben wird« (Luhmann, 2009, S. 216).

Immer deutlicher wurde, dass die Familientherapie und die in ihrem Rahmen entwickelten Theorien und Methoden, über die man sich Mehrpersonensysteme erschließen kann, in eine andere Logik hineinführt, in eine, die viel mit der Frage zu tun hat, was unser psychosoziales Leben eigentlich genau ausmacht. So kann man nach Problemen wie nach einem »Ding« fragen, das »ist«: »Seit wann haben Sie ›es‹?«; »Wann ist ›es‹ das erste Mal aufgetreten?«; »Hat die Zahl der Schübe zugenommen?« usw. Diese Sichtweise wird Beobachtung erster Ordnung genannt, manchmal auch »essenzialistisch«, weil nach der »Essenz«, dem wahren Wesen eines Phänomens gesucht wird. Wenn man Probleme jedoch als etwas sieht, was im »Dazwischen« geschieht, wird man ganz anders fragen, nämlich nach Perspektiven von Beobachtern. Damit bewegt man sich dann in der Beobachtungsebene zweiter Ordnung (Unterkapitel 3.10). Man stellt etwa Fragen wie: »Wer hat das, was Sie als Problem beschreiben, zum ersten Mal so benannt?«; »Wer sieht es ähnlich, wer anders?« (zur Unterscheidung der Kybernetik erster und zweiter Ordnung ausführlich: Simon, Clement u. Stierlin, 2004, S. 192 ff.)

> Eine kleine Illustration dazu: In meiner Ausbildung hatte ich (AvS[1]) mehrfach psychiatrische Vorlesungen mit Patienteninterviews gehört. Sie begannen vielfach mit der Diagnose: »Sie haben also eine Depression. Hmm, wann ist denn die Symptomatik zum ersten Mal aufgetreten?« oder: »Seit wann haben Sie die Depression?« o. ä. Diese Art Frage sucht nach der Natur der Dinge. Ich erinnere mich noch gut an meine Verblüffung, als ich das erste Mal in einem Interview in einem Lehrvideo (leider weiß ich nicht mehr, wer der Interviewer war) auf die Klage des Klienten, er habe eine Depression, die Frage hörte: »Ah ja, und woher wissen Sie das?« Die Fokusverschiebung liegt auf der Hand: Es wird nicht mehr nach dem »Ding« Depression gefragt, sondern nach der Art der Beschreibung, die dazu führt, dass ein Komplex

---

[1] Eingeschobene Geschichten und Erfahrungsberichte, die von einem von uns erlebt wurden und entsprechend persönlich berichtet werden, kennzeichnen wir jeweils mit unserem Namenskürzel: AvS für Arist von Schlippe, JS für Jochen Schweitzer.

aus Erleben, Verhalten und sozialer Interaktion von jemandem mit einem Begriff belegt wird – und getreu der Devise von Ludwig Wittgenstein, wonach alles, was wir sehen und alles, was wir beschreiben können, auch anders sein könnte (These 5.634 aus dem »Tractatus«, Wittgenstein, 1921/1968, S. 91), kann man mit einer solchen Einstiegsfrage beginnen, nach Unterschieden zu fragen: Wer stimmt der Beschreibung zu, wer nicht, und welche Beschreibung wählt der, der nicht zustimmt? Welche Konsequenzen ergeben sich daraus?

Die Konsequenzen einer solchen Sicht sind durchaus beachtlich, etwa wenn es um das Verständnis psychischer »Krankheiten« geht. Diese nicht als etwas Vorgegebenes, sondern beobachterabhängig zu verstehen bedeutet, dass man danach sucht, in welchen komplexen sozialen Beschreibungsmustern und -traditionen sich die Phänomene bewegen, die als psychische »Krankheiten« bezeichnet werden – und diese Beschreibung dann als eine Möglichkeit neben vielen anderen möglichen Beschreibungen zu sehen. Ein solcher Zugang, vielfach als hilfreich und im positiven Sinn anders erlebt, bringt die systemische Therapie in viele Paradoxien, wenn sie sich mit den Methoden einer Wissenschaft beurteilen lassen muss, deren erkenntnis- und wissenschaftstheoretische Wurzeln ganz anders aussehen.[2] Auch wenn der systemischen Therapie die Anerkennung als wissenschaftliches Verfahren zugesprochen wurde, bleibt das Verhältnis doch schwierig, was man daran ablesen kann, wie lange es nach der wissenschaftlichen Anerkennung noch dauerte, bis diese Art des Zugangs auch im Rahmen der Gesundheitsversorgung in unserem Land zugelassen wurde (nämlich erst 2018, mehr als zehn Jahre später).

Zugleich, und das ist ein auffallender Kontrast, ist der systemische Ansatz in der Praxis nach wie vor stark nachgefragt, das Interesse geht hier weit über die Psychotherapie hinaus (Oestereich, 2013).

---

2 Umso erfreulicher ist daher, dass sie sich sogar in diesen Kontexten unter einer Perspektive, die nicht originär die ihre ist, durchaus als konkurrenzfähig erweist (Baumann, Haun u. Ochs, 2017; Sydow, Beher, Retzlaff u. Schweitzer, 2007).

Eine große Zahl von Ausbildungsinstituten verzeichnet ungebrochen reges Interesse an Ausbildungen in systemischer Therapie, Beratung, Coaching, Supervision. Offenbar gibt es einen großen Bedarf, mit der Komplexität kommunikativen Geschehens umzugehen, die verwirrende Vielfalt unterschiedlicher Perspektiven zu handhaben, mit der man konfrontiert ist, sobald man mit mehr als einer Person zu tun hat (und das hat man in der Regel auch dann, wenn nur eine Person im Sprechzimmer sitzt). Das gilt für innerfamiliäre Konflikte und ihre Entstehung, die sich oft über Generationen hinweg rekonstruieren lassen, und das gilt genauso für Konflikte in Teams, Gruppen und Organisationen.

Im Gefolge dieser erfreulich großen Nachfrage kann man aber auch eine unerfreuliche Entwicklung beobachten: die Inflationierung des Begriffs »systemisch« und damit auch eine Trivialisierung systemtheoretischer Überlegungen: »Die über das ›Systemische‹ in die Gesellschaft getragene Systemtheorie ist inzwischen Opfer ihres eigenen Erfolges geworden. Inzwischen wird alles mit dem Begriff […] geschmückt […]. Es gibt ›systemisches Gesundheitscoaching‹, ›systemische Supervision‹, ›systemisches Mentoring‹, ›systemische Burn-Out-Prophylaxe‹, ›systemisches In- und Outsourcing‹, ›systemische Schulpädagogik‹, ›systemisches Sozialmanagement‹, ›systemisches Innovationsmanagement‹, ›systemische Personalentwicklung‹, ›systemische Hundeerziehung‹, ›systemische Heimerziehung‹ und ›systemisches Führen mit Pferden‹. Es scheint keine Expansionsgrenzen für das Adjektiv ›systemisch‹ mehr zu geben, die Durchsetzung der Substantivformen ›Systemik‹ oder ›Systemiker‹ ist nur noch eine Frage der Zeit. Und es ist nicht ausgeschlossen, dass es bald das Verb ›systemiken‹ oder ›systemisieren‹ geben wird« (Kühl, 2015, S. 333). So steht der Begriff in Gefahr, so weit zu verschwimmen, dass er unbrauchbar wird.

Bedenklich ist es unseres Erachtens auch, wenn man sich im Zuge der Popularisierung und Inflationierung dessen, was als systemisch verstanden wird, auf »systemische Werkzeugkästen« begrenzt. »Tools« sind derzeit hoch im Kurs. Die »Komplexitätsvergessenheit«, die Armin Nassehi (2017, S. 19 f.) beklagt, ist durchaus ein Thema für die systemische Praxis der Gegenwart. So warnt Wolfgang Loth eindringlich: »Mein Eindruck ist, dass bei all diesen zugestandenen notwendigen, wichtigen, nachvollziehbaren Schritten auf dem Weg zur Beantragung der Anerkennung die Tools und Techniken einfach überhandgenommen haben [...]. Auf der Ebene von Tools und Techniken kann meiner Meinung nach die Unterscheidung zu anderen Therapieverfahren nicht substanziell durchgehalten werden« (Wortbeitrag im Streitgespräch Levold, Loth, von Schlippe u. Schweitzer, 2011, S. 165). Wie man eine Familien- oder Teamskulptur aufstellen lässt, ist leicht nachzuvollziehen. Auch die Mechanik einer zirkulären Frage ist von der Struktur her einfach, das Gleiche gilt für die Grundregeln des Reflektierenden Teams. Wenn sich systemische Praxis darauf begrenzt, systemische Interventions*techniken* anzuwenden, fehlt jedoch eine wichtige Reflexionsebene, auf der man sich bewusst wird, warum man so interveniert, wie man es tut.

Und genau darum soll es in diesem kompakten Band gehen: Es soll ein Rahmen angeboten werden, der die Interventionen daraufhin überprüft, auf welchen Überlegungen sie beruhen, welche theoretischen Grundlagen ihnen zugrunde liegen. Denn – und das ist die wesentlichste These dieses Buchs – nicht die Intervention erschließt die Theorie, sondern umgekehrt. Eine system(theoret)ische Sicht auf die Welt führt nahezu zwangsläufig zu Formen des Intervenierens, wie wir sie als »systemisch« kennen.

Vor Jahren haben wir einen eher knappen Band vorgelegt, der als Ergänzung zu unseren »großen Lehrbüchern« (von Schlippe u. Schweitzer, 2012; Schweitzer u. von Schlippe, 2006) eine erste Einführung in systemische Praxis geben und die Vielfalt systemischer Interventionen vorstellen sollte (von Schlippe u. Schweitzer, 2009). Dieses Buch soll dazu dienen, den Hintergrund der dort vorgestellten Methoden auszuleuchten und nachvollziehbar zu machen sowie (system)theoretisch zu verstehen, wie und warum man in der Praxis handelt: »Gewusst wie ... – gewusst warum ...«

2 Theorie und Praxis systemischer Interventionen

2.1 Historisches

> »Patients have families.«
> Richardson (1945)

Seit zu Anfang der 1950er Jahre das Tabu überschritten wurde, dass Psychotherapie nicht zwangsläufig in einer ausschließlich dyadischen Beziehung zwischen Psychotherapeut und Patientin oder Patient bestehen muss, hat sich die Familientherapie, und in ihrem Gefolge die Systemische Therapie, einen klar zu markierenden Platz in der Landschaft der Psychotherapiemodelle erobert. Natürlich war es kein gradliniger Prozess, der zu der heutigen Form der Systemischen Therapie geführt hat. Auch wenn im Folgenden der Akzent auf diese systemische Praxis gelegt wird, sollen die vielen anderen Quellen nicht unerwähnt bleiben, ohne die Systemische Therapie nicht das wäre, was sie heute ist (ausführlich von Schlippe u. Schweitzer, 2012; eine gute Zusammenstellung gibt auch Winek, 2010; prägnant und kompakt siehe Kriz, 2014a). Besonders sind hier verschiedene tiefenpsychologische Ansätze der Familientherapie hervorzuheben (exemplarisch hierzu Richter, 1963, 1972; Stierlin, 2001). Vor allem zu Beginn der Entwicklung dominierten ja die tiefenpsychologischen Konzepte das Feld, parallel entwickelten sich die humanistischen Ansätze der erlebnisorientierten Familientherapie (insbesondere ist hier die bis heute aktuelle Arbeit von Virginia Satir zu nennen, siehe z. B. Tschanz Cooke, 2014). Bis heute finden sich auch verhaltenstherapeutische Formen der Familientherapie (zum Vergleich und zur Verbindung systemischer und verhaltenstherapeutischer Familienarbeit siehe Lieb, 2010).

Aus der systemischen Familientherapie entwickelte sich im Laufe der Zeit die Systemische Therapie mit dem Anspruch, gleichwertig neben die bereits bestehenden anderen Psychotherapieansätze zu treten, aus denen heraus sie sich ja auch entwickelt hatte. Es lagen zahlreiche belastbare Studien vor, die diesen Anspruch auf Augenhöhe unterstrichen. Nach einer langen Auseinandersetzungsphase (ein erster Antrag war 1999 abgelehnt worden) erreichte die Systemische Therapie die formale Anerkennung. Der Wissenschaftliche Beirat Psychotherapie bestätigte die Systemische Therapie/Familientherapie im Jahr 2008 als eigenständige, wissenschaftlich begründete und nachweislich bei einer Vielzahl psychischer Problemstellungen und Anwendungsbereiche wirksame Therapieform[3] (Grundlage war die Übersichtsarbeit über den Stand der empirischen Studien durch von Sydow, Beher, Retzlaff u. Schweitzer, 2007).

Schon lange geht es dabei nicht mehr ausschließlich um die Familie im klassischen Sinn als Gruppierung blutsverwandter Mitglieder, von deren ausschließlicher Dominanz angesichts der Vielfalt der Möglichkeiten gemeinsamen Lebensvollzuges in der gegenwärtigen Gesellschaft ohnehin nicht die Rede sein kann (Bertram u. Bertram, 2009; Peuckert, 2012), zeigt sich doch »im Übergang zur ›zweiten Moderne‹ eine Pluralität miteinander konkurrierender gesellschaftlicher Leitbilder, an welchen sich das Individuum in seiner persönlichen Lebensplanung orientieren kann« (Gies u. Dietrich, 2015, S. 46). Es lassen sich zahlreiche unterschiedliche Familienleitbilder unterscheiden, wie ein intimes Zusammenleben von Menschen in unserem Kulturkreis gestaltet werden kann – und längst schon sind nicht alle mit dem Begriff »Familie« angemessen umschrieben.

Daher ist das Instrumentarium systemischer Praxis überhaupt nicht auf Familien begrenzt. Und es ist auch nicht auf »Therapie« im Sinne der Behandlung von Abweichungen im Erleben und/oder

---

3 www.wbpsychotherapie.de/page.asp?his=0.113.134.135 (15.10.2018).

Verhalten von Menschen zu beschränken. Vielmehr bietet es sich überall dort an, wo es um soziale Systeme geht, in denen Menschen intensivere Beziehungen entwickelt haben, die für sie von persönlich hoher Bedeutung sind und die sich auf ihr Lebensgefühl und ihre persönliche Entwicklung auswirken. Denn der Fokus systemischer Praxis liegt auf dem Interaktionssystem, d. h., menschliche Probleme werden jeweils als eingebettet in Kommunikationen verstanden, und die Qualität des Kommunikationssystems ist entscheidend dafür, wie diese Probleme bearbeitet werden.

Ein Phänomen überhaupt als »Problem« zu beschreiben, ist ja bereits ein kommunikativer Vorgang, und auch Gefühle, innere Vorgänge, Vermutungen zu Problemursachen und Lösungsideen sind ja immer nur dann erkenn- und bearbeitbar, wenn sie auf der »Bühne« der Kommunikation auftauchen, also sprachlich oder nichtsprachlich ausgedrückt und vom Gegenüber als Kommunikation erkannt werden.

Das bedeutet dabei übrigens überhaupt nicht, dass man nicht auch mit Einzelnen »systemisch« arbeiten könnte. Man konzentriert sich nur nicht schwerpunktmäßig allein auf das, was sich »in« der Person abspielt, sondern darauf, wie der Betreffende sich aktiv handelnd in dem kommunikativen Gefüge bewegen kann, in dem er das »Problem« erlebt und beschreibt: »Wir interessieren uns für das Problem, wie es von den Leuten definiert wird. Die Art und Weise, wie über das Problem gesprochen wird, ist wichtiger als das Problem selbst« (Boscolo, Cecchin, Hoffman u. Penn, 1988, S. 71).

Ein wichtiger Aspekt kommt noch hinzu, wenn wir über »innen« und »außen« nachdenken: Auch innerseelische Prozesse sind nur denkbar, indem sprachliche Prozesse der Sinngenerierung berücksichtigt werden. Durch die Sprache kommt Kultur in unser Innerstes hinein, denn man kann auch mit sich selbst nicht anders kommunizieren als mit den gelernten Kulturwerkzeugen, also mit der Sprache (im weitesten Sinn, auch nonverbale Signale kann man als Form von Sprache erkennen) und den mit ihr vorgeformten Begriffen einer Kultur und den »Bedeutungsfeldern«, in denen sich diese Begrifflichkeiten bewegen (ausführlich dazu Kriz, 2017a; siehe Abbildung 1).

Abbildung 1: Wer sind wir ohne den Gebrauch von Kulturwerkzeugen?
(© Björn von Schlippe)

Nach dem pragmatischen Start der Familientherapie entwickelte sich, etwa ab den 1970er, rasanter dann ab den 1980er Jahren, eine intensive Diskussion um die angemessene Theorie zur Rekonstruktion der Phänomene, die man vorfand. Dominierten zuvor noch die traditionellen Theorien, vor allem die psychoanalytischen Denkansätze, rückten zunehmend andere Modelle in den Vordergrund.

Hier lassen sich zwei eng miteinander verflochtene Stränge beschreiben: Konstruktivismus und Systemtheorie. Das klingt einfacher als es ist, denn es handelt sich um alles andere als homogene Theoriegebäude. Vielmehr werden hier recht heterogene Denkfelder entfaltet. Es gibt zwar einen Konsens über eine Reihe von Grundprinzipien über die soziale Welt als »Konstruktion«. Doch die Ansätze sind von ihrer Begrifflichkeit und von dem her, worauf sie jeweils den Schwerpunkt legen, im Detail recht unterschiedlich. Daher wird der systemischen Praxis gelegentlich der Vorwurf gemacht, sie leide an einer »Inkohärenz der Pluralität an Theorie« (Jansen, 2016, S. 70), das Verhältnis von Theorie und Intervention sei oft nicht klar nachvollziehbar und die Interventionen zu wenig konsistent von der Theorie her gedacht (z. B. Schmitt, 2014, dieser Text löste übrigens eine interessante Theoriedebatte in der Zeitschrift »Familiendynamik« aus).

Nicht zuletzt gab diese Kritik den Impuls für dieses Buch. In den folgenden Unterkapiteln soll versucht werden, die Logiken der Intervention auf die jeweiligen theoretischen Überlegungen zurückzuführen. Dazu werden zunächst die grundlegenden Theorien im Überblick vorgestellt. Es soll kursorisch in die soeben skizzierten Denkfelder[4] eingeführt werden: Was ist unter Konstruktivismus zu verstehen, welches sind die Systemtheorien, auf die sich die Familientherapie/systemische Praxis bezieht? Welche Rolle spielen sprachphilosophisch beeinflusste narrative Theorien? Einige ausgewählte Konzepte, die sich unmittelbar auf prägnante Interventionen beziehen, werden dabei bereits besonders hervorgehoben.

Im 3. Kapitel soll dann danach gesucht werden, welche Formen konkreter systemischer Praxis sich sozusagen zwangsläufig aus der Theorie ergeben. Hier sollen vertiefend Logiken der Intervention besprochen werden, die man als Metastrategien verstehen kann und die die Grundlage der therapeutischen oder auch beraterischen Aktivität in Bezug auf soziale Systeme darstellen. Dabei wird der Akzent mehr auf der jeweiligen Logik und weniger auf einzelnen Interventionen liegen. Dazu gibt es inzwischen sehr gute und ausführliche Werke (wie etwa Hansen, 2007; Levold u. Wirsching, 2014; von Schlippe u. Schweitzer, 2009, 2012; Schwing u. Fryszer, 2009, 2013; Lindemann, 2018, Eickhorst u. Röhrbein, 2019; sehr umfassend und mit einem besonderen Akzent auf Evidenzbasierung: von Sydow u. Borst, 2018).

Das 4. Kapitel befasst sich mit einem Überblick über Settings.

---

4 Diese Felder sind natürlich viel breiter, als es hier dargestellt werden kann. In die Diskussion zur systemischen Therapietheorie werden vielfach auch andere Theorien als Anregung miteinbezogen, wie etwa Bindungstheorie (von Sydow, 2008; Trost, 2018; Diamond, 2018) oder die Umsetzung des aus der Tiefenpsychologie stammenden Konzepts der Mentalisierung auf die systemische Praxis (Asen u. Fonagy, 2014; Cordes u. Schultz-Venrath, 2015; Weinblatt, 2018a) und vieles andere mehr.

2.2 Konstruktivismus und sozialer Konstruktionismus

> »Wir beginnen nun zu erkennen, dass wir nicht festen Boden, sondern eher Treibsand unter den Füßen haben. Bei unserer Analyse der unmittelbaren Erfahrung stellten wir fest, dass Kognition vor dem Hintergrund einer Welt emergiert, die zwar unsere individuellen Grenzen überschreitet, sich aber nicht von unserer Verkörperung trennen lässt.«
> Varela, Thompson und Rosch (1992, S. 295)

Der zentrale Gedanke des Konstruktivismus kann mit einem Bonmot des chilenischen Biologen Humberto Maturana umrissen werden, der mit seiner Theorie der Autopoiese wesentlichen Einfluss auf die Theoriebildung der systemischen Praxis gehabt hat: »Alles, was gesagt wird, wird von einem Beobachter gesagt!« (Maturana, 1982, S. 34). Das bedeutet nicht – wie dem Konstruktivismus manchmal vorgeworfen wird –, dass alles nur »Erfindung« von Beobachtern sei, dass es außerhalb der Erkenntnis »nichts« gäbe, sondern dass es müßig ist, von irgendwelchen Dingen zu sprechen, ohne das erkennende Subjekt miteinzubeziehen. Denn in gewisser Weise muss ein Gegenstand erst jemandem »entgegenstehen«, um Gegenstand zu werden[5]. Er muss erkannt, beobachtet werden, und beobachten heißt immer auch, etwas von etwas anderem zu unterscheiden: »Der Beobachter kann folglich einen Gegenstand nur beschreiben, wenn es zumindest einen anderen Gegenstand gibt, von dem er ihn unterscheiden kann, und wenn er Interaktionen oder Relationen zwischen beiden beobachten kann« (S. 34).

Damit wird eine Auffassung kritisch hinterfragt, nach der es möglich sei, die Welt zu erkennen (und sozusagen fotografisch abzubilden), wie sie »an sich« ist. Eine derartige Auffassung ignoriert nämlich, »dass sich in einer Welt wie der unseren keine Position denken lässt, von der her alles gleich aussieht«, wie Nassehi es in

---

5 Das gilt auch, wenn man sich klarmacht, dass im menschlichen Organismus bestimmte Bedeutungskategorien schon offenbar biologisch a priori angelegt sind, wie etwa das Gesicht (Kriz, 2017a, S. 52 f.).

seiner »Kritik der komplexitätsvergessenen Vernunft« formuliert (Nassehi, 2017, S. 19 f.). Zudem ist man unweigerlich mit dem Dilemma konfrontiert, dass es kein Kriterium dafür gibt, »auf Grund dessen wir beurteilen könnten, wann unsere Beschreibungen oder Abbilder ›richtig‹ oder ›wahr‹ sind« (von Glasersfeld, 1981, S. 25). Jede Erkenntnis muss also aus Sicht einer solchen Erkenntnistheorie als *Konstruktion von Bedeutung* durch ein erkennendes Subjekt verstanden werden, das zwar so tun kann, als ob es außen steht (und in vielen Fällen damit auch handlungsfähig ist), das aber letztlich nie außerhalb der Welt sein kann, von der es ein Teil ist (von Ameln, 2004). Realität entsteht überhaupt erst in der Begegnung zwischen einem zu erkennenden System und einem erkennenden System (Kriz u. von Schlippe, 2011). Heinz von Foerster drückt das kritische Verhältnis zur Objektivität, das sich aus diesen Gedanken ergibt, in folgendem Bonmot aus (zit. nach von Glasersfeld, 1992, S. 31): »Objectivity is a subject's delusion that observing can be done without him.«[6]

Diese Gedanken sind natürlich besonders bedeutsam, wenn es um die Art von Realität geht, die sich in menschlichen Lebenswelten abspielt. Die oben wiedergegebenen Überlegungen führen beinahe zwangsläufig in eine konstruktivistische Position hinein, die Konsequenzen für die Frage hat, wie die Psychologie und verwandte Wissenschaften ihre Erkenntnisse gewinnen. Denn diese Disziplin ist in einer besonderen Lage: Ihr Gegenstand »existiert« nicht, er muss erst erzeugt werden, bevor er untersucht werden kann (Herzog, 1984, 2012; Kriz u. von Schlippe, 2011). Walter Herzog spricht in dem Zusammenhang von einem »anthropologischen Vorverständnis«, das heißt einer zwangsläufig metaphorischen und philosophischen Antwort auf die Frage: »Was ist der Mensch? Was macht die menschliche Seele aus?«, bevor Theoriebildung überhaupt beginnen kann: »Es gibt nicht ein irgendwie Gegebenes, das als Gegenstand der Psychologie identifiziert werden könnte […]. Der Gegenstand der Psychologie kann nicht ›gefunden‹ oder ›entdeckt‹ werden, […] er muss vielmehr

---

6 »Objektivität ist die wahnhafte Vorstellung eines Subjekts, dass Beobachtung ohne es selbst vollzogen werden könnte.«

geschaffen werden« (Herzog, 1984, S. 91 f.). Er kritisiert in diesem Zusammenhang, dass viele Modelle in der Psychologie genau diesen Schritt nicht reflektieren, explizit etwa nennt er den klassischen Behaviorismus von Burrhus Frederic Skinner, dem implizit (und ohne dies zu reflektieren) ein Bild vom Menschen als Maschine zugrunde liegt: Der Versuch dieser Theorie, voraussetzungsfrei, ohne jede Metaphorik die conditio humana zu erforschen, macht sie blind für die eigenen impliziten Vorannahmen (Herzog, 2012, S. 91 f.). Eine Theorie kann, so Herzog, zwar ihre eigenen theoretischen Aussagen überprüfen (etwa im Fall von Skinner die Lerngesetze), ihr Menschenbild ist jedoch nicht überprüfbar.

Ein vertiefender Blick auf die hier skizzierten Zusammenhänge findet sich bei Jürgen Kriz (2017a). Er macht deutlich, dass es sich beim »Erkennen« nicht um einen rein verstandesmäßigen Vorgang handelt. Er bezieht sich dabei auf die Biosemiotik des Biologen Jakob von Uexküll. Dieser verstand Leben als »Zeichenprozess« und konnte zeigen, dass bereits einfache Lebewesen ihrer Umwelt Bedeutungen zuweisen, die je nach Kontext variieren können – ein Beispiel: Auf dem Schneckenhaus von Einsiedlerkrebsen sitzen gern Seeanemonen, die mit diesen eine symbiotische Verbindung eingehen – die Anemone schützt den Krebs vor Fressfeinden und nährt sich von den Resten seiner Mahlzeiten. Je nach Kontext, je nach Grad von Hunger des Krebses jedoch sieht dieser die Anemone als *Gast,* als *Schutz* oder aber auch als *Futter* (etwa wenn er sehr hungrig ist), und wenn er sein Schneckenhaus verloren hat, versucht er, in die Anemone einzudringen und sieht sie als »*Haus*« (Kriz, 2017a, S. 36 f.). Diese Fähigkeit, seine Umwelt spezifisch, aber nicht starr, sondern kontextgebunden variabel wahrzunehmen, nennt von Uexküll »Merkwelt«, beim Tier ist es eine angeborene und instinktive (aber zugleich durchaus dynamische) Fähigkeit der Unterscheidung, Phänomene der Außenwelt als »Zeichen« wahrzunehmen, ihnen damit bestimmte Bedeutungen zuzuweisen und sich dadurch in einer hochselektiven und spezifischen »Wirkwelt« zu bewegen. Kriz kommt zum Schluss: »Die ›Welt‹ ist für Lebendiges zeichenhaft strukturiert« (S. 76).

Der Konstruktivismus als grundlegende Erkenntnistheorie wird ergänzt durch den »sozialen Konstruktionismus« (Gergen, 2002; Gergen u. Gergen, 2009). Beide Theorien stehen einander sehr nah, sie stellen so etwas wie das erkenntnistheoretische Fundament systemischer Praxis dar. Noch stärker als der Konstruktivismus betont der Konstruktionismus den Prozess der Erzeugung von Wirklichkeit als einen *sozialen Vorgang*. Auch hier wird ein Wissenschaftsverständnis kritisiert, das davon ausgeht, dass da eine Realität sei, die man »entdecken« könnte. Wahrheitsansprüche können nie absolut sein: »Wahrheit ist nur innerhalb von Gemeinschaften zu finden« (Gergen u. Gergen, 2009, S. 21), die sich in für sie typischen »Sprachspielen« (ein Begriff von Wittgenstein) bewegen. Menschliche Wirklichkeit wird also gemeinsam und gesellschaftlich konstruiert: In einem jeweils spezifischen historischen Kontext sind die Dinge »wahr« oder nicht. Die Bedeutung von Sprache wird hier besonders betont: Sie tritt im Gebrauch zwischen Menschen in Form von Geschichten auf (damit steht der Konstruktionismus der narrativen Theorie besonders nah). Wichtig ist dabei, dass Erkenntnis im Rahmen dieser Theorie nicht beliebig wird. Wenn Realität nicht etwas ist, das man »da draußen« irgendwie »entdecken« kann, heißt das nicht im Umkehrschluss, dass sich jeder seine eigene »einfach so« erfinden könne. Vielmehr geht es darum, zu verstehen, wie Gemeinschaften sich so verständigen, dass sie »Selbstverständlichkeiten« erzeugen: »Im Konstruktionismus gehen wir davon aus, dass soziale Ordnung aus dem heraus entsteht, was die Leute zusammen tun. Sie ist das Ergebnis von Konstruktionsprozessen. Das heißt, dass alles, was wir für selbstverständlich halten, aufrechterhalten wird durch eine oft (aber nicht immer) unausgesprochene soziale Übereinkunft« (McNamee, 2017, S. 242).

2.3 Systemtheorie(n) – eine oder viele?

> »Worauf es mir [...] ankommt, ist [...] die Darlegung einer unausweichlichen Tatsache: dass eine bloß zweckorientierte Rationalität, die ohne Rücksicht auf Phänomene wie Kunst, Religion, Traum und ähnliches verfährt, notwendigerweise pathogen und lebenszerstörend ist; und dass ihre Virulenz besonders aus dem Umstand folgt, dass Leben auf eng ineinandergreifenden Kreisläufen von Zufälligkeiten beruht, während das Bewusstsein nur so kurze Bögen solcher Kreisläufe erkennen kann, wie sie die menschlichen Zwecke festlegen können.«
> Bateson (1981, S. 204 f.)

Das zentrale Anliegen der Systemtheorie ist, die Komplexität und die zirkuläre Verfasstheit der menschlichen Lebenswirklichkeit, von der Bateson spricht, möglichst breit zu verstehen, ohne die Zusammenhänge vorschnell zu vereinfachen. Dieses Projekt wird etwa ab der Mitte des letzten Jahrhunderts von einer Vielzahl unterschiedlicher Denker und Autoren verfolgt. Inzwischen hat die Systemtheorie bereits eine so lange und differenzierte Theoriegeschichte durchlaufen, dass man eher von einer Theoriefamilie sprechen sollte als von einer einzelnen Theorie.

In der frühen familientherapeutischen Phase der Entwicklung systemischer Praxis bezogen sich die Autorinnen und Autoren vielfach auf die an der klassischen Systemtheorie und Kybernetik ausgerichteten Familiensystemtheorie (z. B. Hoffman, 1981/2002). Diese fokussierte auf die wechselseitige Bedingtheit der Verhaltensweisen der Familienmitglieder – der Begriff »zirkuläre Kausalität« wurde hier zentral: Aktivitäten, mit denen Menschen in Kreisläufe eingreifen, wirken wieder auf diese zurück. Es ging darum, zu verstehen, wie emotionale und Verhaltensprobleme in den Kontext der Familienbeziehungen »passen« und die wechselseitige und zirkuläre Natur dieser Beziehungen zu unterstreichen. Es wurde nach den »korrektiven Regelkreisen« gesucht, die die »Familienpathologie in Schach halten« (S. 76) bzw. deren Versagen das Familiengleichgewicht zerstört. Symptome wurden als Versuche verstanden, das Gleichgewicht der Familie wiederherzustellen. So wurde vermutet, dass ein kindlicher Symptomträger dafür sorgt, dass die Konflikte der Eltern über das Kind umgeleitet werden und so die Konfliktspannung in der Familie niedrig gehalten wird: Die Eltern sind »scheinbar« einig gegen das gestörte Kind oder einer der beiden ist mit dem Kind heimlich alliiert, das dann mit dem anderen Partner heftige Streitereien ausficht, stellvertretend für jeweils Vater oder Mutter. Haley spricht in dem Zusammenhang von »perversen Dreiecken«, weil auf diese Weise die Generationsgrenze heimlich durchbrochen wird und das Kind durch diese Form der Koalition mit einem Elternteil stark belastet wird (Haley, 1980). In ähnlicher Weise spricht die frühe Familientherapie von »Parentifizierung«, also von der Übernahme von Elternfunktionen durch die Kinder (Stierlin, 1980).

Diese Überlegungen gingen mit einer familientherapeutischen Praxis einher, die mit klaren Interventionen (wie etwa in der strukturellen Familientherapie Minuchins) oder mit gezielt eingesetzten Paradoxien versuchte, die pathologischen Familienstrukturen zu verstören und zu verändern (ausführlich hierzu von Schlippe u. Schweitzer, 2012, S. 49 ff.). Vor allem im frühen Mailänder Modell waren Schlussinterventionen beliebt, die wie »kommunikative Bomben« wirken sollten.

Etwa ab den späten 1980er Jahren wurde diese direktive und oft auf manipulative Interventionen hin ausgerichtete Praxis verstärkt infrage gestellt. Die Diskussion im Feld entwickelte sich in Richtung auf Selbstorganisationstheorien (siehe unten), vielfach wurde auch begonnen, die Theorie durch sprachphilosophische Überlegungen zu ergänzen (Anderson u. Goolishian, 1990; Boscolo, Bertrando, Fiocco, Palvarini u. Pereira, 1993; White u. Epston, 1992). Systemische Praxis entwickelte sich damit stärker von der einflussnehmenden Intervention weg in die Richtung eines »Konversationsansatzes« (Boscolo et al., 1988): Die Sprachspiele der Familie werden dabei im Gespräch auf eher sanfte Weise herausgefordert (Fischer, 1990). Hierzu passte auch die aufkommende Arbeit mit dem Reflektierenden Team, bei der eine grundlegende Forderung an therapeutische Arbeit gestellt wird: Die Ratsuchenden sollen jederzeit »Nein« zu der Beschreibung sagen können, die ihnen von Beraterinnen und Teammitgliedern angeboten wird (Andersen, 1990; Hargens u. von Schlippe, 2002).

Für die Entwicklung der systemischen Praxis, wie sie sich heute in Deutschland darstellt, sind unseres Erachtens aktuell drei Theoriestränge besonders bedeutsam, nämlich die Theorie sozialer Systeme, die Theorie dynamischer Systeme (Synergetik) und narrative Theorien. Sie entstammen unterschiedlichen Disziplinen, das mag erklären, warum sie sich relativ wenig gegenseitig zur Kenntnis nehmen (kritisch hierzu Jansen, 2016). Dabei befassen sich die beiden im Folgenden näher dargestellten Systemtheorien mit sehr ähnlichen Phänomenen, nämlich wie sich in sozialen Zusammenhängen selbstorganisiert Muster entwickeln, die die Tendenz haben, die Akteure, die beteiligten Systemmitglieder in ihren Verhaltens- und Erlebensmöglichkeiten immer mehr einzuschränken. Auch wenn die Theorien hier nacheinander vorgestellt werden müssen, gibt es doch eine ganze Reihe von Verwandtschaften und Überschneidungen.

2.3.1 Die Theorie sozialer Systeme/Differenztheorie

> »Psychische und soziale Systeme sind im Wege der Co-Evolution entstanden. Die jeweils eine Systemart ist notwendige Umwelt der jeweils anderen.«
> Luhmann (1984, S. 92)

Diese Systemtheorie ist besonders in der Entwicklung der deutschsprachigen systemischen Therapie bedeutsam geworden (Ludewig, 2002, 2009, 2015; Simon, 2012a). Sie wurde von Niklas Luhmann entwickelt (Luhmann, 1984, 1988), der am Begriff der »Autopoiese« (»Selbsterzeugung«) anknüpft und danach sucht, wie dieses Gedankengebäude, das in der Biologie entwickelt wurde (Maturana u. Varela, 1987), für das Verständnis sozialer Systeme nutzbar gemacht werden könnte. In der Biologie, das war der Ausgangspunkt, geht es um den Prozess, wie physiologische Vorgänge jeweils aneinander anschließen: Es »ist den Lebewesen eigentümlich, dass das einzige Produkt ihrer Organisation sie selbst sind, das heißt, es gibt keine

Trennung zwischen Erzeuger und Erzeugnis« (Maturana u. Varela, 1987, S. 56). Eine Zelle hält ihre Existenz dadurch aufrecht, dass sie die Bestandteile, aus denen sie besteht, immer wieder selbst erzeugt. Sie bezieht sich dazu nur auf die eigenen Operationen (sie ist operational oder operativ geschlossen[7]), wie die Aussage Luhmanns verdeutlicht: »Das Leben lebt sein Leben, ohne dass ihm Bewusstsein oder Kommunikation hinzugefügt werden könnten« (1988, S. 48).

Luhmann suchte danach, welche Entsprechung es für psychische und soziale Systeme geben könnte (Leben, Bewusstsein und Kommunikation sind für ihn die drei Kategorien selbsterzeugender Systeme, im Gegensatz etwa zu Maschinen). Er sieht diese Systeme als »strukturdeterminiert« an, d. h., sie sind durch ihre Struktur bestimmt und können sich jeweils nur auf sich selbst beziehen, weil sie operational geschlossen sind (Luhmann, 1984, S. 25).[8] Das heißt, eine systeminterne Operation kann immer nur an eine andere systeminterne Operation anschließen. Denn ein System zeichnet sich durch die Differenz von System und Umwelt aus. Eigentlich ist das schnell einleuchtend, denn was kann das Gehirn anderes, als hirnphysiologische Zustände zu variieren? Da wird ja kein »Foto« von einem Briefträger eingeworfen (das geht schon damit los, dass man ja gar nicht wüsste, wo der Einwurf wäre, abgesehen davon, dass auch ein Foto nicht die fotografierte Sache selbst ist, sondern nur Abbild eines vom Fotografen beobachteten selektiven Ausschnitts), sondern das Gehirn muss seinen eigenen Zustand so modifizieren, dass eine Art Landkarte von dem entsteht, was »da draußen« ist:

---

7 Streng theoretisch ausgedrückt: »Operative (selbstreferentielle, rekursive) Schließung besagt, dass die eigenen Operationen des Systems sich nur im Netzwerk der eigenen Operationen dieses Systems, also nur im Rückgriff auf andere eigene Operationen dieses Systems, produzieren und reproduzieren lassen. Das involviert, wie leicht zu sehen, das Ziehen einer Grenze zwischen System und Umwelt« (Luhmann, 2005, S. 190).

8 Auch wenn ihre Strukturdeterminierung bedeutet, dass sie operativ geschlossen sind, sich also in ihren Operationen jeweils nur auf sich selbst beziehen können, müssen sie zugleich trotzdem natürlich »thermodynamisch« offen sein: Ohne Energiezufuhr (Sauerstoff, Wasser und Nahrung) können auch autopoietische Systeme nicht existieren.

»Ereignisse im Körperinneren schließen an Ereignisse im Körperinneren an und bilden so die körperinternen Prozesse. Aus der Perspektive eines Beobachters dieses Körpers ließe sich sagen: Was drinnen ist, ist drin, und das draußen ist, ist draußen. Die Grenze ist klar und eindeutig gezogen, und sie wird vom Körper durch seine Aktivitäten selbst aufrechterhalten« (Simon, 2012, S. 34). Das System grenzt sich von der Umwelt ab, es bezieht sich in dem, was es ausmacht, immer auf sich selbst, es reproduziert sich vermittels seiner eigenen Operationen.

Das klingt schwieriger, als es ist, denn eigentlich liegt es auf der Hand, dass man seiner Verdauung keinen Gedanken hinzufügen kann, und der Kommunikation keinen Herzschlag – was nicht heißt, dass man nicht über Herzschläge oder Verdauung sprechen könnte, aber das ist dann eben Kommunikation. Und es kann auch Gedanken geben, die das physische System mit einem beschleunigten Herzschlag begleitet (»Ob sie mich wohl liebt?«), doch gibt es hier keine Zwangsläufigkeit im Sinn einer direkten Verursachung. Psychisches und physisches System sind in der Sprache der Systemtheorie »strukturell gekoppelt«. Ganz ähnlich ist es mit Dingen der gegenständlichen Welt: »Man kann das Wort ›Tisch‹ unendlich lang […] wiederholen, und es wird nicht gelingen, den Gegenstand ›Tisch‹ in den Diskurs einzubauen. ›Tisch‹ bleibt eben ein Wort« (Ludewig, 2009, S. 31).

Die Idee der operationalen Geschlossenheit führt folgerichtig dazu, dass die drei Systembereiche (Leben, Bewusstsein, Kommunikation) als jeweils eigenständige autopoietische (also selbst-organisierende) Systeme gesehen werden. Sie sind füreinander bedeutsame Umwelten, die sich gemeinsam entwickeln, zwischen denen aus Sicht der Theorie aber keine simplen Kausalbezüge hergestellt werden können. Das schließt etwa vereinfachende psychosomatische Hypothesen, wonach die Seele auf den Körper direkt ursächlich einwirken könne (»seine Wut hat den Krebs verursacht«), aus (von Schlippe, 2001a). Aber sie sind auf der anderen Seite auch nicht unverbunden, sondern sie driften gemeinsam. So beschreibt Simon die Verbindung von Organismus und Bewusstsein: »[S]ie sind fest gekoppelt, durchlaufen eine gemeinsame Geschichte und entwickeln sich daher gemeinsam (= Koevolution)« (Simon, 2018, S. 64).

Ein weiterer wichtiger Schritt in der Theorie ist der Verzicht darauf, sich psychische und soziale Systeme materiell vorzustellen. Die Theorie geht davon aus, »dass soziale Systeme […] nicht aus festen Partikeln (ganz zu schweigen von ›Individuen‹) bestehen, sondern nur aus Ereignissen, die, indem sie vorkommen, schon wieder verschwinden« (Luhmann, 2000, S. 152). Sie sind sozusagen unsichtbar, es geht um das Dazwischen, die Differenz. Daher wird oft auch von »Differenztheorie« gesprochen. Ähnlich sehen Goolishian und Anderson (1997, S. 262 f.) »menschliche Systeme ausschließlich im Bereich von intersubjektiver sprachlicher Realität und Bedeutung«, sie sehen »Menschsein als Gespräch«. Es gilt also zu lernen, sich von der Vorstellung von der manifesten Substanz eines »irgendwo da draußen« existierenden Systems und seiner Mitglieder zu lösen.

Das gilt sowohl für die Ebene psychischer als auch sozialer Systeme. Als Elemente des psychischen Systems sieht Luhmann im weitesten Sinn Gedanken an: Psychische Systeme bestehen daraus, dass ein Gedanke an den anderen anschließt. Heute sprechen wir weiter gefasst von »affektlogischen« Vorgängen, also einer engen Verbindung von Denken und Fühlen (Ciompi, 2005). Soziale Systeme »bestehen« in dieser Theorie aus Kommunikationen, also aus der Art und Weise, wie eine Kommunikation an die andere anschließt.

Schnell lässt sich hier erkennen, dass diese Theorie ohne einen direkten Bezug auf den Menschen an sich auskommt. Das hat damit zu tun, dass der Begriff »Mensch« für Luhmann zu ungenau ist. Die Vorstellung, dass Menschen oder Individuen die »Bestandteile« sozialer Systeme seien (wie es in manchen anderen Systemtheorien formuliert wird), führt in zahlreiche Sackgassen: Man kann ja als außenstehender Beobachter streng genommen nur die Interaktion zwischen den Akteuren beobachten. Wenn man sich auf Menschen als Elemente konzentriert, dann ist man verleitet, sich deren Verhalten im sozialen Kontext durch Zuschreibung von Motiven (»Das hat A gemacht, weil er/sie auf B sauer war!«) oder durch Hypothesen über körperliche oder seelische Zustände (»Sie ist krank!«,

»Er ist einfach bösartig!«) zu erklären – die in Unterkapitel 3.3 näher erläuterte »personenbezogene Zurechnung« von Konfliktursachen auf Einzelpersonen ist im Lichte dieser Theorie so etwas wie ein »erkenntnistheoretischer Sündenfall« (von Schlippe, 2014a, S. 126). Zwangsläufig »handelt man sich eine Komplexität ein, die jede Modellbildung überfordert« (Simon, 2012, S. 86), zudem steht man immer in der Gefahr, Phänomene des Systems auf Individuen zurückzuführen und damit gerade das, was das Systemische ausmacht, aus dem Blick zu verlieren: dass beispielsweise das Kommunikationssystem eine eigene Qualität entwickelt, die sich nicht als die schlichte Zusammenstellung der Bewusstseine der Akteure erklären lässt. Vielmehr nimmt es eine eigene Gestalt an, die nur locker an die Intentionen der einzelnen Personen gekoppelt ist (jeder kennt das Phänomen, dass sich ein Gespräch ganz anders entwickelt, als man das eigentlich will: »Nein, so habe ich das doch nicht gemeint!« – »Doch, genau so hast du es gesagt!« – »Nein, das war anders, zumindest anders gemeint!« – »Das kann hinterher jeder sagen, ich weiß doch, was ich gehört habe!« usw., usw.[9]).

Natürlich ist ein soziales System ohne Menschen nicht denkbar, man kann sich das so vorstellen, dass ein Schachspiel ja auch nicht ohne Figuren spielbar ist. Doch die Figuren sind nicht das Spiel: Das Spiel besteht aus der Art und Weise, wie sich die Figuren zueinander verhalten, aus den Spielregeln eben.[10]

Es sind auch diese beiden Systeme, um die es im Kontext von Beratung und Therapie besonders geht, das Bewusstsein des Einzelnen und die Kommunikation. Diese beiden Systeme nehmen nämlich jeweils auf *Sinn* Bezug, d. h., sie sind über Bedeutungsgebungspro-

---

9   Faszinierend ist dies gezeigt im Film »Der Gott des Gemetzels«. Yasmina Reza, die Autorin des dem Film zugrundeliegenden Theaterstücks, versteht es meisterlich, die Fallgruben zwischenmenschlicher Kommunikationssysteme zu skizzieren: Alle Akteure bemühen sich, Eskalation zu verhindern – und genau auf das Gegenteil, auf das Debakel, das erklärterweise keiner möchte, läuft der Prozess am Ende hinaus (s. hierzu auch Wetzel u. Dievernich, 2014).
10 Zu den Spielregeln gehört dabei nicht nur die systemische Gesamtdynamik auf dem Brett, sondern natürlich auch, dass eine Königin andere Freiheitsgrade hat als ein Bauer.

zesse miteinander verbunden (wie bereits erwähnt: »strukturell gekoppelt«): »Jedes kommunikative Ereignis ist gleichzeitig auch ein Bewusstseinsereignis, ohne Bewusstsein ist Kommunikation unmöglich« (Levold, 2014, S. 65).

Wenn man sich einmal von der Vorstellung gelöst hat, dass es soziale Systeme »materiell« gibt, und sie als Sinnsysteme versteht, hilft der von Gotthard Günther geprägte Begriff der »Polykontexturalität« (z. B. Vogd, 2013), noch mehr zu verstehen, wie das Bewusstsein die verschiedenen Kommunikationssysteme in seiner Umgebung beobachtet und sortiert. Die funktional differenzierte Gesellschaft der Gegenwart ist als »mehrwertige Sozialstruktur« (Kleve, 2016, S. 163) so gebaut, dass sich in ihr viele parallel laufende Kontexturen gleichzeitig finden. Das bedeutet, Menschen bewegen sich oft simultan in verschiedenen Systemzusammenhängen (Kleve, 2016, bezieht sich in diesem Zusammenhang auf eine Aussage von Armin Nassehi, der von der »Gesellschaft der unterschiedlichen Gegenwarten« spricht). Man kann sagen, dass »unsere sozialen Welten nicht mehr als eine hierarchische (logische) Ordnung begriffen werden können, sondern polyzentrisch, d. h. über mehrere logisch äquivalente Orte und Beobachtungsperspektiven hinweg organisiert sind« (Vogd, 2013, S. 40).

Um es noch einmal zu sagen: Soziale Systeme sind keine »Dinge im Raum«. Das, was jeweils als System eingeordnet wird, hat damit zu tun, wie ein Kontext wahrgenommen wird. Welche Bedeutung ein Wort, ein Satz, eine Metapher hat, hängt vom jeweiligen Kontext ab. Menschen bewegen sich intuitiv und meistens sehr geschickt in solchen Polykontexturalitäten, in den dynamischen Wechselverhältnissen von Kommunikation und Kontext. Kriz (2017a) spricht übrigens in ähnlichem Zusammenhang analog von »Bedeutungsfeldern«. Polykontexturalität bzw. Bedeutungsfelder machen deutlich, dass nicht immer klar ist, welcher Rahmen gerade die Logik der Kommunikation »regiert« – es sind eben oft mehrere Rahmen gleichzeitig vorhanden.

Das klingt jetzt schwieriger, als es ist. Es ist eigentlich eine Alltagserfahrung, dass wir mit unterschiedlichen, manchmal sogar unvereinbaren Verhaltenserwartungen, die gleichzeitig an uns gerichtet sind, passend umgehen. Wir jonglieren und sortieren die Kommunikationen elegant und gleichzeitig, die sich z. B. in dem nicht übermäßig komplexen Kontext »Restaurant« abspielen, das wir mit Kindern und Freunden besuchen: Wir sprechen formal (mit dem Kellner), familiär (mit den Kindern) und freundschaftlich – und all das bis hin in die Feinheiten: Tonlage, Gesichtsausdruck, Körpersprache, Wortwahl usw.

Ein kleines in meiner Schulzeit (AvS) selbst erlebtes Beispiel »Lateinlehrer und Pfadfinderführer« soll noch einmal verdeutlichen, was mit Polykontexturalität bzw. dem »Balancieren von Kontexturen« gemeint ist. Denn genau diese Balance gelang mir in dieser Situation nicht. Ich erlebte einen »Clash of Contexts«, bei dem verschiedene Systemreferenzen aufeinanderprallten und zu einem Zusammenbruch der Selbstverständlichkeiten führten (aus von Schlippe, 2014a, S. 38):

> »Mein Lateinlehrer war zugleich mein oberster Pfadfinderführer. Als solcher hatten wir ein ›Du‹-Verhältnis, wie es sich unter Pfadfindern geziemte. In der Schule ›Sie-zten‹ wir uns dagegen. Die Kontexte waren klar getrennt (der Fachbegriff, den Bateson dafür prägte, heißt ›Kontextmarkierung‹). Daher kamen sich die ›Personen‹ im Alltag nicht in die Quere, im Zeltlager und in Pfadfinderkluft war er ›Karl-Heinz‹, in der Schule eben der Lehrer. Nun hatte ich aber auf einer Fahrt mein Fahrtenbuch vergessen und benötigte eine nachträgliche Unterschrift, wohlgemerkt, nicht vom Lehrer, sondern vom Pfadfinderführer. Ich erinnere mich noch, wie schwierig es für mich war, ihn darauf anzusprechen, sollte ich ›Du‹ sagen oder ›Sie‹? Es war ein mühsames Abtasten der Erwartungen: Ich ging nach dem Lateinunterricht zu ihm und vermied die Ansprache, indem ich ein geschraubtes Passiv benutzte (›Hier müsste noch eine Unterschrift geleistet werden …‹). Er unterschrieb und erlöste mich, indem er klar den Kontext markierte: ›So, Schlippe, hier haben Sie Ihr Heft zurück!‹ Ich wusste wieder, als welche Person er sich für mich in dem Kontext sah, und so war ich orientiert, welche Person ich meinerseits vor mir hatte«.

Eine besondere Rolle spielt in der Theorie sozialer Systeme der Begriff »Kontingenz«. Er bedeutet so viel wie »auch anders möglich sein« (Luhmann, 1984, S. 47), also letztlich Undurchschaubarkeit. Menschen können nie wirklich genau wissen, was im Gegenüber vor sich geht – jede Kommunikation könnte auch anders gemeint sein, anders verstanden werden. Zwei Personen können einander nicht in den Kopf schauen, beide wissen dies auch (daher wird oft auch von »doppelter Kontingenz« gesprochen) und sie wissen auch, dass der andere das weiß. Daher steht die Fortsetzung von Kommunikation immer unter einem gewissen Risiko – es könnte schließlich alles auch ganz anders sein. Man weiß nie genau, wie das, was der andere sagt, »wirklich« gemeint ist. Doppelte Kontingenz ist sozusagen das Grundproblem von Sozialität: Wenn wir einander in den Kopf gucken könnten und genau wüssten, was im anderen vor sich geht, wäre Kommunikation unnötig, wären Vertrauen und Misstrauen nicht nötig (aber wie langweilig wäre dann unsere Welt – na ja, vielleicht auch: Wie mörderisch wäre sie …). »Kommunikation ist die Folge davon, dass sich Menschen als biologische und psychische Einheiten nicht anders miteinander koordinieren können als durch gegenseitiges Beobachten. Ihnen ist es nicht möglich, sich in direkter Weise psychisch aufeinander zu beziehen. Menschen können keine Gedanken untereinander transferieren, sich nicht kognitiv von Bewusstsein zu Bewusstsein verkoppeln. Sobald Personen sich wechselseitig beobachten, läuft Soziales an, beginnt die Kommunikation […], die die basale Funktion hat, die doppelte Kontingenz sozialer Situationen zu bewältigen« (Kleve, 2017, S. 355 f.).

Doppelte Kontingenz wird auf der einen Seite persönlich als Freiheit erlebt (man muss dem anderen nicht alles sagen, »die Gedanken sind frei«). Wenn man sich auf ein Gegenüber bezieht, wird Kontingenz jedoch als Unsicherheit erfahren (»Meint er das wirklich, was er da sagt?«, »Wie echt ist sein Lächeln«?). Menschen sind kontinuierlich in ihren Beziehungen mit dem Thema der doppelten Kontingenz befasst: Wie sehr kann man dem einen, dem anderen vertrauen? Nicht einmal eine langjährige Liebesbeziehung ist frei von Kontingenz: Können wir denn ganz sicher sein, dass unser Partner/

unsere Partnerin nicht morgen zu uns kommt und gesteht, dass er/sie schon seit Jahren ein Verhältnis mit einem/einer anderen habe und sich nun trennen wolle?

Um angesichts dieser Ungewissheit eine gewisse Sicherheit zu erzeugen, entwickeln Menschen Vorstellungen darüber, was sie vom anderen erwarten können. Sie beobachten den anderen und schließen daraus, was für ein Gegenüber sie da vor sich haben: »Was ist das für einer, wieweit kann ich mich auf ihn verlassen?« Und noch mehr: Sie entwickeln auch Erwartungen darüber, welche Erwartungen wohl an sie gestellt werden, wie sie vom anderen gesehen werden. Dies sind die sogenannten »Erwartungs-Erwartungen«, ein ganz zentraler Begriff der Theorie sozialer Systeme, den Luhmann von dem Soziologen George Herbert Mead übernommen hat (Mead, 1934/1973). Die Erwartbarkeit von Erwartungen ist dabei wechselseitig unsicher und enttäuschungsanfällig, Menschen bleiben füreinander undurchschaubar. Sie erzeugen jeweils für sich allein ein Bild davon, wie der andere ist, was sie von ihm erwarten können.

Der Begriff der Erwartungs-Erwartungen kann helfen, manche grundsätzlichen zwischenmenschlichen Schwierigkeiten nachzuvollziehen. In einer spannenden Studie untersuchten drei Autoren (Laing, Philipson u. Lee, 1973) schon in den 1960er Jahren Paare mit einem für die damalige Zeit ausgesprochen innovativen Design: Sie befragten sie unabhängig voneinander über die Partnerschaft. Das Ergebnis war interessant: Störung zeigte sich nämlich nicht auf der Ebene der direkten Perspektive, sondern auf der Ebene der »Metaperspektive« (ein Begriff, der dem der Erwartungs-Erwartung entspricht). Kurz zusammengefasst: Glückliche wie unglückliche Partner antworteten auf die Frage, ob sie ihren Partner liebten, mit »Ja«. Auf der nächsten Ebene jedoch, bei der Frage, ob sie dächten, dass ihr Partner sie liebe, unterschieden sich die Gruppen. Während die Glücklichen die Frage klar bejahten, äußerten die Unglücklichen Zweifel. Offenbar wird gerade in sozialen Systemen, in denen Leid erlebt wird, Kontingenz auf eine Weise verarbeitet, dass man nicht sicher ist, ob man dem anderen trauen kann – und so entstehen Kommunikationsmuster ständiger Prüfung und (Nicht-)Bestätigung (»Wenn du mich wirklich lieben würdest, hättest du von dir aus daran gedacht, die Spülmaschine auszuräumen!« usw.). So mit den Erwartungs-Erwartungen umzugehen, ständig auf der »Beziehungslauer« (Schulz von Thun, 1981) zu liegen und nach Hinweisen zu suchen, durch die die eigenen misstrauischen Erwartungen bestätigt werden, heißt wohl, sich den perfekten Baukasten für die »Selbstorganisation zwischenmenschlichen Unglücks« eingerichtet zu haben.

Es liegt nahe, hier Querverbindungen zur Theorie des sogenannten »feindseligen Wahrnehmungsfehlers« zu ziehen: Die Arbeitsgruppe um Dodge (2006) fand heraus, dass ab einem bestimmten Grad von Eskalation Kinder einer Erziehungsperson auch dann Feindseligkeit unterstellten, wenn diese ein freundliches, positives Angebot gemacht hatte (etwa: »Ach, jetzt versuchen Sie es auf die Tour? Nicht mit mir!«). Wenn man erlebt, dass die eigene freundliche Geste rüde abgelehnt wird, wird man normalerweise entsprechend negativ reagieren. Der freundliche Lehrer etwa wird verärgert sagen: »Also das war das letzte Mal, dass ich dir ein Angebot mache!« Beim misstrauischen Kind verstärkt sich damit die Voreinstellung: »Ich wusste ja, er wollte nicht wirklich etwas Gutes!«

Diese Dynamik lässt sich allgemein auf Konflikte übertragen, sie ist sehr verhängnisvoll für deren Eskalation: Wenn nämlich eine Seite/Partei einen positiven Schritt auf die andere zumacht und diese Geste entwertet wird, reagiert sie meist gekränkt, verletzt und dann verhärten sich die Fronten meist noch mehr. Der versöhnlich gemeinte Schritt mündet ins Gegenteil (Dodge, 2006; von Schlippe, 2014a).

Die Konsequenzen der Theorie sozialer Systeme für die Praxis sind insgesamt vielfältig. Je mehr man sich davon lösen kann, sich soziale Systemzusammenhänge ähnlich vorzustellen wie die dingliche Welt, desto weniger wird man davon ausgehen, »dass menschliche Probleme eine zwangsläufige Folge von Defiziten, Mängeln und sonstigen Unzulänglichkeiten sind«. Statt dessen sieht man Probleme als »missglückten Versuch, eine alarmierende oder Leid auslösende Störung auf befriedigende Weise zu entschärfen« (Ludewig, 2002, S. 40 f.): Das Problem ist nicht das Problem, sondern wie darüber gesprochen wird. Viele Konflikte sind das Ergebnis sich aufschaukelnder Missverständnisse und Zuschreibungen (man spricht hier auch von Motivunterstellungen). Welche Hypothesen die Interaktionspartner darüber haben, was der andere jeweils mit dem »meint« (oder schlimmer: »wirklich meint«), was er gesagt hat, das »ist« das Problem (vgl. ausführlicher zu den Konsequenzen für die Praxis Unterkapitel 3.6).

Ganz weit gefasst zählt Tom Levold (2010, S. 6) vier Punkte auf, die die Folgen dieser Theorie für die Praxis beschreiben:

1. »Die These der Strukturdeterminiertheit lebender Systeme führt zumindest theoretisch zur Aufgabe von normativen Konzepten und damit zu einer Entpathologisierung von Symptomen und Verhaltensweisen.
2. Die Anerkennung der Konstruktion unaufhebbar subjektiver Wirklichkeiten erlaubt eine Fokusverschiebung von der Korrektur ›falscher‹ Wahrnehmungen und Verhaltensweisen hin zur Reflexion ihrer sozialen Anschlussfähigkeit.
3. Therapeuten können aus dieser Perspektive nicht mehr instruierend behandeln oder heilen, sondern nur noch zu Strukturveränderungen anregen. Die Eigenverantwortung der Klientensysteme für Veränderungsprozesse wird gestärkt.
4. Die Akzeptanz der Strukturabhängigkeit von Systemverhalten führt zur Aufgabe der Defizitorientierung und zur Hinwendung zu einer konsequenten Ressourcenorientierung, d. h. der Nutzung von im System bereits verfügbaren Möglichkeiten zur Veränderung.«

2.3.2 Die Theorie komplexer dynamischer Systeme

> »Aus meiner Sicht besteht die Erklärungsleistung der Synergetik für klinische und therapeutische Fragen besonders darin, dass das Entstehen von Ordnung und – für Therapie etc. noch wichtiger – der Übergang von einem Ordnungszustand in einen anderen […] konzeptionell präzise erfassbar und beschreibbar werden.«
> Kriz (2017b, S. 87)

Diese Theorie, auch Synergetik genannt, wurde von dem Physiker Hermann Haken erarbeitet, sie hat ihren Ursprung in der Physik. Als »strukturwissenschaftliche« Theorie befasst sie sich mit der Dynamik von Prozessen in ganz unterschiedlichen Disziplinen (Kriz, 2017a; Kriz u. Tschacher, 2013) und bietet sich daher als Metatheorie für das Verständnis der Dynamik therapeutischer Prozessverläufe an (Rufer u. Schiepek, 2014). Zentral ist die Frage, wie in verschiedenen Bereichen unserer Lebenswelt Ordnung bzw. Ordnungsmuster entstehen. Es wird überlegt, unter welchen Randbedingungen es zu dynamischen (also nie auf ewig festgelegten, sondern immer wandelbaren) Ordnungsbildungen kommt, wie sich also »Attraktoren« bilden (damit bezeichnet die Synergetik eine stabile dynamische Ordnung, auf die ein Prozess in einem bestimmten Zeitfenster bzw. unter bestimmten Umgebungsbedingungen hinausläuft).

Ein illustratives Beispiel von Attraktorbildung findet sich bei Kriz (2017a): Wohl jeder kennt die Erfahrung, dass der Applaus, etwa nach einem Konzert, sich urplötzlich rhythmisch entwickeln kann. Das anfangs ungeordnete Klatschen entwickelt sich von selbst, ohne dass ein Dirigent dies steuert, in ein Muster hinein. Wie bildet sich dieses Muster? Anfangs klatschen vielleicht mehrere Personen zufällig synchron, andere schließen sich an und wenn das Muster eine gewisse Stärke gewinnt, wird der Klatschrhythmus des ganzen Saales davon bestimmt. An dieser Dynamik, wie die Mikro- und die Makroebene sich als System zusammenfinden, ist die Synergetik interessiert: Aus einzelnen Elementen auf der Mikroebene (hier: das einzelne Klatschen) entwickelt sich ein Muster auf der Makroebene (hier: der Rhythmus), das dann seinerseits die Elemente steuert (in der Sprache der Synergetik sagt man: Ein entwickelter »Ordner« »versklavt« die Elemente). Das entstandene Muster (siehe Abbildung 2) bestimmt die weitere Dynamik der Elemente, obwohl es doch ursprünglich erst aus dem Zusammenspiel der Elemente gebildet wurde.

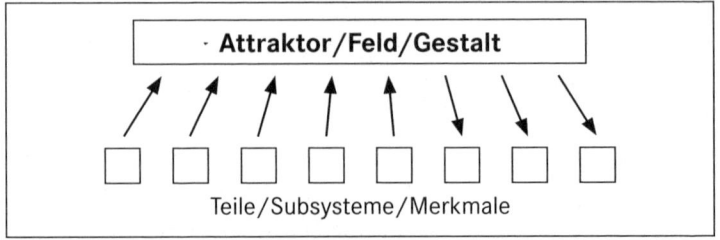

Abbildung 2: Verhältnis von Makro- und Mikroebene (Kriz, 2017a, S. 181)

Entwickelt wurde die Theorie, wie gesagt, ursprünglich in der Physik am Beispiel der selbstorganisierten Synchronisation von Lichtwellen in der Lasertechnologie. Hier ging es um die Frage, wie sich Lichtwellen unter bestimmten Randbedingungen so synchronisieren, dass sie beginnen, rhythmisch gleichgerichtet zu pulsieren und so das starke Laserlicht hervorbringen. Eine Reihe von psychologischen Forschern (neben Kriz und Tschacher noch Schiepek, Brunner, Strunk, Rufer u. a.) haben sich mit der Übertragung dieser Theoriestruktur auf psychosoziale Zusammenhänge befasst (Kriz, 1999, 2017a; Rufer u. Schiepek, 2014; Schiepek, 1999, 2012; Strunk u. Schiepek, 2006). Immer geht es darum, wie unter bestimmten Bedingungen *Muster von Sinn und Bedeutung* in dynamischen Interaktionen entstehen. Kriz hat diese Theorie als Personzentrierte Systemtheorie ausgearbeitet (2017a). Er unterscheidet in diesem Zusammenhang vier Prozessebenen, die zu beachten sind (S. 18 ff.): körperliche, psychische, interpersonelle und kulturelle Ebenen. Diese greifen ständig ineinander, und zumindest gedanklich sollte – das wird immer wieder betont – die so entstehende

Komplexität miteinbezogen werden, wenn auch in der konkreten beraterischen Arbeit meist die psychische und die interpersonelle Ebene im Vordergrund stehen. Aus den Sinnangeboten, die sich auf diesen vier Ebenen zeigen, entwickelt die Person dann ganz spezifische »Sinnattraktoren« und gestaltet damit natürlich im Zeitverlauf auch ihrerseits eigene Sinnangebote für ihre Umgebung. Ein Sinnattraktor ist eine Art Schema, vielleicht könnte man auch sagen ein Kategoriensystem, das eine Person für sich entwickelt, um die Phänomene ihrer sozialen Umwelt einzuordnen: »So ist es!« Während es beim Laserlicht um physikalische Phänomene geht, die sich zu Attraktoren verdichten (die Lichtwellen, die sich in ein Muster hineinorganisieren), beim Klatschen um die Koordination von Handlungen, geht es beim Sinnattraktor um etwas Unsichtbares: um das Entstehen von Bedeutung.

Ein Sinnattraktor reduziert Komplexität und erzeugt damit das beruhigende Gefühl, dass die Welt »in Ordnung« ist. Ohne diese Empfindung zumindest in Ansätzen zu erfahren, könnte man vermutlich nur schwer leben (viele werden aus Krisenerfahrungen wissen, was es heißt, wenn alle gewohnte Ordnung zusammenbricht). Sinnattraktoren werden im inneren Selbstgespräch und sozial auf vielen Systemebenen (Zweierbeziehungen, Familien, Organisationen, Kultur) kontinuierlich aufrechterhalten.

Zugleich aber neigt ein einmal entstandener Attraktor auch dazu, »überstabil« zu werden, also neue, nicht direkt passende Information zu nivellieren und im Sinne einer »Komplettierungsdynamik« zu integrieren (man schaut nicht mehr genau hin und denkt: »Kenn ich schon«, »Typisch!«). Dann wird etwa über eine entsprechende »Narrativierung« eine Geschichte erfunden, die dafür sorgt, dass die oft »nicht gut fassbare Komplexität der Unordnung [...] in Richtung auf vertraute Ordnung hin« (Kriz, 2017a, S. 154) interpretiert wird – die »vertraute Ordnung« muss dabei nichts Positives sein (vgl. die Überlegungen zum feindseligen Wahrnehmungsfehler weiter oben). Vor allem da, wo es um psychische und soziale Problemstellungen geht, können die einmal gefundenen Sinnattraktoren auch Leiden stabilisieren: wenn einmal der Attraktor »Julian hat eine Verhaltensstörung« (S. 105 ff.) sozusagen »eingerastet« ist, dann lädt er nämlich auch dazu ein, alle Verhaltensweisen von Julian unter diesem Sinnmuster zu betrachten (genau das ist Komplettierungsdynamik). Das Kind und die Familie kommen aus diesem Attraktor der Bedeutungsgebungen nur sehr schwer wieder heraus.

Wie schnell sich solche Attraktoren bilden können, das zeigt Kriz (S. 105 ff.) an einem einfachen Beispiel: Eine Eigenschaftsliste, die ein Kind über acht Eigenschaften beschreibt, führt sehr schnell zu einer Einschätzung, was für ein Mensch Julian ist. Die Art der Einschätzung hängt stark davon ab, ob die Liste mit den negativen oder mit den positiven Eigenschaften beginnt. Wer schon drei negative Eigenschaften gelesen hat, hat bereits ein Bild im Kopf, das durch die später folgenden positiven Merkmale nicht mehr verändert wird (und umgekehrt). Wenn eine solche Dynamik sich bereits so schnell einstellt, wie viel schwieriger wird es für einen Menschen sein, wenn er/sie erst einmal ein »Etikett« erhalten hat, dieses wieder loszuwerden!

Damit wird auch deutlich, dass solche Attraktoren nicht nur im Kopf, sondern, wie bereits angedeutet, auch im sozialen Geschehen wirken. Systemdynamiken entstehen selbst-organisiert in der oszillierenden Kommunikation zwischen den Mitgliedern über lange Zeiträume hinweg. Es entwickeln sich im Zeitverlauf Muster, die »entstehen, weil sie entstehen« (Emergenz) und die, indem sie »immer wieder gleich« ablaufen (das ist die sogenannte »Iteration«), schrittweise stabiler werden. Eine einmal durchgeführte Handlung erhöht die Wahrscheinlichkeit, noch einmal durchgeführt zu werden, wenn sie als sinnvoll empfunden wird. In der Folge entsteht daraus dann ein Muster, das auf die einzelne Handlung zurückwirkt.

Wohl jeder kennt die folgende Beispielsituation: Die Teilnehmenden an einem Wochenendseminar sitzen auf einem frei gewählten Stuhl. Und obwohl niemand die Regel aufgestellt hat, gibt es Gruppen, in denen jeder nach der ersten Teepause wieder genau zu diesem Stuhl zurückgeht. Spätestens nach der dritten Pause ist es fast unmöglich, den Platz noch zu wechseln, ohne dass dies zu Protest führt: »Hey, das ist mein Platz!« – obwohl es keine derartige Vorgabe gab und natürlich auch kein »Eigentum« am Stuhl erworben wurde. Es ist eben »mein« Stuhl, »weil« ich schon dreimal darauf gesessen habe ... In ähnlicher Weise kann man sich vorstellen, wie komplexere Muster entstehen: Sie entstehen, weil sie entstehen, und wenn sie einmal entstanden sind, grenzen sie die Verhaltensmöglichkeiten der Mitglieder dieses Musters ein.

Als Problem beklagte Verhaltensweisen in der Familie sind also nicht unbedingt Folge einer besonderen Ursache, sondern ein Muster hat sich entwickelt, weil es sich entwickelt hat.[11] Muster »sind die ›Melodie‹ nach denen das System ›tanzt‹, und sie bringen – sofern es sich um problematische Muster handelt – immer wieder dieselbe Einschränkung der Autonomie alltäglicher Lebenspraxis hervor« (Borst, 2013, S. 37). Folglich geht es darum, diese Muster auf eine Weise zu irritieren, dass sie in eine Lage »kritischer Fluktuationen« kommen – mit der Chance auf Veränderung. In einer solchen instabilen Phase des Übergangs kann ein System extrem sensibel für kleinste Veränderungsimpulse (»Schmetterlingseffekt«[12]) sein: Wenn ein gewohntes Muster nicht mehr so greift wie bisher, wird das durchaus als Verunsicherung erlebt. In einer solchen Situation können kleine Impulse große Wirkungen zeigen, während in einem stabilen Zustand auch starke Impulse das Muster nicht erschüttern.

---

11 Etwas genauer: Die gegebenenfalls zufälligen Anfänge dieser Entwicklung wurden als brauchbare Be-Deutungen empfunden, sodass damit Deutungskomplexität reduziert wurde. Je stabiler und »selbst«-verständlicher dieses Muster ist, desto weniger kognitive Arbeit muss verrichtet werden. Man muss sich nicht immer wieder mit der Komplexität auseinandersetzen, die sich ergibt, wenn andere Möglichkeiten mitbedacht werden. Komplexität bedeutet nämlich auch zugleich Unsicherheit. Das macht den einmal gefundenen Attraktor auch so »attraktiv«: Man »weiß«, wie es »ist« und diese einmal gefundene Idee lässt man nur ungern wieder los.

12 Wenn ein Systemzustand sehr labil und nah am Chaos ist, können leichte Impulse große Auswirkungen nach sich ziehen. Ein Beispiel für solche labilen Zustände ist das Wetter. Metaphorisch gesagt, kann in dem Moment, wo viele chaotische Prozesse das System in verschiedene Richtungen treiben, der Flügelschlag des Schmetterlings den Ausschlag geben, in welche Richtung eine Wetterfront zieht. Die oft gehörte Aussage, der Schmetterling in Brasilien »verursache« das Gewitter in China, ist allerdings die überzogene Übertreibung einer ohnehin schon weit ausgereizten Metapher.

Damit wird ein herkömmliches Verständnis von Kausalität kritisch gesehen – sei es für das Zustandekommen von Störungen oder für deren Veränderung: In vernetzten Zusammenhängen ist es nicht mehr möglich, klar zu entscheiden, was Ursache, was Wirkung ist (Simon, 2012a, S. 15). Das bringt das systemische Denken immer wieder auf verschiedenen gesellschaftlichen Feldern in Konflikt mit bestehenden Traditionen. Denn die hier angedeuteten Überlegungen passen nicht zu Formen der Sicht auf die Welt, die im herkömmlichen Sinn »mit dem Begriff ›wissenschaftlich‹ verbunden wurden«, also »die Untersuchung der linear-kausalen Verbindung von Ursachen und Wirkungen und deren Analyse mit faktoren- oder kovarianzanalytischen Modellen. Solche Vorstellungen implizieren wiederum für die Praxis klare, monokausal begründete Interventionen, die ebenso monokausal begründete Wirkungen hervorbringen. Dagegen scheinen die beobachteten Prozesse in Therapie, Beratung usw. doch eher auf nichtlinear-sprunghafte, rückgekoppelte, vernetzte Weise zu verlaufen. Und für die Praxis erschien und erscheint die Förderung selbstorganisierter Entwicklungsdynamiken zumindest nicht weniger erfolgreich als direkte, instruierende Interventionen« (Kriz u. Tschacher, 2013, S. 12).

2.3.3 Narrative Theorien

> »Was ist die Vergangenheit? Könnte es sein, dass die Unverrückbarkeit der Vergangenheit nur eine Täuschung ist? Könnte es sein, dass die Vergangenheit ein Kaleidoskop ist, ein Bildermuster, das sich bei jeder Störung durch einen plötzlichen Windhauch, durch ein Lachen, einen Gedanken verändert?«
> Lightman (1994, S. 197)

Eher »quer« zu den beiden vorgenannten Richtungen liegt die narrative Theorie (hier stand das lateinische Wort »narrare« für »erzählen« Pate), die am ehesten als Theorie in einer *kulturwissenschaftlichen* Tradition bezeichnet werden kann. Sie geht davon aus, dass menschliches Leben nicht abstrakt in Sprache stattfindet, sondern in einer Welt von gemeinsam geteilten und mit-geteilten Bedeutungen, d. h. in ständiger Konversation. Im Gespräch und im Erzählen von Geschichten halten Menschen ihre Wirklichkeit stabil und bestätigen einander ihre Identitäten wechselseitig (Bruner, 1997, 1998; Denborough, 2017; Fischer, 1990; Olthof, 2017; Polkinghorne, 1998; Straub, 1998a, 1998b; Welzer, 2005; White, 2010; Winek, 2010, S. 229 ff.), ganz unabhängig davon, ob dies positiv oder negativ erlebt wird. Diese Vorgänge werden im Alltag oft als so selbstverständlich hingenommen, dass sie gar nicht mehr thematisiert werden.

Es ist daher gut, an dieser Stelle daran zu erinnern, dass Kultur durch die Sprache sogar in unser Innerstes hineinkommt: Man kann auch mit sich selbst nicht anders kommunizieren als mit den gelernten Kulturwerkzeugen, vor allem der Sprache (vgl. auch Unterkapitel 2.1). Auch wenn wir mit uns selbst »sprechen«, nutzen wir Sprache und mit ihr die vorgeformten Begriffe einer Kultur und der »Bedeutungsfelder«, in denen sich diese Begrifflichkeiten bewegen (Kriz, 2017a, S. 57 f.). Auch »Probleme« sind – so gesehen – Formen der Erzählung, Arten von spezifischen Bedeutungsgebungsprozessen, oft in Form von Metaphern (Fischer, 2003; Levold, 2003a). Das, was als Problem bezeichnet wird, ist eigentlich eine besondere Geschichte, eben eine »Problemgeschichte«. Aber – und das ist wichtig für die systemische Praxis – Geschichten können immer auf verschiedene Weisen erzählt werden.

Holen wir zu dieser Überlegung noch etwas aus: Erfahrungen werden in dem Moment, in dem sie geschehen, zu Geschichten oder sie gehen dem Gedächtnis verloren, wenn wir sie weder uns selbst noch anderen jemals wiedererzählen (Bruner, 1997, S. 72).[13] Doch in dem Moment, wo eine Erfahrung zur Geschichte geworden ist, ist sie nicht mehr die Erfahrung selbst. Der jeweilige Mensch wird

---

13 Die Beschreibung klingt ein wenig »kognitiv«, so als liefen diese Prozesse rein verstandesmäßig ab. Ein weites Verständnis von »Geschichten« kann jedoch auch den Körper als »Geschichte« verstehen. Hierauf verweisen neuere Ansätze von Therapie, die sich auf das Phänomen des »Embodiment« stützen (z. B. Bohne, 2016; Tschacher u. Storch, 2017). Manchmal geht es in der Therapie erst einmal darum, die Erfahrungen überhaupt bewusstseinsfähig werden zu lassen, um sie in eine Geschichte überführen zu können, etwa bei sogenannten frühen Störungen oder schwerer Traumatisierung (Kriz, 2017a; van der Kolk, 2015).

zum Autor mit seiner ganz spezifischen erzählerischen Tradition – und damit wird er oder sie im Erzählen zum einen zwangsläufig selektiv sein (er/sie wählt aus, unterstreicht das eine, lässt das andere beiseite), zum anderen greift gerade bei der »Narrativierung« von Erfahrungen die bereits in der Synergetik angesprochene »Komplettierungsdynamik«: Das Gehirn dient als »Server« dafür, die Erinnerungen so zu gestalten, dass sie zu den Geschichten passen. Sehr eindrücklich wird beispielsweise bei John Kotre (1995) geschildert, wie die jeweils erzählte Geschichte das Gedächtnis beeinflusst: Das Gehirn bietet uns die Bilder an, die zu unseren Erzählungen passen und diese Bilder werden von uns dann als reale Erinnerung bewertet. Manchmal werden daher, wie Studien zur »False Memory« zeigen, Erinnerungen mit vollster Überzeugung und mit Rückgriff auf »erlebte Bilder« verteidigt (»Ich weiß doch wie es war, ich sehe es noch genau vor mir!«), die nachweisbar unmöglich geschehen sein können (hierzu beispielsweise Kriz, 2017a, S. 158). Das Verhältnis von Erfahrung, Erinnerung und Gedächtnis ist jedenfalls ein dynamisches, das Gedächtnis ist alles andere als ein Speicher: »Das Gedächtnis ist erfinderisch« (Welzer, 2005, S. 19).

Selbst für den, der das mit einer gewissen Skepsis lesen mag, dürfte eins sehr klar sein: Eine Erzählung ist nicht die Erfahrung selbst. Sie kann Erfahrung unmöglich in allen Facetten wiedergeben. Es ist unumgänglich, dass der Erzähler sie strukturiert, glättet, in einen Zeitrahmen bringt, also die Ereignisse interpunktiert. Kurz: Er oder sie muss die Geschichte in eine für den jeweiligen Erzählzweck passende Form bringen. Es sind also nicht die *Erfahrungen,* die Menschen prägen, sondern die *Geschichte,* die er/sie bzw. das jeweilige soziale System über die Erfahrungen erzählt. Das Interesse verlagert sich damit vom Verhalten immer mehr zu Ideen, und zwar nicht nur zu persönlichen, sondern auch zu gemeinsamen Ideen: Wie werden Sinn und Bedeutung in sozialen Systemen gemeinsam sprachlich erzeugt, auf welche Aspekte greifen das individuelle und das soziale »Systemgedächtnis«, die beide aus Geschichten und Metaphern bestehen, bevorzugt zurück? Denn beide Formen des Erinnerns brauchen die kontinuierliche Wiederholung, um nicht vergessen zu werden. Besonders gilt dies für das soziale Gedächtnis: »Es muss durch Wiederholung [...] garantiert werden, und es muss verhindert werden, dass allzu viel Erinnernswertes nur noch bewusstseinsmäßig verfügbar ist. Denn damit würde das soziale Gedächtnis sich auflösen, sich desintegrieren und nur noch psychisch verfügbar sein« (Luhmann, 2000, S. 194 f.). Dazu »muss man es als inventiven Mechanismus begreifen. Selbst das Wiedererkennen und Wiederholen ist *in neuen Situationen eine neue Operation* und ob sie gewählt wird oder nicht, steht nicht durch die Vergangenheit allein schon fest [...] Da das Gedächtnis vergessen kann, gewährt es dafür die notwendigen Freiheiten« (S. 194 f., Hervorhebung AvS).

Genau dieser Prozess der aktiven Wiederaufbereitung der Erinnerung ist interessant, also das Stabilisieren eines einmal gefundenen Attraktors durch Wiederholung (Iteration). Für die Praxis heißt dies, weniger auf den Inhalt der Erzählung zu schauen, sondern auch und besonders danach zu fragen, wie jemand (eine Person, eine Familie, ein Team usw.) immer wieder auf eine besondere Beschreibung der Vergangenheit zurückgreift. »Gerade Familien zelebrieren im ›conversational remembering‹, im gemeinsamen Sprechen über Vergangenes, ihre Geschichte als Interaktionsgemeinschaft, und dabei geht es um die Bestätigung der sozialen Identität der Wir-Gruppe« (Welzer, 2005, S. 165).

Ansatzpunkte für Beratung können darin liegen, dass weniger auf die Erzählung und mehr auf die Tradition des Erzählens geachtet wird (das entspricht dem Wechsel von der Beobachtung erster in die Ebene der Beobachtung zweiter Ordnung, von der im Einführungskapitel die Rede war):

Eine belastende Erfahrung war schlimm und niemand kann diese einem wegnehmen. Aber man kann darüber nachdenken, unter welcher Überschrift über die Erfahrung erzählt wird. So ruft eine Erzählung der Form: »Schau, was mir Schreckliches widerfahren ist!« eher die dunklen Seiten des Ereignisses immer wieder ins Gedächtnis und beschreibt den Akteur als erleidendes Opfer. Diese Perspektive braucht natürlich auch Raum und Empathie. Doch diese Erzählung kann erweitert werden durch eine andere Frage. Was würde sich ändern, wenn die Erzählung unter dem Blickwinkel: »Schau, was ich überstanden habe!« erzählt werden würde? Wie würde die Geschichte anders erzählt werden? Die neue Frage lädt in eine andere Tradition von Geschichtenerzählen ein, an diese Art von Geschichte können neue Fragen anknüpfen: Es kann danach gefragt werden, welche Qualitäten, welche eigenen Stärken geholfen haben, zu überleben, wo und durch wen es Unterstützung und Hilfe gab, wer am ehesten daran geglaubt haben mag, dass der Erzähler aus dieser schwierigen Situation wieder den Weg herausfindet usw. Die systemische Arbeit unter diesem Blickwinkel sucht vermehrt nach solchen »noch nicht erzählten Geschichten«[14], nach den vielen anderen Möglichkeiten, wie eine Erfahrung auch erzählt werden könnte (vgl. Unterkapitel 3.7).

In den obigen Überlegungen ist bereits ein weiterer wichtiger Aspekt des Geschichtenerzählens enthalten: Sie müssen erzählt werden, um lebendig zu bleiben, d. h., sie brauchen daher auch immer (mindestens) einen Zuhörer.[15] Damit sind Geschichten auch so etwas wie ein kollektives, kommunikatives Gedächtnis (Bleakney u. Welzer, 2009; Halbwachs, 1985; Welzer, 2005). Man muss sich das dabei weniger als ein »abrufbares Inventar« von Geschichten vorstellen, Geschichten »passieren« vielmehr beiläufig, als absichtslose Vergegenwärtigung von Vergangenheit: »Die Praxis konversationellen Erinnerns ist in Familien etwas völlig Selbstverständliches – sie bedarf keines Vorsatzes, keiner der Sprecher muss dabei eine Absicht verfolgen, sie hat kein festgelegtes Ziel [...]. Dabei müssen die kommunizierten Geschichten keineswegs vollständig, konsistent

---

14 Es kann nicht oft genug betont werden, dass dies nicht heißt, eine erzählte Geschichte nicht zu glauben oder eine erzählte Geschichte nicht auch empathisch und einfühlsam aufzugreifen. Die beschriebenen Gedanken sollen nur davor bewahren, vorschnell in eine »Problemtrance« zu geraten, in der ja meist auch der/die Ratsuchende selbst stecken, wenn sie die eine, scheinbar einzig mögliche schreckliche Geschichte erzählen.

15 Da man sich eine Geschichte auch selbst erzählt, kann der Zuhörer allerdings auch die eigene Person sein, aber da geht es dann um eine andere Dynamik, um intrapsychisches Geschehen, das, um bearbeitbar zu sein, auch in die Kommunikation gebracht werden muss, etwa ins Beratungsgespräch.

und linear sein – sie bestehen im Gegenteil häufig eher aus ziemlich widersprüchlichen Fragmenten und bieten gerade deshalb Anknüpfungspunkte für unterstützende, unterbrechende und korrigierende Kommentare und Ergänzungen« (Welzer, 2005, S. 164). All das, was täglich in Familien passiert, lässt sich unter dem Gesichtspunkt sehen, dass da viele Geschichten erzählt werden, die auch durchaus miteinander im Wettstreit liegen können: »Du warst ja schon immer …, ich weiß noch genau, wie du damals, als Tante Helga zu Besuch war, zu ihr gesagt hast, dass sie …!« – »Stimmt doch gar nicht, das warst doch du, Tante Helga hat mir jedenfalls damals erzählt …!« – »So ein Quatsch! Ich weiß doch noch genau, wir saßen draußen auf der Terrasse und Tante Helga war total traurig, weil du …!« usw.

Wer wir füreinander jeweils sind, ist also weniger (oder sagen wir: nicht nur) eine Frage der »Persönlichkeit« (was immer das unabhängig von dem Bedeutungsfeld sein mag, in dem sie entstand und von Beobachtern als »Persönlichkeit« bezeichnet wird), sondern eine Frage der jeweils dominanten Geschichte, eben derjenigen, die sich schlussendlich unter verschiedenen möglichen Geschichten durchgesetzt hat.

Ein weiterer erwähnenswerter Aspekt bezieht sich noch einmal auf das Thema der Kultur, die sich in Geschichten spiegelt. Denn weder lebt eine Familie im »luftleeren Raum«, noch entstehen Geschichten im Vakuum. Viele der Geschichten, die man für sich selbst als gültig empfindet, sind lange vor einem selbst von anderen Menschen »geschrieben« oder erzählt worden. Denborough weist darauf hin, dass etwa Sexismus und Rassismus dazu beitragen, dass Frauen und Farbige eher auf negative Erzähllinien zurückgreifen, wenn sie von sich selbst erzählen (Denborough, 2017, S. 23).

Das Wort »Geschichten« klingt so harmlos, doch die Vorgänge, um die es geht, sind alles andere als das. Denn wenn man den Bogen noch etwas weiter aufmacht, dann dürften auch kriegerische Vorgänge, beispielsweise zwischen Volksgruppen, zumindest teilweise auf Geschichten zurückführbar werden, die sich auf Vorgänge beziehen, die lange vor der Geburt der gegenwärtigen Akteure geschahen und die in Form von Erzählungen als kollektives Gedächtnis von Familien oder Volksgruppen lebendig gehalten wurden. Die amerikanische Soziologin Arlie Hochschild spricht in diesem Zusammenhang von »Tiefengeschichten«. In ihrem beeindruckenden Buch »Fremd in ihrem Land« (2017) beschäftigt sie sich mit der Frage, wie die »Empathiemauer« zwischen den politischen Gruppierungen in den USA (vor allem Demokraten vs. Tea-Party-Anhänger – die Parallelen zu anderen Nationen sind leicht zu ziehen) überwunden werden kann. Sie fragt danach, wie das Paradox zu erklären ist, dass viele der Anhänger rechtsgerichteter Parteien, die in sehr einfachen Verhältnissen leben, unter Umweltverschmutzung und Einkommenseinbußen leiden und trotz vieler Arbeit und einem ordentlichen Lebenswandel keinen Anschluss an den »American Dream« bekommen, eine Partei wählen, die eher noch Industrie und Großkonzerne steuerlich weiter begünstigt und so ihre Lebensgrundlagen weiter beeinträchtigt. Für sie liegt die Erklärung in der emotional gefärbten Tiefengeschichte, ohne die man dieses Verhalten nicht verstehen kann. Sie definiert diese so: »Eine Tiefengeschichte ist die gefühlte Sicht der Dinge, die Emotionen in Symbolsprache erzählen. Sie blendet das Urteilsvermögen und die Tatsachen aus und erzählt, wie Dinge sich anfühlen. Eine solche Geschichte erlaubt es den Menschen auf beiden Seiten des politischen Spektrums, zurückzutreten und das subjektive Prisma zu erkunden, durch das die Partei auf der anderen Seite die Welt sieht. Ohne sie können wir, meiner Ansicht nach, die politischen Einstellungen der Rechten wie auch der Linken nicht verstehen. Denn wir alle haben eine Tiefengeschichte« (Hochschild, 2017, S. 187).

Eine andere therapeutisch bedeutsame Facette, wenn es um Geschichten geht, betrifft die Frage, wie Geschichten als Konfliktverstärker wirken können. Dies gilt vor allem, wenn sie im Familienkreis an Kinder weitergegeben werden. Die Geschichten, die schon als Kind Einflüsse auf einen Menschen haben, prägen diesen besonders intensiv, denn sie bringen ein »inneres Theater« hervor: »Es ist die Macht der Wörter, in unserem Geist, Bilder entstehen zu lassen, die uns zu faszinierten und zuweilen gefesselten Zuhörern und

Lesern werden lässt [...]. Wir können [...] in unserem geistigen Auge Szenarien konstruieren, deren Betrachtung uns wirklich berührt und unseren inneren körperlichen und emotionalen Zustand verändert, gleichgültig, ob es sich hierbei um Erinnertes oder Erfundenes handelt« (Bachg, 2004, S. 288). Und gerade Kinder können durch Familienerzählungen (und weitergehend auch durch kulturell geprägte Erzählungen und Tiefengeschichten im Sinne Hochschilds) intensiv beeinflusst werden. Sie reagieren sehr schnell und beinahe reflexhaft mit dem Impuls zu helfen, wenn ihnen eine Geschichte von Ungerechtigkeit erzählt wird. Sie identifizieren sich sofort, liebevoll und unkritisch mit dem bedrohten Erzähler. Sie phantasieren sich als dessen Retter, ergänzen die Geschichte und gestalten sie manchmal völlig neu (Welzer, 2005). Das folgende Zitat aus einem Roman Khaled Hosseinis macht dies sehr bewegend deutlich:

> »Mein Vater antwortete lächelnd: Warum sollte ich traurig sein? Ich habe ja dich. Aber ich spürte es schon damals, obwohl ich noch klein war: Die Trauer war ihm ins Gesicht geschrieben, sie war wie ein Muttermal. Während wir uns unterhielten, phantasierte ich insgeheim: Ich würde alles sparen, keinen Dollar für Süßigkeiten oder Aufkleber ausgeben, und sobald mein Sparschwein voll war [...] würde ich es knacken und die kleine Schwester meines Vaters suchen gehen, wo immer sie auch sein mochte, und wenn ich sie gefunden hätte, würde ich sie zurückkaufen und nach Hause zu meinem Baba bringen. Ich würde meinen Vater glücklich machen. Ich wünschte mir nichts sehnlicher, als ihm die Last dieser Trauer von den Schultern zu nehmen« (Hosseini, 2014, S. 382; vgl. von Schlippe, 2014a, S. 147 ff.).

Gerade kleine Kinder dürften durch solche Geschichten besonders manipulierbar sein. Sie gehen gefühlsmäßig mit und möchten dem Erwachsenen in Not helfen, insbesondere wenn in der Geschichte kein Retter auftaucht. »Kinder etwa, die sich als Retter der Eltern phantasieren, können den Konflikt dann sogar massiver austragen als diese selbst, denn sie tun dies mit dem Gefühl absoluter moralischer Berechtigung (vielleicht lassen sich sogar Selbstmordattentate so verstehen)[16]. Da, wo sie selbst vielleicht bereit wären zu verzeihen, wenn es um eigene Kränkungen gehen würde, ist ihnen dies bei den Geschichten anderer Menschen, denen sie loyal verbunden sind, nicht mehr möglich. Die Geschichte ist eine feste ›Konserve‹ geworden, unveränderlich. So kann es dann zu Lösungsversuchen am falschen Ort kommen, sie sind vor allem tragisch, denn sie setzen die Kämpfe an einer Stelle fort, wo sich keine wirkliche Lösung finden lässt und chronifizieren die Konflikte« (von Schlippe, 2014a, S. 149).

2.3.4 Sinnbegriff als Klammer

> »Geht man vom Sinnbegriff aus, ist als erstes klar, dass Kommunikation immer selektives Geschehen ist. Sinn lässt keine andere Wahl als zu wählen. Kommunikation greift aus dem je aktuellen Verweisungshorizont, den sie selbst erst konstituiert, *etwas* heraus und lässt *anderes* beiseite.«
> Luhmann (1984, S. 194)

Die hier nur kurz skizzierten Theorien haben mehr oder weniger stark auf die Entwicklung der Familientherapie bzw. der systemischen Therapie gewirkt. Bei aller Unterschiedlichkeit ähneln sie einander doch insofern, als sie sich mit Sinnbildung beschäftigen. Das, was Menschen bewegt, sei es, wenn sie für sich allein sind oder wenn sie in sozialen Beziehungen stehen, lässt sich am ehesten mit dem Begriff »Sinn« fassen. Nichts in der menschlichen Lebenswelt »hat« im Vorhinein Sinn, dieser entsteht erst im Zuweisen von Bedeutung, formal: im Unterscheiden. Die komplexen Sinnwelten, in denen Menschen leben, zeigen, zu welchen Leistungen soziale Systeme fähig sind, auch wenn sie es mit so etwas Flüchtigem und Unsichtbarem wie Sinn zu tun haben.

Gemeinsam ist den Theorien auch, dass sie sich nicht mehr in erster Linie als »Family Systems Theory« verstehen: Wenn es allgemein um Fragen menschlicher Sinnerzeugung geht, dann ist das System Familie zwar eines, das nach wie vor hoch bedeutsam für

---

16 Ein interessantes Beispiel hierzu: www.faz.net/aktuell/politik/gastbeitrag-wie-ich-fast-ein-dschihadist-wurde-13143393.html (18.12.2018).

das Leben der meisten Menschen ist, doch lassen sich viele andere Systeme als wesentlich erkennen. Ja, Systeme werden auch überhaupt nicht mehr so verstanden, dass es da ein System räumlich »gibt«, das aus »Komponenten« besteht und »in« dem dann »zwischen den Mitgliedern« Kommunikation geschieht. Sinnsysteme bestehen vielmehr aus Kommunikation. Wenn man, wie bereits erwähnt, den Vergleich zum Schachspiel zieht, liegt das, was das System des Spiels ausmacht, in der Art, wie auf den einen Spielzug der nächste folgt. Das Spiel besteht nicht aus den Figuren (wenngleich diese auch nötig sind, um das Spiel zu spielen). Die jeweilige Logik, in der eine Kommunikation an die andere anschließt, macht das System aus. Welches System gerade »aktiv« ist, wird durch diese Logik entschieden – die gleichen Personen können beispielsweise in der einen Logik etwa als Familienangehörige das System »Familie« reproduzieren und im nächsten Moment das System »Unternehmen« (ein Aspekt, der es Mitgliedern von Familienunternehmen manchmal schwer macht, sich in der Kommunikation zurechtzufinden. Ein Sonntagsfrühstück kann in einer Unternehmerfamilie plötzlich in eine Strategiediskussion umschlagen o. Ä., vgl. hierzu von Schlippe, Groth u. Rüsen, 2017). »Systeme« sind in ihrer Dynamik von den »Bedeutungsfeldern« beeinflusst, an denen Kommunikation sich orientiert.

Eine weitere Gemeinsamkeit der Theorien ergibt sich unmittelbar aus diesen Überlegungen: Da sie sich mit Sinnerzeugungsdynamiken befassen, sollten sie alle weniger als *Gegenstandstheorien* betrachtet werden denn vielmehr als Theorien über die Frage, wie eigentlich menschliche Erkenntnis zustande kommt. Sie sind also damit eher als *Erkenntnistheorien* zu bezeichnen. Das macht es übrigens auch so schwer, die systemische Praxis mit denen anderer Therapieschulen zu vergleichen. Denn, wie schon gesagt (Unterkapitel 2.2), der »Gegenstand« therapeutischer Arbeit existiert nicht in dem Sinn, in dem etwa ein naturwissenschaftlicher Gegenstand besteht. Er muss erst »erfunden« werden (Herzog, 1984). Wenn also der »Gegenstand« bereits eine Konstruktion ist und die Arbeit an diesem Gegenstand ebenfalls aus Konstruktionen besteht, dann bedeutet dies auch: Es kann nicht *die* nach der Theorie *richtige* »systemische« Intervention geben. Simon schreibt dazu: »Handlungen ›an sich‹ können zwar bestimmte Wirkungen haben oder auf Motive zurückzuführen sein, die der Beobachter dann auch bewerten kann, aber sie ›sind‹ genauso wenig systemisch, wie sie ›katholisch‹ oder ›grün‹ sind [...]. Ganz anders sieht es bei der Begründung oder Erklärung von Handlungen aus. Sie können in dem Sinne systemisch sein, dass sie aus systemtheoretischen Überlegungen abgeleitet werden« (Simon, 2012a, S. 13). Systemische Therapie und Beratung (oder weitergehend systemische Praxis) lassen sich sozusagen als »umgesetzte Erkenntnistheorie«[17] verstehen (von Schlippe, 2015). Beinahe zwangsläufig ergeben sich aus den grundsätzlichen Überlegungen heraus dann Interventionen, die dazu passen, und andere, die sich verbieten.

Wenn beispielsweise Sachverhalte nicht als »feste Wahrheit« verstanden werden, sondern wenn man davon ausgeht, dass sie aus unterschiedlichen Perspektiven ganz unterschiedlich rekonstruiert werden können, dann ist es (wie schon in Kapitel 1 angesprochen) interessanter, danach zu fragen, wer eine Sache wie beschreibt, wer dieser Beschreibung zustimmt oder nicht, und wie die Sache vielleicht auch noch ganz anders beschrieben werden könnte (und was daraus folgen würde: »Gesetzt den Fall, er hat das, was Sie gekränkt hat, aus Versehen getan und nicht mit Absicht, was würde das ändern? Was wäre der erste Moment, an dem Sie merken würden, dass es einen Unterschied bedeuten würde?«). Zu fragen, wie eine Sache »ist«, würde eher in erkenntnistheoretische Sackgassen führen. Das Interesse »verlagert sich [...] auf die Art und Weise, wie

---

17 Genau genommen gilt das natürlich für jede soziale Handlung: Auch eine brachiale Intervention wie etwa die Elektroschockbehandlung von Homosexualität in den 1950er Jahren basierte auf einer Gegenstandstheorie (»Homosexualität ist Krankheit«), der eine objektivistische Erkenntnistheorie zugrunde lag. Nur wurde diese eben nicht reflektiert. In welche Exzesse ein Denken geraten kann, das sich scheinbar nur sachlich mit überprüfbaren Fakten befasst, ohne die eigenen ideologischen Vorannahmen dahinter zu reflektieren, zeigt eindrücklich das Buch »Der falsch vermessene Mensch« (Gould, 1983; siehe auch Kriz, 2019).

soziale Gruppen die Sache sehen, benennen und kategorisieren« (Gergen, 1990, S. 197).

Und genau diese Grundposition erfordert in der systemischen Praxis immer das Bewusstsein dafür, dass zum einen die eigene Einschätzung einer Problematik eben auch nur eine mögliche Einschätzung ist und keine absolut richtige, »objektive« Aussage über einen Menschen, und dass zum anderen auch fremde Beschreibungen immer »von jemandem getätigte Aussagen« sind. Es sollte nie vergessen werden, dass jedes Konzept (auch die hier vorgestellten Systemtheorien) eben immer nur einen Versuch darstellt, eine Landkarte bereitzustellen, die Orientierung ermöglicht. Die Landkarte kann nie das Gebiet selbst sein – und sie ist auch dynamisch, sie verändert sich und sie tendiert dazu, sich zu verfestigen: »Im Laufe der Zeit passieren Konzepten merkwürdige Dinge. Ganz egal, wie nützlich sie anfangs gewesen waren, sie werden schließlich alle verdinglicht. Anstatt erklärende Metaphern zu bleiben, werden sie zu Tatsachen« (de Shazer, zit. nach Hargens, 2004, S. 63).

Eine derartige erkenntnistheoretische Reflexion unserer Alltagspraxis hat Folgen für eine sich systemisch verstehende Praxis: Jugendamts- oder Krankenakten werden mit der entsprechenden reflexiven Grundhaltung gelesen, dass hier Aussagen von Beobachtern zusammengefasst sind, die ein anderer Beobachter auch anders zusammenfassen könnte – im Sinne des bereits erwähnten Ausspruches: »Alles, was wir überhaupt beschreiben können, könnte auch anders sein« (Wittgenstein, 1921/1968, S. 91). Auch Diagnosen werden immer wieder darauf zurückgeführt, dass es sich um Rekonstruktionsversuche handelt, auf die sich eine Gruppe von Beobachtern geeinigt hat, nicht um eine abstrakte Wirklichkeit. Kurz gesagt: Vorsicht vor Etiketten, sie sind vielleicht für Flaschen und Marmeladengläser gut geeignet (wie es Staemmler, 1989, einmal sagte), doch bei Menschen immer wieder zu relativieren. Daher sind systemische Fragen in der Regel keine Informationsfragen, auch wenn diese natürlich für eine grundlegende Orientierung nicht »verboten« sind (verboten ist sowieso nichts, man sollte nur immer reflektieren, was man da tut, wenn man fragt). Systemische Fragen sind jedoch im Wesentlichen auf Perspektiven gerichtet, und die Antworten dienen auch weniger der Informationsgewinnung für die Beratenden, sondern sie lassen interessante Ideen entstehen, die dazu angetan sind, dass man ins Nachdenken kommt.

- »Nehmen wir an, heute Nacht verschwindet die Krankheit. Unwiederbringlich. Sie ist in die Wüste geschickt. Sie haben sich scheiden lassen, sozusagen. Oder die Krankheit hat einen Autounfall gehabt und ist gegen einen Baum gefahren, die Krankheit existiert nicht mehr. Und Sie sind allein, ohne Krankheit. Was machen Sie dann?« (Simon u. Rech-Simon, 1999, S. 92)
- »Glauben Sie eigentlich, dass so etwas nur Ihnen allein als Paar passiert? Sind Sie ein besonderes Paar? Was denken Sie, wie andere Paare damit zurechtkommen?«
- »Ich habe verstanden, dass Sie dann traurig werden. Bleibt es eigentlich bei der Traurigkeit oder geht das dann weiter? Werden Sie auch mal wütend? Wie muss ich mir das vorstellen, wenn Sie wütend werden? Wie würde Ihre Partnerin wohl darauf reagieren? Ist es besser, eher traurig zu sein?«
- »Gesetzt den Fall, Sie wollten bewusst erreichen, dass Ihr Sohn wieder einen seiner Wutanfälle bekommt, was müssten Sie da tun?« – »Ich müsste ihm eine der von ihm verhassten Gardinenpredigten halten!« – »Und du, nehmen wir nur einmal an, dass du es darauf anlegen würdest, einen Wutanfall zu kriegen: Wie könntest du es anstellen, dass dein Vater dir eine Gardinenpredigt hält?«

In jedem Fall, so ist zu hoffen, entstehen neue Sinnzusammenhänge, gehen die Betreffenden mit solchen Fragen nachdenklich nach Hause. Es kommt auf die sich dann möglicherweise entwickelnden Gespräche an, in denen geschieht die »eigentliche« Veränderung – das ist mit einer der Gründe, warum die Abstände zwischen systemtherapeutischen Sitzungen oft länger sind als in anderen Therapieformen: Erst nach einiger Zeit erweist es sich, ob ein Anstoß aus einer Sitzung sich auf eine Weise durch das System »durchgearbeitet« hat, die konstruktiver erlebt wird als vorher.

2.3.5 Exkurs: Eine besondere Form von Sinn: Psychische »Krankheit«

> »Aber die Landkarte ist doch nicht die Diagnose. Die Landkarte besteht aus den gesammelten Erfahrungen der Klienten.« – »Ich finde, eine Diagnose ist auch eine Landkarte.« – »Wenn wir die Metapher von der Landkarte benutzen, frage ich dich: Was ist das Land?«
> Levold und Lieb (2017, S. 73)

Ein kurzes Wort an dieser Stelle noch zu einem schwierigen Thema: Wenn man unsere psychischen und sozialen Welten als Sinnwelten begreift, wie im letzten Absatz ausgeführt, dann wird schnell nachvollziehbar, warum der systemische Ansatz sich so besonders schwertut, die in der Kultur der Gegenwart gängigen Konzepte von »psychischer Krankheit« nachzuvollziehen. Die Frage ist doch, wie sinnvoll (bzw. wenig sinnvoll) es erscheint, Phänomene, die man sich ohne die Art und Weise, wie Menschen in sozialen Kontexten gemeinsam Sinn erzeugen, gar nicht vorstellen kann, mit medizinischen Begrifflichkeiten zu belegen. Diese »soziale Amnesie« (Keupp, 2016) kann hier nur ansatzweise diskutiert werden, auch wenn es dazu viel mehr zu sagen gäbe (Buchholz, 2018; Frances, 2016, 2017; Levold, Loth, von Schlippe u. Schweitzer, 2011; Loth, 2008; Schweitzer u. von Schlippe, 2006, vor allem Kapitel 1). Das folgende kurze Zitat mag die grundsätzlichen Bedenken bei der Verwendung des Krankheitsbegriffs aus systemischer Sicht illustrieren: »Menschen ›haben‹ keine Störungen, sie ›sind‹ nicht gestört. Statt ›Störung‹ als Eigenschaft einer Person zuzuordnen, die dieser ›gehört‹, wird im systemischen Ansatz davon gesprochen, dass sich rund um ein zum Problem gewordenes Thema Interaktionen in einer Weise verdichten, dass ihnen aus der Perspektive eines oder mehrerer Beobachter Störungswert zugeschrieben wird. ›Gestörte‹ Menschen sind insofern Teilelement einer ›störenden‹ Interaktion. Systemische Therapie ist wie wohl fast jede Psychotherapie zunächst nichts als ein kommunikativer Prozess. Wie jede Psychotherapie hofft sie aber, dass veränderte Kommunikationen auch Veränderungen im psychischen und biologischen System ›anzuregen‹ vermögen« (Schweitzer, 2007, S. 253).

Die zentrale Frage ist, wie gesagt, inwieweit man einem Phänomen mit der Reduktion auf den Begriff »Krankheit« gerecht wird, um Ereignisse und Zuschreibungen darzustellen, die sich in menschlicher Interaktion ereignen. Michael Dellwing sieht dieses Feld als »Kernbereich der Soziologie, das nicht ausschließlich Psychologen überlassen werden darf« (Dellwing, 2008, S. 150) – eine schon recht lang andauernde Debatte (vgl. etwa Szasz, 1972). Kern dieser Diskussion ist, ob »psychische Krankheiten« nicht viel stärker als soziale Konstruktion zu betrachten seien statt als erkenntnisunabhängige ontische Realität und ob der »fortschreitenden Medikalisierung psychischen Leidens« (Frances, 2017) nicht entschiedener entgegengetreten werden sollte.

Wir haben es mit Störungen (»etwas stört«) zu tun, die nicht denkbar sind, ohne die Art und Weise mitzureflektieren, wie Sinn in psychischen und sozialen Systemen prozessiert wird. Diese mit einer Metaphorik zu beschreiben, die dem Bereich physischer Systeme entlehnt ist, ist – aus systemtheoretischer Sicht gesehen[18] – ein Kategorienfehler, der unseres Erachtens zumindest immer wieder hinterfragt werden sollte. Das bedeutet jedoch zum einen nicht, dass damit alles ganz einfach wird, auch Sinnwelten können sehr hart und stabil gegenüber Veränderungsversuchen auf sprachlicher Ebene sein. Daher ist zu empfehlen, das Thema Medikamentenvergabe zwar mit Vorsicht, aber auch ohne Ideologie zu behandeln, denn es mag vielfach auch erst dadurch gelingen, dass der Gesprächspartner in einen inneren Zustand kommt, der die Bearbeitung sprachlicher, gedanklicher, kommunikativer Inhalte ermöglicht. Zum anderen spricht auch nichts dagegen, therapeutische Erfahrungen zusammenzufassen und weiterzugeben, also Erfahrungen damit, wie man mit typischen kommunikativen Mustern, die sich um Symptome herum entwickelt haben – umgehen kann (Lieb, 2014; Schweitzer u. von

---

18 Nach Luhmann (1984) ist es, wie bereits ausgeführt, sinnvoll, drei Ebenen menschlicher Existenz zu unterscheiden: lebende, psychische und soziale Systeme. Sie sind in seiner Sicht jeweils operativ geschlossen (vgl. Abschnitt 2.3.1), zwar strukturell gekoppelt, jedoch nicht aufeinander zurückführbar.

Schlippe, 2006). Jedoch ist die Logik eine andere als die einer »Behandlung«: »Nicht Heilung als Überwindung einer Krankheit findet statt, sondern der Ersatz leidvoller, destruktiver Handlungen durch andere, die angemessener sind und in aller Regel bereits im Repertoire des Betroffenen vorliegen« (Ludewig, 2002, S. 64).

Diagnosen können zudem auch aus konstruktivistischer Sicht in zweierlei Weise als sehr nützliche Konstruktionen angesehen werden, und zwar:

- Als zusammenfassende Beschreibungen einer Reihe autonomer biologischer Prozesse, die zu krankheitswertigen Störungen führen. Als Beispiele mögen neuronale Stoffwechselprozesse bei akuten Psychosen dienen. Allein darüber zu sprechen, vermag diese Prozesse nicht zu heilen, insbesondere nicht in akuten Situationen, allenfalls im Verbund mit akutmedizinischen Interventionen oder günstigen Spontanverläufen über die Zeit.
- Als Kommunikationen, die für die Beteiligten nicht zwangsläufig schädliche, sondern oft auch sehr nützliche soziale Folgen haben können. Diagnosen bieten einen Erklärungsrahmen an, der ein sonst unverständliches Konglomerat von Beschwerden als Teil eines einheitlichen Prozesses verstehbar machen kann und der – weil meist mit Prognosen und Behandlungsempfehlungen verbunden – (nicht immer, aber oft) auf die Frage »Was tun?« eine (wenngleich nicht immer klare und befriedigende, manchmal aber wenigstens überhaupt eine) Antwort geben kann.

Diagnosen, psychiatrische Diagnosen, bieten eine komplexitätsreduzierende Antwort auf verunsicherte Fragen: »Was ist bei mir los?«, »Bin ich krank oder nicht?«, »Soll ich mich ›nicht so anstellen‹« und »drüber weggehen« oder soll ich meine Beschwerden »ernst nehmen«? »Kann man erfahrungsgemäß etwas dagegen tun, oder muss ich die Beschwerden einfach aushalten?« Die Antworten darauf können manchmal belastend und manchmal entlastend sein. Sie können Resignation oder Hoffnung anbieten. Sie verschließen manche Optionen und sie eröffnen manche andere Optionen der Lebensführung. Sie sind also unterschiedlich »viabel«, d. h., ihre

Fähigkeit zur Eröffnung guter Möglichkeiten kann je nach Kontext sehr unterschiedlich sein. Deshalb empfiehlt es sich, in der systemischen Therapie Diagnosen als mögliche (und nicht als »verbotene«) Beschreibungen zu sehen und gemeinsam mit den Betroffenen zu überlegen, welche Möglichkeiten eine Diagnose eröffnet und welche sie verschließt. Daraus können sich Ideen entwickeln, wie man mit einer Diagnose kommunikativ bestmöglich umgehen kann:
- ob man sie anderen Menschen mitteilt (und welchen) oder für sich behält;
- ob man sie am Arbeitsplatz erzählt, und ob sofort, erst nach der Probezeit oder gar nicht;
- ob man sie zu einem Teil seiner dauerhaften Identität (»Ich bin eben eine Borderlinerin«), einer Lebensphase (»Ich hatte mal borderlineartige Symptome«) oder gar nicht zu einem Teil der eigenen Identität macht (»Ich habe mich mal öfter geritzt, aber die Diagnose einer Borderlinestörung passt für mich nicht«).

Jede dieser Optionen kann im Gespräch durchgespielt werden und so helfen, die Optionsräume wieder zu öffnen: Auch eine erteilte Diagnose muss nicht in eine Einbahnstraße münden. Die Diagnose einer Aufmerksamkeits-Hyperaktivitäts-Störung (ADHS) bei einem, meist männlichen, Familienmitglied kann manchmal, aber nicht immer, den anderen Familienmitgliedern helfen, die störenden Verhaltensweisen des Betreffenden weniger auf sich zu beziehen (»Er will mich ärgern«; »Ihm ist egal, wie er uns belastet«), wenn sie diese – zumindest zeitweise – als Teil einer Erkrankung ansehen, für die er »nichts kann«, aber mit deren Auswirkungen er umgehen kann.

> In unseren systemisch-familienorientierten Inhouse-Trainingsprogrammen für psychiatrische Kliniken SYMPA (Schweitzer u. Nicolai, 2010) vermitteln wir den Teilnehmenden die Idee, dass der Wert einer Diagnose immer nach zwei unabhängigen Kriterien beurteilt werden kann:
> - Ist die Diagnose im Sinne des Diagnosesystems (z. B. der »International Classification of Diseases«, ICD) überhaupt nützlich?

- Und ist sie im Sinne von Ernst von Glasersfeld »viabel«, d. h., ermöglicht sie dem Patienten, seinen Angehörigen und seinen Behandlern mehr nützliche Handlungsoptionen, als dass sie solche verschließt?

Dazu haben wir ein didaktisches Spiel zur Verdeutlichung der Viabilität von psychiatrischen Diagnosen entwickelt. Alle Teilnehmenden erhalten eine Diagnose zugeteilt, z. B. »reaktive Depression«, »Burnout-Syndrom«, »Essstörung«, »Borderlinestörung«, »schizophrenes Residualsyndrom« oder »Demenz«. Sie stellen sich in einem hinreichend großen Raum nebeneinander auf einer Grundlinie auf. Dann bekommen sie eine Reihe von Statements in Frageform vorgestellt. Können Sie diese mit »Ja« beantworten, dürfen sie einen Schritt nach vorne treten. Andernfalls müssen sie an derselben Stelle stehenbleiben.

Zur ersten Gruppe von Fragen gehört z. B.:
- »Der noble örtliche Golfclub nimmt Sie sicher als Mitglied auf?«
- »In Ihrer Familie werden Sie bei schwierigen Fragen oft als Erster um Rat gefragt?«
- »Sie fallen in Schule und Ausbildung durch gute Noten auf?«
- »Auf dem Arbeitsmarkt sind Sie eine gesuchte Kraft?«
- »Jemand wie Sie wird gerne in den Gemeinderat gewählt?«
- »Als Liebespartner sind Sie begehrt?«

Bei diesen Fragen kommen z. B. Teilnehmer mit Burn-out-Syndrom oder reaktiver Depression meist deutlich weiter als Teilnehmende mit Demenz oder schizophrenem Residualsyndrom.

Dann kommen ganz andere Fragen:
- »Sie haben gute Chancen auf einen Schwerbehindertenausweis?«
- »Ein Platz im Betreuten Wohnen ist Ihnen ziemlich sicher?«
- »Die Arbeitsagentur belegt Sie als Hartz-IV-Empfänger sicher nicht mit Sanktionen wegen Vermittlungsunwilligkeit?«
- »Sie werden oft bemitleidet?«

Nun holen ganz andere Teilnehmende mit anderen Diagnosen auf, z. B. mit dem schizophrenen Residualsyndrom oder der Demenz.

3 Logiken systemischer Interventionen

> »In der gleichen Weise haben die meisten von uns in der Schule beigebracht bekommen, dass ein Substantiv der Name einer Person, eines Ortes oder eines Dings ist, aber was man uns hätte beibringen sollen, ist, dass ein Substantiv in verschiedenartigen Beziehungen zu anderen Teilen des Satzes stehen kann, so dass die ganze Grammatik sich als Beziehung definieren ließe und nicht ausgehend von Dingen.«
> Bateson (1993, S. 47)

Die verschiedenen Antworten auf die Frage, wie Sinngebungsprozesse in sozialen Systemen verstehbar werden und welche Konsequenzen für die Praxis sich daraus ergeben, sollen in diesem Kapitel behandelt werden. Bewusst werden hier keine einzelnen Interventionen vorgestellt, hierzu liegen – wie bereits gesagt – einige sehr gute Werke vor (vgl. Schlussbemerkung zu Unterkapitel 2.1). Es sollen eher Orientierungshilfen gegeben werden, die dazu dienen können, die hinter den jeweiligen Interventionen stehenden theoretischen Überlegungen nachzuvollziehen. Denn unseres Erachtens führen die in den Abschnitten oben beschriebenen erkenntnistheoretischen Grundsätze sozusagen wie von selbst zu einer Praxis, die nach den Perspektiven verschiedener Beobachter fragt und die sich kooperativ versteht, auf Augenhöhe mit den Ratsuchenden. Es wird gemeinsam mit ihnen darüber nachgedacht, wie sie die Welt und sich selbst darin beobachten und welche alternativen Möglichkeiten der Problembeschreibung möglich sein könnten. Dabei wird ein Rahmen aufgebaut, innerhalb dessen sie sich so sicher fühlen, dass sie sich darauf einlassen können, die gewohnte Art, wie sie sich selbst, die Problemlage oder Personen ihrer engeren Beziehungssysteme bisher gesehen und beschrieben haben, infrage zu stellen.

3.1 Orientierung und Bündnisrhetorik

3.1.1 Erwartungen, Wünsche und Absichten

> »Wir lassen uns zum Tanze auffordern, nehmen die Einladung zum Tanze an, und manchmal können wir während des Tanzes beginnen, unsererseits freundlich zu einer neuen Schrittfolge einzuladen.«
> Fischer, von Schlippe und Borst (2015a, S. 56)

Ein erster wichtiger Aspekt systemischer Intervention besteht in der sogenannten »Auftragsklärung«, die zu einem »Kontrakt« führt. Beides sind schwierige, statische Begriffe, implizieren sie doch ein eher technisches Verständnis einer Beauftragung mit klar definierten »Reparaturzielen« und der entsprechenden Verpflichtung zur »Lieferung«. Doch gerade darum geht es nicht, vielmehr ist die Auftragsklärung ein Hilfsmittel, eine Verlangsamung einzuführen, ehe man sich vorschnell um Lösungen bemüht (Borst, 2018b). Man sollte nicht »den Karren ziehen«, ehe man verstanden hat, was genau die Erwartungen, Wünsche und Absichten der Ratsuchenden sind: So wird eine »systemisch begründete Faulheit« erleichtert (von Schlippe u. Schweitzer, 2012, S. 238).

Welche Umwege man sich dabei ersparen kann, lässt sich vielleicht an der folgenden kleinen Geschichte[19] illustrieren (von AvS):

> **Die Verwechslung von Anlass, Anliegen, Auftrag und Kontrakt: Mein erster Tag als Psychologe in der Kinderpsychiatrie**
> Im Leben gibt es viele »erste Male«, doch an mein erstes professionelles Erlebnis erinnere ich mich noch sehr gut. Es war am 2.1.1977, als ich meine erste Stelle antrat: in einer Kinder- und Jugendpsychiatrischen Klinik in Norddeutschland. Ich wurde begrüßt, vorgestellt und man zeigte mir mein Zimmer. Auf meinem Schreibtisch lag ein

---

19 Die hier leicht gekürzte und modifizierte Geschichte wurde von Arist von Schlippe 2003 für das Systemagazin im Rahmen einer Reihe »Berichte über das erste Mal« geschrieben (www.systemagazin.de/beitraege/erstesmal/03_von_schlippe.php, 17.10.2018).

Formular über die Aufnahme eines 12-jährigen Jungen, ich weiß bis heute, wie er heißt. Auf dem Zettel stand die Diagnose »Enkopresis« und darunter der Vermerk, dass die Krankenkasse eine Übernahme der Kosten für 14 Tage stationären Aufenthalt in der Klinik zugesagt habe. Es überlief mich heiß: Ich wusste ungefähr, was das Wort bedeutete, nämlich dass der Junge einkotete. In meinem ganzen Studium war mir dieses Störungsbild nie begegnet, ich hatte als im Studium voll ausgebildeter Gesprächspsychotherapeut zwar schon mehr Ausbildung als manche meiner Mitabsolventen. Aber ich musste nun »machen«, dass das Kind innerhalb von zwei Wochen nicht mehr in die Hose machte! Ich fühlte mich völlig überfordert, dachte daran, wegen erwiesener Unfähigkeit nun gleich meine Kündigung einzureichen, hier war ich jedenfalls fehl am Platze!

Zum Glück ging die Geschichte gut aus. Der gesprächspsychotherapeutische Zugang half mir, aus der Problemtrance zumindest ein wenig herauszukommen, die Krankenkasse bewilligte mehrere Verlängerungen des Aufenthaltes des Jungen, ich lernte nach und nach die ganze Familie kennen und ich lernte, sie mehr und mehr zu schätzen, je mehr ich die ungeheuren Spannungen verstand, die diese ostfriesische Bauernfamilie, in der vier Generationen auf engem Raum unter einem Dach lebten, zu meistern hatte.

In den ersten Familiengesprächen, die ich dann, noch ohne jedes systemische Rüstzeug, führte, ging es sehr schnell um viele andere »Scheiße«, und nur noch am Rande um die Symptomatik des Jungen. Ich bin froh, dass ich nicht aufgegeben, sondern die Lektion gelernt habe: Verwechsle nicht Anlass, Anliegen, Auftrag und Kontrakt!

Bis heute kenne ich bei Beginn von Beratungen den Sog, aus einem geschilderten Anlass sofort und ungefragt einen Auftrag selbst zu basteln und diesen dann so zu behandeln, als wäre er schon der Kontrakt. In zahllosen Supervisionen habe ich mitbekommen, dass es sich hier offenbar um ein weit verbreitetes Phänomen in helfenden Berufen handelt.

In der Auftragsklärung ist es sinnvoll, zwischen Anlass, Anliegen, Auftrag und Kontrakt zu unterscheiden (von Schlippe u. Schweitzer, 2009, S. 21 f.). Nicht jeder Anlass ist gleich Grund für einen Auftrag. In unserem Beispielfall könnte man die Differenzierung idealtypisch etwa so skizzieren: Als *Anlass* mag das Einkoten des Sohnes benannt werden. Doch vielleicht ist das Symptom selbst für die Mutter gar nicht so problematisch, und es ist eher ihr *Anliegen*, dass das Kind die schmutzige Wäsche allein in die Waschmaschine steckt. Ist es dann ihre Idee, dass der Berater/die Beraterin das Kind dazu bringt? Nein, vielmehr kann die Frage danach, was die Beraterin denn hier tun könne, dazu führen, dass die Mutter sich von ihr wünscht, dass sie sich mit ihrem Mann auf eine klare gemeinsame Linie dem Sohn gegenüber einigen könne, weil zwischen ihr und dem Mann die Ideen über den Umgang mit dem Sohn weit auseinanderklafften und sie unter dem Streit mehr leide als unter dem Symptom: »Könnten Sie nicht dazu beitragen, dass mein Mann etwas weniger streng mit dem Sohn umgeht?« Das wäre dann ihr *Auftrag*. Und die Beraterin könnte an dieser Stelle anbieten: »Oh, ich kann mir vorstellen, unter welchem Druck Sie stehen und händeringend Entlastung suchen. Zugleich bin ich nachdenklich, was Ihren Wunsch angeht. Ich stelle mir vor, dass Ihr Mann eher ärgerlich wäre, wenn seine Frau sich noch Verstärkung holt, damit er sich ändert. Am Ende kommt dann sogar vielleicht das Gegenteil von dem heraus, was Sie sich wünschen. Was halten Sie davon, dass ich Sie und Ihren Mann einmal gemeinsam einlade, dass Sie beide sich über Ihre Vorstellungen von Erziehung unterhalten und wie Sie gemeinsam in der Familie leben möchten – und vielleicht wäre es gerade bei der letzten Frage gut, auch zu erfahren, was der Sohn darüber denkt?«. So könnte man (natürlich idealtypisch) statt bei der Symptomatik am Schluss bei einem paar- oder familientherapeutischen *Kontrakt* ankommen.

Diese Struktur hat sich als ein gutes Instrument der Gestaltung von systemischen (Erst-)Gesprächen – aber auch darüber hinaus – bewährt. Sie hilft, Klarheit in der »logischen Buchführung« zu gewin-

> nen: »Habe ich schon verstanden, was der eigentliche *Anlass* ist, der die Familie herführt? Weiß ich, was die *Anliegen* eines jeden sind? Weiß ich, was er oder sie sich als meinen Beitrag dabei vorstellt, was also den eigentlichen *Auftrag* ausmacht? Kann ich und will ich diese Aufgabe übernehmen oder mache ich ein Gegenangebot, sodass wir auf dem Boden eines gemeinsamen kooperativen *Kontrakts* miteinander arbeiten?« (Ausführlich zum methodischen Vorgehen siehe von Schlippe u. Schweitzer, 2009, S. 21 ff.)

Wie gesagt, das Beispiel ist ein wenig idealtypisch stilisiert. In der »freien Wildbahn« sind die Auftragskonstellationen – eigentlich wäre es passender, von Erwartungskonstellationen zu sprechen – in der Regel komplexer. Hier geht es selten nur um die Verhandlung zwischen zwei Parteien wie zwischen Mutter und Beraterin in dem Beispiel. Denn natürlich wäre es auch in dem Fall noch wichtig, eine Idee über das Anliegen und die Erwartungen des Kindes, des Vaters und eventuell anderer Beteiligter zu bekommen – und bereits da wird es schwierig: Kinder, vor allem sehr kleine, formulieren selten druckreife Erwartungen, den Vater muss man oft erst für die Zusammenarbeit gewinnen usw.

In der Regel ist man jedenfalls mit komplexen Erwartungskonstellationen konfrontiert. Hier ist es gut, den Wittgenstein'schen Satz hinzuzuziehen: »Blicke weiter um dich!« (zit. nach Fischer, von Schlippe u. Borst, 2015b, S. 62). Sinnvoll ist es, darüber nachzudenken (und entsprechend zu fragen), welche präsenten und nicht präsenten (sozusagen »unsichtbaren«) Träger von Erwartungen mit im Raum sitzen, und vor allem: nicht zu schnell zu verstehen (S. 64). Oft erscheint es nämlich sinnvoll, neben den konkreten Personen, die unmittelbar betroffen und erreichbar sind, einen oder mehrere bedeutungsvolle externe »Auftraggeber« (»Erwarter«) explizit in die Überlegungen mit einzubeziehen. Dies kann darüber geschehen, dass man die Ratsuchenden bittet, möglichst genau deren Erwartungen zu erfragen, oder dass man selbst das Gespräch mit ihnen sucht.

Ein solches Vorgehen kann dann in einen sogenannten Dreieckskontrakt münden (Kallabis, 1992; Schmid u. Hipp, 2003). Diese Form des expliziten »Contracting« (die englische Verlaufsform erfasst besser als das harte deutsche Wort »Kontrakt« die Prozesshaftigkeit des Vorgehens) ist immer angezeigt, wenn man im Interview merkt, dass es bedeutsame Dritte gibt, die zwar gar nicht am Gespräch teilnehmen, die aber doch entscheidend sein können, weil sie den Beratungsverlauf kritisch begleiten – denn ein soziales System als »Problemsystem« beschränkt sich überhaupt nicht auf die Familie.

Das Denken in größeren Systemzusammenhängen ist ein wesentlicher Teil systemischer Praxis: Welche Perspektiven sollten mitbedacht werden, wenn es um das Verständnis der konkreten Problemlage einer Familie geht? So können Lehrer/-innen oder Behördenvertreter, die eine Familie in die Familientherapie schicken und die daran konkrete Erwartungen und Bedingungen knüpfen (wie z. B. einen möglichen Verweis von der Schule oder eine Herausnahme des Kindes aus der Familie), bedeutsame Personen sein. Zumindest wäre es wichtig, hier die konkreten Erwartungen dieser Menschen herauszufinden, es kann aber auch angezeigt sein, sie explizit in die Auftragsklärung und entsprechende Vereinbarungen einzubeziehen (wie es etwa im Rahmen von Hilfeplangesprächen in der Regel auch geschieht). In ähnlicher Weise kann es beim Coaching, das ein Vorgesetzter empfohlen hat und das die Firma bezahlt, notwendig sein zu klären, wie dessen Vorstellungen davon aussehen, was in den Gesprächen geschehen soll.

Die Beispiele deuten schon an, dass wir es bei solchen Dreiecksabsprachen oft mit einem Kontext von Unfreiwilligkeit zu tun haben: Da wurde einer in die Beratung geschickt, der vermutlich von allein diesen Schritt nicht unternommen hätte. Insbesondere die Berliner Therapeutin Marie-Luise Conen legt großen Wert darauf, diese Unfreiwilligkeit nicht zu eng gleich als etwas Negatives zu sehen: Wenn man die Optik weiter stellt, wird vielleicht deutlich, dass in der Unfreiwilligkeit die Ablehnung einer negativen Beziehungsdefinition durch externe Personen liegt. In dieser Ablehnung wird dann das eigene Selbstwertgefühl verteidigt: »Ich lasse nicht zu, dass ich als derjenige gelte, der das ganze Schlamassel verursacht hat!« Zugleich signalisieren die Ratsuchenden aber auch dadurch, dass sie überhaupt kommen (oder bei einem Hausbesuch die Tür öffnen), dass sie bereit sind, ein Minimum an Kooperation zu zeigen, um negative Sanktionen zu vermeiden. Ein gutes Kontraktangebot in dem Zusammenhang kann dann sein: »Wie kann ich Ihnen helfen, mich so schnell wie möglich wieder loszuwerden?« (Conen, 1999, 2005; vgl. auch Abschnitt 4.1.4). In einem derartigen Angebot steckt einerseits die Akzeptanz der Unfreiwilligkeit und zugleich die Chance, eine Kooperation auf der Basis eines Minimalkonsenses zu erreichen (vgl. hier auch Liechti, 2013).

3.1.2 Bündnisrhetorik

> »Es gibt in der Tat vieles, das Verwunderung hervorruft. Aber oftmals sind die vorschnellen Bewertungen nur möglich, weil man noch nicht verstanden hat, wie das Gegenüber tickt: Wer schnell versteht, hat nichts verstanden.«
> Groth (2017, S. 26)

Unabhängig davon, wie nun das konkrete Contracting erfolgt, das auch immer wieder überprüft werden sollte (»Sind wir noch im selben Boot? Sind Sie zufrieden mit der Art, wie wir miteinander sprechen?«), geht es um eine grundsätzliche Haltung, die von Michael Grabbe prägnant mit dem Begriff »Bündnisrhetorik« gefasst wurde (Grabbe, 2009, 2011, 2013). Es geht darum, eine nicht wertende Haltung von Neugier auf den anderen einzunehmen (Cecchin, 1988), um Zugang zu den ganz spezifischen systemischen Wirklichkeiten zu gewinnen, ohne sich diesen durch vorschnelles Urteil zu verbauen (von Schlippe, 2001b). Der Verzicht auf jede bewertende Attitüde ist dabei essenziell (das gilt ja nicht nur für die systemische Arbeit).

Sprache wird dabei auf eine Weise verwendet, dass sich die Ratsuchenden auf freundliche und respektvolle Weise zur Kooperation eingeladen erleben. Ziel ist, eine Beziehung auf Augenhöhe zu erreichen, in der es nicht um Bewertung und nicht um Macht oder Kontrolle geht: »Insgesamt hat die systemische Therapie mehr den

Charakter einer Konsultation, die Hilfe zur Selbsthilfe vermittelt, als den einer Behandlung [...]. Diese Grundhaltung impliziert, sich als Berater neben der Familie einzuordnen und zu helfen, die präsentierten Probleme effektiv zu lösen, statt sich über die Familie zu stellen« (Retzlaff, 2008, S. 25).

Grundsätzlich wird aus dieser Haltung heraus dem anderen eine positive Absicht unterstellt. So wird davon ausgegangen, dass Eltern möchten, dass ihre Kinder es gut im Leben haben und dass sie stolz auf sie sein können. Dann können Positionen, die aufgestellt werden, wieder auf dahinterliegende Bedürfnisse und Werte zurückgeführt werden. Gerade im Elterncoaching (vgl. Unterkapitel 4.3) kann es ein guter Weg sein, entwertende Beschreibungen der Eltern nicht konfrontativ zurückzuweisen, sondern sie in die möglicherweise dahinterliegenden Werte zu übersetzen, was hilft, respektvoll mit der Scham der Eltern umzugehen, die sich oft als Versager fühlen (Weinblatt, 2013). Grabbe gibt hier einige eindrückliche Beispiele (2011, S. 136):

- »›Mein Kind hat total schlechten Umgang, nimmt Drogen, kommt nachts spät oder gar nicht nach Hause oder spielt den ganzen Tag Ballerspiele!‹ Auf das könnte man übersetzend antworten: ›Habe ich Sie richtig verstanden, dass Sie Ihr Kind schützen möchten, dass Sie sich Sorgen machen, dass es in Gefahr gerät und noch zu jung ist, um auf sich selbst aufzupassen?‹ ›Genau!‹
- ›Mein Kind geht nicht zur Schule, macht Hausaufgaben schon lange nicht mehr, hilft im Haushalt nie, hängt nur faul rum.‹ Übersetzung: ›Habe ich Sie richtig verstanden, dass Sie möchten, dass Ihr Kind das aus sich macht, was in ihm steckt, seine Potenziale verwirklicht und ein gutes Leben haben soll?‹ ›Genau!‹
- ›Ich habe gar keinen Zugang zu meinem Kind, keine Ahnung, was in ihm vorgeht. Ich kann machen, was ich will, das interessiert den gar nicht. Der sagt nichts.‹ Übersetzung: ›Habe ich Sie richtig verstanden, dass Sie eine gute Verbindung zu Ihrem Kind haben wollen, ihm zeigen wollen, dass Sie Anteil an seinem Leben haben wollen, dass Sie es eigentlich mögen?‹ ›Genau!‹

- ›Mein Kind sagt unmögliche Dinge zu mir, hat Ausdrücke, die ich hier nicht wiederholen möchte und macht, was es will.‹ Übersetzung: ›Habe ich Sie richtig verstanden, dass Sie in Ihrer Familie möchten, dass jeder (wieder) mehr Achtung und Respekt voreinander hat?‹ ›Genau!‹«

Es lohnt sich, noch ein paar Worte mehr zum Thema Scham in diesem Zusammenhang zu sagen, denn Bündnisrhetorik setzt als Scham auflösende Sprachform genau hier an. Scham ist ein explizites Beziehungsgefühl und gehört zugleich zu den am schwersten auszuhaltenden Empfindungen, mit denen wir zu tun haben. Schamgefühle sind deshalb auch meist schwer zu erkennen, denn sie zuzugeben, erfordert viel Vertrauen: »Wir verlieren bei heftiger Scham unser Vermögen, klar zu denken und zu sprechen« – »Scham ist wie ein Seismograph, der ganz sensibel reagiert, wenn eines unserer Grundbedürfnisse nach Anerkennung, Schutz, Zugehörigkeit oder Integrität verletzt wurde« (Marks, 2013, S. 153, 159). Bündnisrhetorik vermittelt den Rahmen von Sicherheit, dass hier niemand angegriffen und beschämt oder gar verurteilt wird. Für den israelischen Therapeuten Uri Weinblatt ist das Thema Scham von zentraler Bedeutung bei vielen Paar- und Familienproblemen (Weinblatt, 2013, 2016). Er spricht in dem Zusammenhang auch von »Systemic Mirroring« (ein der hier vorgestellten Bündnisrhetorik ähnliches Vorgehen) und versucht über die wertschätzende Übersetzung wieder Verbundenheit da herzustellen, wo eine eskalative Kommunikation sich auf eine Weise festgefahren hat, dass jede einzelne Interaktion die Beschämung der Betroffenen vergrößert und sie immer weiter voneinander entfernt (Weinblatt, 2018a). Der soeben erwähnte Begriff »Rahmen von Sicherheit« führt zum nächsten Unterkapitel.

3.2 Der Verzicht auf zielgerichtete Veränderung: Ein Rahmen für die Selbstorganisation

> »Ziel der affektlogischen Rahmung ist die Metastabilisierung eines instabilen Systems [...]. Fallverstehen erfordert Distanz, Begegnung dagegen Nähe [...]. Beide Aspekte in ihrer Widersprüchlichkeit gleichzeitig in der Schwebe zu halten, ist Kern der therapeutischen und beraterischen Kunst.«
> Borst (2013, S. 46)

3.2.1 Stabilität als der »erklärungsbedürftige Sonderfall«

> »Beständigkeit und Mangel an Veränderung bedürfen der Aktivität: Alles verändert sich, es sei denn, irgendwer oder -was sorgt dafür, dass es bleibt, wie es ist.«
> Simon (2004, S. 29)

Soziale Systeme zeigen sich zu unterschiedlichen Zeiten im Entwicklungsverlauf mehr oder weniger stabil bzw. instabil. Die Idee, dass Interventionen ähnlich wie Medikamente unabhängig von der jeweiligen Verfassung der Personen und der Konstellation des Sozialsystems, wie sie sich gerade zeigt, gezielte Wirkung ergeben könnten, ist zunächst bestechend. Sie liegt auch vielen Überlegungen zur »Evidenzbasierung« psychotherapeutischen Vorgehens zugrunde (kritisch hierzu Kriz, 2014b). Doch eigentlich liegt es auf der Hand, dass je nach Qualität der Beziehung, nach der gemeinsam verbrachten Zeit und dem damit gewachsenen Vertrauen (oder natürlich auch ansteigender Verärgerung übereinander) und ganz allgemein danach, wie die Leute »drauf« sind (der jeweilige »Systemzustand«), identische Interventionen bei denselben Klienten zu unterschiedlichen Zeitpunkten oder bei unterschiedlichen Klienten zu gleichen Zeitpunkten ganz unterschiedliche Wirkungen erzielen dürften: Es sind »nicht die therapeutischen Methoden an sich, die entweder wirksam sind oder nicht, sondern es ist die Interaktion zwischen dem aktuellen Zustand eines Systems und der Methode, die über deren Wirkung entscheidet« (Schiepek, 1999, S. 57). Zudem verlaufen menschliche Entwicklungsprozesse oft sprunghaft, eben »nicht-linear«, wie gerade die Theorie dynamischer Systeme betont. Viele Praktiker kennen das Phänomen, dass ein Therapieprozess sich über lange Zeit schleppend hinzieht, um dann plötzlich an Dynamik zu gewinnen und sprunghafte Veränderungen zu zeigen – nicht selten macht man die Erfahrung, dass ein Klient dann sagt: »Warum haben Sie mir das nicht schon früher gesagt?« – auch wenn die Beraterin vielleicht bereits über mehrere Sitzungen hinweg versucht hatte, ihm oder ihr genau diese Überlegung nahezubringen …

Veränderungsprozesse, die sich in Bereichen hoher Komplexität und großer Instabilität abspielen, sind also nicht im herkömmlichen Sinn zu steuern: »Der Begriff der therapeutischen Intervention beschreibt die Paradoxie einer nicht intendierbaren Intention. In einem ganz strengen Sinne ist es unmöglich, intentional in ein operativ geschlossenes System einzugreifen« (Willke, 1997, S. 77). Selbstorganisierte Eigendynamiken und Eigenkomplexität können nicht zielgerichtet beeinflusst werden. Wohl ist es allerdings möglich, sie zu befördern, zu irritieren, zu bremsen oder zu erschweren. So ist ein Klima von emotionaler Kälte, Entwertung oder gar Gewalt eines, in dem ein konstruktiver Entwicklungsprozess eher weniger wahrscheinlich ist.

Zwar zeigen die Studien zu den sogenannten »Invulnerable Children« und zur Resilienz von Individuen und Familien, dass Menschen sich sogar unter sehr ungünstigen Randbedingungen positiv entwickeln können (Anthony u. Cohler, 1987; Rutter, 1987; Walsh, 1996), dass sich also auch im Negativen keine eindeutigen Kausalzusammenhänge finden lassen. Dennoch ist natürlich ein solches Klima nicht anzustreben. Denn auch wenn sich keine klaren linearen Kausalbeziehungen zwischen Belastung und psychischer Beeinträchtigungen finden lassen, ist doch die Wahrscheinlichkeit dafür erhöht. Eindrücklich konnte die amerikanische Entwicklungspsychologin Emmy Werner dies im Rahmen ihrer Kauai-Studie, einer Langzeitstudie an 698 Kindern auf Hawaii über 32 Jahre hinweg, zeigen: Zwar entwickelten sich über ein Drittel der 201 »Risikokinder« ihrer Stichprobe positiv und optimistisch (und das war das

Erstaunliche an der Studie damals), doch die anderen zwei Drittel eben nicht (Werner u. Smith, 1982).

Es gilt also eher, an konstruktiven Randbedingungen dafür zu arbeiten, dass Musterveränderungen wahrscheinlicher werden: »Wenn Therapie bedeutet, dass in selbstorganisierten Systemen ›Ordnungs-Ordnungs-Übergänge‹ angeregt werden, die mit einer Labilisierung und Chaotisierung gewohnter Muster einhergehen, dann bedarf es hierzu des stabilisierenden Fundaments einer vertrauensvollen Beziehung« (Loth u. von Schlippe, 2004, S. 341).

Es kommt ein weiterer Gedanke hinzu: Aus einer systemischen Sicht müsste eigentlich Veränderung der Normalfall sein, Stabilität der erklärungsbedürftige Sonderfall. Dass das, was in psychischen wie in sozialen Systemen geschieht, stabil bleibt, ist nicht selbstverständlich, sondern erfordert kontinuierliche Aktivität. In einer dynamischen und sich ständig verändernden Welt, zu der wir Menschen als ebenfalls dynamische und uns potenziell ständig ändernde Wesen gehören, muss die von uns als selbstverständlich empfundene Stabilität (und damit Ordnung) immer wieder neu erzeugt werden – und wir tun eine Menge dafür, dass dies so ist. Das brauchen wir auch, denn ohne Ordnung, ohne eine gewisse Vorhersehbarkeit (oder zumindest die Illusion einer gewissen Vorhersehbarkeit) könnten wir nicht leben.

Jedoch gilt das eben auch für als problematisch empfundene Situationen: Was sich einmal als Erkenntnis, als Routine eingespielt hat, wird nur schwer wieder verlassen, auch wenn es quälend ist. Derartige immer wieder gleichartig ablaufende kommunikative Muster von Streit, Missverstehen, Ärger aufeinander usw. aufrechtzuerhalten, ist eigentlich ebenfalls eine Art von »Leistung«. Das sogenannte Arbeits- bzw. Kurzzeitgedächtnis[20] hält Information nur kurz, d. h. es braucht ungefähr alle zwanzig Sekunden eine meist

---

20 Diese grobe Unterteilung soll an dieser Stelle genügen (mehr Details dazu s. Kriz, 2017a, Kap. 4). Es soll auch nicht unterstellt werden, dass es sich hier um bewusste, willentlich steuerbare Prozesse handelt. Es sind vielmehr über Jahre, oft Jahrzehnte gebahnte und eingespielte Vorgänge, die schwer zu verändern sind (Details hierzu beispielsweise Berntsen, 2009).

unbewusste Gedächtnisaktivität, sich etwa daran zu erinnern, dass »keiner mich versteht«, »niemand mich liebt« oder »mein Partner nicht ist, wie er sein sollte« usw., um depressiv *bleiben* zu können: »›Erinnern‹ heißt, dass immer wieder Information aus dem Langzeitgedächtnis ins Kurzzeitgedächtnis gerufen und wieder abgespeichert werden muss« (Kriz, 2017a, S. 156 f.). Erinnern ist mithin als zirkulärer Prozess zwischen verschiedenen »Abteilungen« des menschlichen Gedächtnisses vorstellbar. Ähnliches gilt für die Praxis konversationellen Erinnerns, die Welzer (2005) für soziale Systeme beschreibt: nur das, was immer wieder als Geschichte in die Kommunikation kommt, bleibt im sozialen Gedächtnis.

Statt also ein Problem wie ein Ding zu behandeln, das »da« ist und das »weggemacht« werden muss, ist es spannender, nach den Erzeugungsmechanismen zu suchen, die dafür sorgen, dass ein Prozess (ein Streit, eine Verhaltensauffälligkeit) immer wieder so leiderzeugend abläuft wie beklagt: »Frau Doktor, es hat sich seit der letzten Sitzung nichts verändert!« – »Oh, wie haben Sie das geschafft?« So lustig diese Intervention klingt, man wird sie natürlich selten genauso einsetzen, denn sie kann schnell als zynisch verstanden werden. Solche Ordnungen entstehen ja nicht bewusst, sondern selbstorganisiert. Aber für den »Hinterkopf« des enttäuschten Therapeuten, der in der letzten Sitzung die Idee hatte, dass da ein wichtiger Schritt gemacht worden ist, der sich nun so offensichtlich doch nicht als nachhaltig erweist, hilft dieser Gedanke vielleicht. Die Aufmerksamkeit kann dann darauf gerichtet werden, wie es der Klientin gelungen ist, einen potenziell veränderungsrelevanten Ansatz wieder zu neutralisieren – und vielleicht auch noch ein wenig darüber nachzudenken, wie wichtig offenbar die Stabilität des Gewohnten ist. Manchmal ist eben ein bekanntes Unglück leichter zu ertragen als die Unsicherheit eines unbekannten Glücks.

Die amerikanischen Therapeuten Paul Dell und Harry Goolishian stellten mit dem »zweiten Gesetz der Systeme« die These in den Raum, wonach die Dinge immer geordneter werden, wenn man sie sich selbst überlässt (Dell u. Goolishian, 1981, S. 110). Diese Formulierung ist vielleicht etwas überspitzt, es geht ja nicht darum, nichts zu tun, denn die »Dinge« nur sich selbst zu überlassen, kann ja auch bedeuten, dass eine Eskalation sich in ihrer eigenen Logik immer weiterentwickelt, zwar »geordnet«, doch zunehmend quälend und gefährlich. Die These lenkt allerdings auf besondere Weise den therapeutischen Blick: Es geht nicht mehr darum, ein Problem durch mehr oder weniger große Kraftanstrengungen und Interventionen zu beseitigen, sondern Rahmenbedingungen dafür bereitzustellen, durch die konstruktive selbstorganisierte Entwicklungsdynamiken gefördert werden können (Kriz u. Tschacher, 2013). Ohnehin ist das der zentrale Punkt: Wenn man auf die Idee direkter Einwirkung (sogenannte »instruktive Interaktion«) verzichtet, geht es um die Frage, wie man die Wahrscheinlichkeit erhöhen kann, dass ein Prozess sich konstruktiv entwickelt.

3.2.2 Rahmensteuerung

> »Das Paar sitzt mit einer dritten Person im Gesprächsraum der psychotherapeutischen Praxis und jede/r weiß: ›Das hier ist eine Paarberatung‹. Doch eine solche örtliche ›Kontextmarkierung‹ stellt nur den äußeren, sichtbaren Rahmen sicher, der affektive Rahmen, der den unsichtbaren inneren Raum der Bedeutungsgebung bestimmt, wird wesentlich durch das Verhalten der BeraterIn beeinflusst.«
> Fischer, Borst und von Schlippe (2015, S. 129)

Therapeutische Hilfe wird im systemischen Sinn eher als Rahmensteuerung oder Kontextsteuerung gesehen (genauer sollte man übrigens eher von »Beisteuerung« sprechen, denn es geht natürlich nicht darum, dass die Expertin alle Zügel in der Hand hat) und nicht als Verhaltenssteuerung. Vermutlich »versteht sich kein Psychotherapeut – egal welcher Schule – wirklich als Vollstrecker eines Manuals ohne situationsspezifische eigene Entscheidungsfreiheit zur Beseitigung von Symptomen, die wie Bakterienstämme in Lehrbüchern abgebildet sind. Schon so ›kleine‹ Fragen danach, ob man einem weinenden Patienten ein Papiertaschentuch reichen soll, ob es angebracht ist, zu Beginn und am Ende einer Stunde die Hand zu reichen etc., sind nicht evidenzbasiert beantwortbar« (Kriz, 2017a, S. 130 f.).

Diese Logik spielt als Grundhaltung in Interventionen hinein (Borst, 2018a). Der Verzicht auf zielgerichtete Interventionen heißt ja nicht, dass man »nichts« tun könnte. Vielmehr geht es darum, sich der Verantwortung bewusst zu sein, in welchem Rahmen das jeweilige Gespräch geführt wird, wie man also die Bedingungen dafür bereitstellen kann, innerhalb derer konstruktive Selbstorganisation wahrscheinlicher wird. Dazu braucht es die Verschränkung zweier wichtiger Funktionen, die scheinbar widersprüchlich sind: die Vermittlung einer stabilen Beziehungssicherheit auf der einen und die verunsichernde »Verstörung« der gewohnten Beschreibungen auf der anderen Seite (vgl. Abbildung 3). Rahmengestaltung spielt sich mithin zwischen den Polen Stabilität und der Herausforderung bzw. Verunsicherung gewohnter Beschreibungen ab. Vor allem zu Beginn, aber auch als durchgehendes »Ostinato« (also als Grundmelodie) im weiteren Verlauf steht die Sicherheit einer tragfähigen, verlässlichen Beziehung an erster Stelle: keine Verunsicherung ohne Metastabilität (Loth u. von Schlippe, 2004).

In der therapeutischen Arbeit geht damit die Gewähr einher, dass im Gespräch eine Art von Kommunikation möglich sein darf, die in der modernen, funktional differenzierten Gesellschaft vor allem noch in der Familie möglich ist. Diese (die Gesellschaft) ist dadurch gekennzeichnet, dass Arbeit und Familienleben funktional weitestgehend getrennt sind. In Organisationen (Schule, Arbeitsplatz, Behörde usw.) erlebt sich ein Mensch jeweils nur mit einem Teil seiner Identität wahrgenommen (dem, der für die jeweilige Aufgabenerfüllung vorgesehen ist).

Der einzige Ort, an dem man sich als »Vollperson« mit allen Aspekten seiner selbst wahrgenommen erleben kann, ist die Familie. Hier ist die *ganze* Person bedeutsam und wird als solche beobachtet.[21] Man spricht hier von »Vollinklusion« der Person: »Alles, was eine Person betrifft, ist in der Familie für Kommunikation zugänglich.

---

21 Für den, es gern etwas theoretischer mag: Es geht um die »reziproke Komplettberücksichtigung der Vollperson, eine kommunikative Anzeige wechselseitiger Höchstrelevanz« (Fuchs, 1999, S. 43 f.).

Geheimhaltung kann natürlich praktiziert werden und wird praktiziert, aber sie hat keinen legitimen Status« (Luhmann, 2005, S. 193): Prinzipiell kann alles in die Kommunikation hineinkommen bzw. als Kommunikation gewertet werden, was man am anderen ablesen kann, ein Blick oder dessen Vermeidung, eine Geste oder ein Seufzer. In der »enthemmten« Kommunikation der Familie (Luhmann, 2005, S. 189) kann also prinzipiell alles thematisiert werden, vor allem kann nichts von vornherein abgelehnt/ausgeschlossen werden. Während es in Organisationen (zumindest theoretisch) möglich ist, eine persönliche Frage durch ein: »Das gehört jetzt nicht hierher!« zu beenden, ist in der Familie diese Form der Ablehnung nicht möglich (darum müssen Familienmitglieder manchmal besonders erfinderisch sein, wenn es um die Suche nach Ausreden geht).

Das heißt aber nun für die Gesprächsgestaltung, wenn man es mit einer Familie zu tun hat, dieser zu vermitteln, dass genau diese Art von Kommunikation auch in dem professionellen Kontext einer Beratung möglich sein darf, dass also die oft mit »enthemmter Kommunikation« verbundenen heftigen Affekte einen Platz haben, dass sie sein dürfen und dass sie auf eine Weise thematisiert und moderiert werden, die Entlastung verspricht. »Die Frage, die sich Ratsuchende vor allem zu Beginn einer Beratung stellen, ist die, ob das Gegenüber der Wucht der eigenen Gefühle gewachsen sein wird und ob man vor der Wucht der Gefühle des anderen geschützt sein wird. Es sind dabei oft gar keine großen Aktivitäten, die rahmend wirken, zumindest anfangs nicht, viel spielt sich zwischen den Zeilen, eher auf einer Mikroebene ab« (Fischer, Borst u. von Schlippe, 2015, S. 129 f.). Es ist der Spagat, eine professionelle Situation so zu markieren, dass die Beteiligten sich aufgehoben fühlen können, auch wenn hier höchstpersönliche Dinge besprochen werden. Diese Grundbedingung der Vermittlung von Sicherheit ist mithin die erste vordringliche Aufgabe der Rahmensteuerung (siehe Abbildung 3).

Übrigens gilt das, was hier für Familien gesagt wurde, vielfach auch für Arbeitsgruppen und Teams, die sich oft als Kommunikationssysteme familienähnlich entwickeln. In vielen festgefahrenen Teamsupervisionen lässt sich feststellen, dass sich die Erwartungsstrukturen familienanalog entwickelt haben, dass man also selbst davon ausgeht, als Teammitglied in »Vollperson« bedeutsam zu sein, und seinerseits auch bereit ist, die Kollegen ähnlich zu sehen – die Aufgabenorientierung leidet dann nicht selten genau daran. Allerdings geht es in Teams dann in der supervisorischen Arbeit oft darum, die Fokussierung auf die Vollperson aufzuheben. Denn im Unterschied zu einer Familie, wo man sich vielleicht sinnvollerweise trennt, wenn man feststellt, dass man nicht miteinander klarkommt, ist dies im Team zwar unerfreulich, aber kein Grund, seinen Job nicht zu machen … (vgl. Abschnitt 4.6.2).

Ich (JS) nutze dies in Teamsupervisonen mit supervisionsunerfahrenen, der Supervision ängstlich entgegensehenden Teilnehmenden, indem ich gleich zu Beginn empfehle: »Sie müssen hier überhaupt nicht alles sagen, was Sie denken. Wahrscheinlich ist es in Organisationen gut, wenn man vieles auch für sich behält. Sagen sie hier nur das, was Sie hier und heute zu sagen für sinnvoll halten!« Fast immer wirkt dieser bewusst empfohlene Verzicht auf »100 % Ehrlichkeit« angstreduzierend und entspannend, meist steigt eine Weile später nach dieser Intervention die Offenheit an.

3.2.3 Keine Tricks

> »In der Praxis kann ich nur das tun, von dem ich auch
> überzeugt bin! Deshalb sage ich: ›Keine Tricks‹
> Therapie ist immer eine Begegnung von Menschen und
> keine Trickserei … Wertschätzen und Respektieren sind
> in meinen Augen die unentbehrlichen Grundzutaten.«
> Hargens (2004, S. 129 f.)

In der frühen Familientherapie wurde mit dem Begriff »Joining« die Aufgabe beschrieben, dass die Beratenden sich an die ratsuchende Familie »ankoppeln«, indem sie einen unbelasteten, freundlichen Kontakt zu jedem Familienmitglied herstellen (von Schlippe u. Schweitzer, 2012, S. 225 ff.). Dies wird bewusst eingesetzt, um ein Beziehungsangebot zu machen und damit vom ersten Moment an dafür zu sorgen, dass sich die Ratsuchenden emotional aufgehoben fühlen können, wenn sie sich mit belastenden Themen und mit der damit verbundenen Instabilität auseinandersetzen. Eine Meisterin dieser Arbeit war Virginia Satir. Eine Form ihrer Art von Joining ist besonders eindrücklich: Sie erfragte gern zu Beginn eines Interviews das Lebensalter der einzelnen Familienmitglieder, notierte dieses auf einem Flipchart, schrieb dann ihr eigenes Alter darunter und zählte – zur Verblüffung der Familie – die Jahre zusammen: »195 Jahre Lebenserfahrung sind hier im Raum! Da sollte es uns doch gelingen, einige neue Ideen miteinander über das zu bekommen, was Sie heute hierhergeführt hat!« So wird von Anfang an ein Klima von konstruktiver Kooperation hergestellt: Alle arbeiten gemeinsam an der Entwicklung neuer Ideen. Keiner, auch nicht der »identifizierte Patient«, braucht zu befürchten, als Sündenbock aufgebaut zu werden – mit der Formulierung »identifizierter Patient« oder auch »Indexpatient«, kurz »IP«, wurde übrigens in der Zeit der frühen Familientherapie ausgedrückt, dass es eben nicht einen »Kranken« in einer »gesunden« Familie gibt, sondern dass eine Person die Aufgabe auf sich nimmt, die Hilfsbedürftigkeit der ganzen Familie auszudrücken.

Ein weiterer Aspekt, der noch zur Beziehungsgestaltung gehört, lässt sich in zwei knappen Worten skizzieren, die eindrücklich von Jürgen Hargens geprägt wurden: »Keine Tricks!« (Hargens, 2015). In dieser Grundhaltung drückt sich eine deutliche Distanzierung von einer Praxis aus, die sich an der frühen kybernetisch ausgerichteten Mailänder Schule (sogenanntes »Mailand I«) orientierte. Hier ging es darum, möglichst elegante paradoxale Verschreibungen zu erfinden, mit der man eine verwirrte Familie nach Hause schickte. Gegen eine »heilsame Verwirrung«, die nachdenklich macht und Musterveränderungen anregt, ist nichts zu sagen. Doch wird einer Praxis, in der die Therapeuten um des Effekts willen der Familie orakelhafte Verschreibungen und Definitionen mit auf den Weg geben, an die sie selbst nicht glauben (vor allem dies!), heute eine klare Absage erteilt. Eine kooperative Beziehungsgestaltung zwischen Beraterin und Klientensystem erfordert es, den Gesprächspartnern eine Beziehung anzubieten, die von Respekt, Transparenz und Authentizität getragen ist – eben »keine Tricks«.

3.2.4 Dekonstruktion und Verstörung

> »Entsprechend meiner eher lockeren Definition hat Dekonstruktion mit solchen Arbeitsweisen zu tun, die ›als selbstverständlich hingenommene‹ Wirklichkeiten und Gewohnheiten erschüttern.«
> White (1992, S. 48)

Der zweite Teil der Rahmensteuerung besteht nun paradoxerweise darin, gerade auf der Basis einer sicheren und stabilen Beziehung die gewohnten Beschreibungen, mit denen die Familie in die Beratung kommt, zu »dekonstruieren«, sie also zu hinterfragen – im Sinne des bereits mehrfach erwähnten Wittgenstein'schen Wortes, wonach alles auch »ganz anders sein« könnte, als es bislang beschrieben wurde. Diese Beschreibungen gilt es also zu »verstören« (Ludewig, 2015), oder, um es mit einem Bonmot des Therapeuten Haja Molter zu sagen: »Wenn du die Menschen schon nicht verändern kannst, dann verwirr' sie wenigstens!« Auch hier gilt das Prinzip, nicht zynisch zu werden – systemische Praxis bedeutet, kontinuierlich eine gute »affektive Abstimmung« aufrechtzuerhalten.

Man kann ja (zum Glück) nicht direkt in ein psychisches System hineinintervenieren, man kann also niemanden zu einer Veränderung zwingen, und sei sie noch so konstruktiv. Daher ist das Einzige, was möglich ist, festgefügte, »betonierende« Beschreibungen (Levold, 1994) freundlich und vorsichtig aufzuweichen. Hierzu kann es auch gehören, im Beratungsraum der enthemmten Kommunikation Raum für Entfaltung zu geben. In der frühen Familientherapie sprach man von »Enactment«. Wann immer es möglich ist, kann versucht werden, eine Interaktion »live« in Gang zu setzen: »Mögen Sie es ihm einmal direkt sagen?« … »Wie lautet Ihre Antwort darauf?« Hier ist Raum für eine Vielzahl kreativer Formen, unmittelbare und lebendige Zugänge zu der Art, wie in dem jeweiligen sozialen System (Familie, Team, Organisation) Wirklichkeiten erzeugt werden, anzubieten (z. B. Bleckwedel, 2008; Schwing u. Fryszer, 2009; Lindemann, 2018; Eickhorst u. Röhrbein, 2019).

Wie auch immer der Zugang gestaltet wird, direkt, wie soeben beschrieben, oder indirekt über Fragen und Reflexionen, immer geht damit auch eine gewisse Verunsicherung, Labilisierung einher, die wohl in jedem Beratungsprozess unausweichlich ist (Rufer u. Schiepek, 2014). Viele der klassischen systemischen Interventionen, die im unteren Teil der Abbildung 3 aufgelistet sind (ausführlich etwa in von Schlippe u. Schweitzer, 2009), verfolgen genau das Ziel, Gewohntes wieder »ungewöhnlich« zu machen, einen »fremden Blick auf das Heimische« werfen zu helfen, wie Michael White einmal mit Bezug auf Bourdieu sagte (White, 1992, S. 48), und die Menschen wieder neugierig auf die in ihnen liegenden Möglichkeiten zu machen.

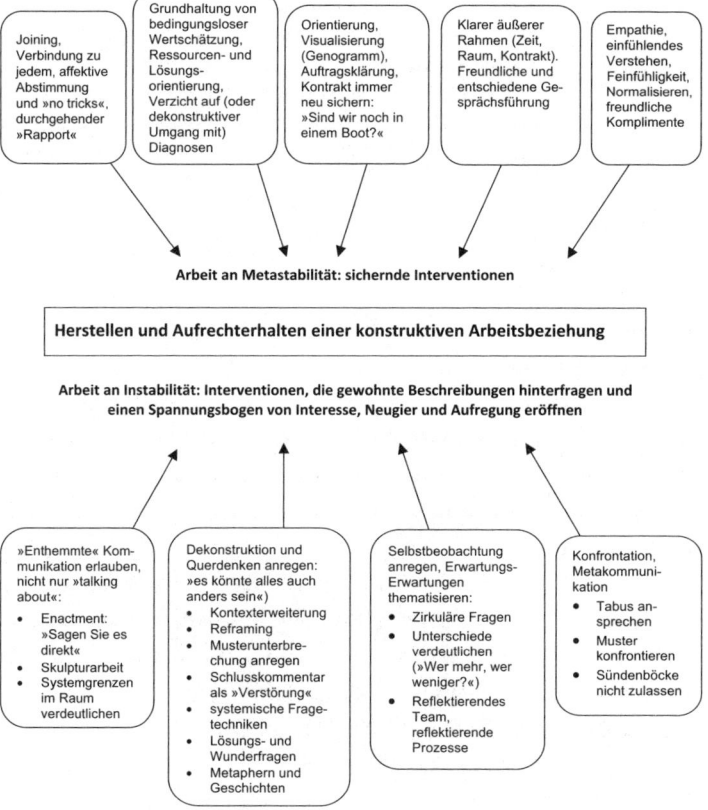

Abbildung 3: Rahmensteuerung (nach von Schlippe u. Schweitzer, 2009, S. 17)

Der Verzicht auf zielgerichtete Veränderung

Wenn diese Verunsicherung einbettet ist in einen sichernden Rahmen, dann sind die Randbedingungen dafür gegeben, dass die Chancen für die Entwicklung neuer, konstruktiver Muster steigen, dass also die Wahrscheinlichkeit »konstruktiver Anschlussinteraktion« in dem ratsuchenden System steigt, das damit wieder »anregungsoffen für Zufälle« (Luhmann, 1988) wird. Und genau das ist das Kerngeschäft systemischer Praxis.

3.3 Der Verzicht auf personenbezogene Zurechnung

> »Der menschliche Verstand vermag die Gesamtheit der Ursachen der Erscheinungen nicht zu begreifen. Aber das Bedürfnis, nach diesen Ursachen zu forschen, liegt in der Seele des Menschen. Da nun der menschliche Verstand in die zahllose Menge und mannigfaltige Verschlingung der die Erscheinungen begleitenden Umstände, von denen ein jeder, für sich betrachtet, als Ursache erscheinen kann, einzudringen nicht imstande ist, so greift er nach dem erstbesten, verständlichsten Moment, das mit einer Erscheinung in Berührung steht, und sagt: Das ist die Ursache!«
>
> Tolstoi (2007, S. 1286)

Das Denken unserer Kultur ist tief durchdrungen von der Suche nach Kausalität und von der Zurechnung von Ursachen auf Personen. Schon die Sprache legt dies nahe, in ihr ist, wie Wittgenstein einmal sagte, eine ganze »Mythologie«, eine eigene Erkenntnistheorie niedergelegt: »Die primitiven Formen unserer Sprache: Substantiv, Eigenschaftswort und Tätigkeitswort zeigen das einfache Bild, auf dessen Form sie alles zu bringen sucht« (Wittgenstein, 1994, S. 337). Ohne Sprache können wir nicht als soziale Wesen existieren, doch allzu oft machen wir uns nicht bewusst, wie sehr sie uns ihre Bedingungen diktiert. Die normale Satzstruktur legt bereits eine bestimmte Weltsicht nahe: Etwas (ein Subjekt) wirkt (ein Prädikat) auf etwas anderes (ein Objekt) ein. Durch die »lockere Verwendung von Wörtern« (Bateson, 1981, S. 126) lädt Sprache uns angesichts der Komplexität und Undurchschaubarkeit der Welt zu vereinfachenden Bildern ein. Helm Stierlin hat dies prägnant herausgearbeitet: »Ursache-Wirkungsketten bzw. Punktuierungen erwachsen gleichsam unreflektiert aus der Weise, wie sich Subjekt und Prädikat zusammenfügen, überhaupt, wie sich Wörter in Sequenzen ordnen, sich daraus Sätze und somit auch Erklärungen ergeben. ›Der Stein zertrümmert die Scheibe. Der Vater drangsaliert die Mutter. Die Treulosigkeit des Mannes bricht der Frau das Herz. Lotte wurde von ihren Schulkameradinnen wegen ihrer Pummeligkeit gehänselt und entwickelte daher eine Magersucht, usw.‹ […] Wenn immer wir überhaupt sprechen, wenn immer wir den durch die Sprache bzw. ihre Grammatik vorgegebenen Linien folgen, ergeben sich Ursache-Wirkungsverknüpfungen, Erklärungen, Sinn und Realitätsbezug fast zwangsläufig wie von selbst« (Stierlin, 1990, S. 267 f.).

Gerade dieses »wie von selbst« ist so gefährlich, denn es erzeugt eine unhinterfragte Selbstverständlichkeit, mit der wir davon ausgehen, dass die Dinge so sind, wie wir sie beschreiben. Die Tendenz, die Welt in überschaubare Ursache-Wirkungs-Ketten zu unterteilen, lässt sich so universell beobachten, dass der Biologe Rupert Riedl in dem Zusammenhang von »angeborenen Lehrmeistern« spricht (Riedl, 1981). Für ihn »gibt« es Kausalität nicht (und er weiß sich darin mit vielen Denkern der Philosophiegeschichte einig), sondern er sieht sie als ein Erkenntnisinstrument, das dazu dient, sich in der Wirklichkeit zurechtzufinden. Im Umgang mit einer mittelmäßig komplex strukturierten Umwelt ist dieses Konzept viabel (d. h., es »stimmt« nicht, aber es »passt«; es hilft, zu überleben). Wenn man sich jedoch in komplexeren Systemen (und heutzutage halten wir uns fast ausschließlich in derartigen Kontexten auf) bewegt, kann es fatale Folgen haben, den angeborenen Lehrmeistern unreflektiert zu folgen – etwa wenn die eigene Hochrüstung, die eigene Unversöhnlichkeit damit begründet wird, man mache dies ja nur, *weil* der andere provoziert hat o. Ä. (von Schlippe, 2014a, S. 124 ff.).

In der sozialen Wirklichkeit sind wir prinzipiell mit undurchschaubaren, operational geschlossenen Systemen konfrontiert. Man kann in keinen Kopf hineingucken, das ist das in 2.3.1 erwähnte Problem der doppelten Kontingenz: »Das Bewusstsein eines Menschen ist nur der Selbstbeobachtung zugänglich, das heißt, es kann von anderen Menschen nicht direkt beobachtet werden« (Simon, 2018, S. 60). Erlebt wird diese Undurchschaubarkeit des Gegenübers als Unsicherheit und das mag die Tendenz erklären, dass wir dazu neigen, das Geschehen unserer Lebenswelt jeweils auf konkrete Akteure zurückzurechnen: »Soziale Systeme reduzieren Kommunikation auf Mitteilung und rechnen diese dann als Handlung einzelnen Personen zu; auf diese Weise sichern soziale Systeme Identifikationspunkte, auf die sie sich im fortlaufenden Kommunikationsprozess beziehen können« (Kneer u. Nassehi, 1993, S. 89). Es wird nach jemandem gesucht, dem man etwas zurechnen kann, sei es Sieg und Erfolg, sei es Niederlage oder Schuld – das eine rechnet man dann gern sich selbst, das andere den anderen zu (wie die Attributionstheorie eindrücklich zeigt; vgl. Kelley u. Michela, 1980). Dieser Mechanismus ist es, der in besonderem Maße für die Verewigung und die Chronifizierung von Konflikten sorgt.

Die verführerisch einfache Form der Komplexitätsreduktion, die »mannigfaltige Verschlingung«, von der Tolstoi spricht, auf eine Person zuzurechnen, bietet die Möglichkeit, schnell Übersicht und Ordnung zu gewinnen: Es ist klar, woran es liegt, die »Ursache« (der Schuldige) steht fest, und damit ist ein bedrohlich komplexes Konfliktgeschehen durchschaubar erklärt. Auch der Ort der Lösung steht fest, in der Regel ist es der andere, er muss sich ändern. Paradoxerweise schafft aber andererseits gerade die Form der personenbezogenen Verrechnung neue Komplexität: Die Rückführung auf die andere Person, auf ihre Psyche, ihre bewussten oder gar unbewussten Motive usw. erzeugt ein ganz neues Spielfeld für die Entfaltung des Konfliktgeschehens, weil Aussagen über das (undurchschaubare) Innere einer Person gemacht werden: »Er macht das, weil …«, »Ist doch klar, was sie vorhat, sie will …«, »Er sagt zwar …, aber in Wirklichkeit geht es ihm nur um …« (vgl. Simon, 2012b). Man spricht in diesem Zusammenhang von *Motivzuschreibungen oder Motivunterstellungen*. Dies sind Formen der Kommunikation, explizite oder implizite Zuweisung von Gründen für bestimmte Handlungen, die typischerweise die Form einer Absicht unterstellen (siehe z. B. Luhmann, 2000,

S. 94 ff.). So entstehen zahlreiche Anschlussmöglichkeiten für Eskalationen, denn keiner lässt sich gern in den Kopf gucken und noch weniger gern lässt man sich sagen, was da aus Sicht des anderen im eigenen Kopf »in Wirklichkeit« vor sich geht. Und wenn dann die eine Motivunterstellung mit einer anderen beantwortet wird (»Das sagst du doch jetzt nur, weil du davon ablenken willst, dass in Wirklichkeit nämlich du …!«), dann zeigt es sich, dass die gefundene Erklärung (»Darum ist er so!«) nicht ganz so einfach ist, zumindest gibt es meist mehr als eine Erklärung, die Gültigkeit beansprucht.

Und so kann die Komplexität massiv anwachsen und es entstehen neue Paradoxien, in unserer psychologie- und therapieorientierten Kultur noch verfeinert durch Zuschreibungen wie: »Das macht er jetzt nur, weil er schon in der Kindheit …«, »Sie hat das völlig verdrängt, sehr interessant!«, »Die Tatsache, dass er sich dagegen wehrt, zeigt mir, dass ich mit meiner Vermutung Recht habe, ich habe offenbar einen wunden Punkt bei ihm getroffen …« usw.

Es ist alles andere als einfach, von dieser Zuschreibungslogik auf das Denken in Erwartungsstrukturen und kommunikativen Mustern umzuschalten, doch scheint das vielleicht die wichtigste Herausforderung zu sein, die das systemische Denken bietet (Groth, 2017, S. 38). Man lernt, sich die eigene Tendenz der Ursachenzurechnung bewusst zu machen und sich selbst und den anderen aus größerer Distanz zu sehen (Stichwort auch hier wieder: Beobachtung 2. Ordnung). Das Ganze wird noch ein wenig komplizierter dadurch, dass der Verzicht auf personenbezogene Zurechnung von Ursachen nicht bedeutet (und nicht bedeuten kann), dass man auf die persönliche Zurechnung von *Verantwortung* verzichten könnte. Wie sich eine erwachsene, »zurechnungsfähige« Person verhält, liegt natürlich in ihrem Verantwortungsbereich, sie hat die Möglichkeit, zu entscheiden. Eine Konfliktursache nicht personenbezogen zuzurechnen, heißt zwar, aus dem System der Schuldzuweisung und Ursachensuche auszusteigen, heißt aber nicht, den handelnden Akteuren keine Verantwortung für destruktives Verhalten zuzuschreiben.

Für Interventionen bedeutet dies, konsequent darauf zu achten, wie Ursache-Wirkungs-Verknüpfungen von den Ratsuchenden vorgenommen werden und sich davon nicht vereinnahmen zu lassen. Immer wieder wird es darum gehen, anzuerkennen, wie unüberschaubar und bedrohlich die Komplexität der Welt ist, und zugleich darüber nachzudenken, welche anderen Wege der Komplexitätsreduktion möglich sind als die Zurechnung auf eine einzelne Person als »Verursacher«.

3.4 Engagierter Austausch von Wirklichkeitsbeschreibungen

> »Erst wenn ein Eigenanteil am Problem deutlich wird, wird sichtbar und einsehbar, wo (eigene) Veränderungsmöglichkeiten liegen könnten. […] Man sollte sich immer fragen, wie man die Phänomene mit hervorruft, die man […] beklagt.«
> Groth (2017, S. 145)

Eine konstruktivistische Weltsicht teilen alle anfänglich beschriebenen Theorien. Sie sind sich einig darin, dass es in Therapie und Beratung darum geht, auf kreative und wertschätzende Weise die Konstruktion von Sinnwelten zu bearbeiten. Im Gesprächsraum verändert man nicht die Welt, man verändert nur die Art, wie die Welt und die Möglichkeiten, sich in ihr zu bewegen, gesehen werden. »Wir haben über längere Zeit beobachten können, dass psychologische Probleme – so scheint es – auftauchen, ihre Erscheinungsformen ändern und wieder verschwinden, wenn sich unsere Begriffe und Beschreibungen dafür verändern« (Goolishian u. Anderson, 1997, S. 258). In diesem Sinn ist jede Therapie eine Form des »Reframing«, wie eine der bekanntesten systemischen Interventionsformen genannt wird (von Schlippe u. Schweitzer, 2009, 2012). Ein Problem wird mithin nicht »sachlich« betrachtet, sondern aus unterschiedlichen Perspektiven unterschiedlich rekonstruiert und es wird nach Perspektiven gesucht, unter denen das, was beklagt wird, vielleicht sogar eine unter den gegebenen Umständen gute Lösung sein mag (Groth, 2017, S. 30). Es wird damit anerkannt, »dass sich in einer Welt wie der unseren keine Position denken lässt, von der her alles gleich aussieht« (Nassehi, 2017, S. 19), eine Aussage, die in diesem Buch mehrfach aufgegriffen wird.

Eine solche Sicht ermöglicht interessante Perspektiven auf die systemische Arbeit. Bei jeder Intervention lässt sich nämlich die Frage stellen, ob die Art der Wirklichkeitsbeschreibung, die im Beratungsraum verhandelt wird, dazu geeignet ist, die »harte Beschreibung« eines Problems als Problem »aufzuweichen« und andere mögliche Anschlüsse nahezulegen.

So ist beispielsweise denkbar, dass die Antwort auf die Schilderung eines Familienproblems im Erstgespräch – sagen wir, dass die Tochter zu wenig Nahrung zu sich nimmt – lautet: »Wann hat sich diese Krankheit das erste Mal gezeigt?«[22] Hier wird der Bericht über ein Verhalten eines Familienmitgliedes auf eine Weise beschrieben, dass eine Beschreibung sich schnell verhärten kann: »es« ist eine Krankheit. Boscolo und Kollegen (1993) schlagen vor, bei dieser Art von Gespräch von »monosemantischen Beschreibungen« zu sprechen, weil sich nur eine oder wenige Bedeutungen an diese Beschreibung anlagern können: Bei einer Krankheit kann der Betroffene nicht viel selbst tun, man braucht eine Intervention von außen und muss ansonsten auf Heilung warten oder irgendwie anders mit der Krankheit fertigwerden.

Es lassen sich demgegenüber Beschreibungen denken, an die sich ganz andere Semantiken anlagern können (daher auch »polysemantisch« genannt), etwa wenn man statt von Krankheit von »Streik« spricht: »Wann hat Ihre Tochter sich entschieden, in Hungerstreik zu treten?« Zu einem Streik entscheidet man sich, ein Streik hat ein Ziel, hat auch ein Ende, er richtet sich als Protest gegen jemanden, wird von jemandem unterstützt usw. Mit einem solchen Begriff können andere, ungewöhnlichere Gespräche geführt werden. Es lassen sich viele neue Anknüpfungspunkte vorstellen, die sich an das Wort Streik anknüpfen, es entstehen potenziell ganz andere Bilder als solche, die die Rolle eines Kranken festlegen.

---

22 Tatsächlich habe ich (AvS) im Rahmen einer Psychiatrievorlesung erlebt, dass genau diese Frage gleich zu Beginn des Gesprächs gestellt wurde. Es war die Live-Demonstration eines Erstgesprächs mit einer Patientin, die der Dozent selbst noch nie zuvor gesehen hatte (vgl. meine Bemerkung dazu im 1. Kapitel).

Hier liegt übrigens ein ganz entscheidender Punkt, wenn es um die Frage der Effekte von systemischer Therapie geht: In erfolgreichen Therapien gelangen die identifizierten Patienten aus der Beschreibung als passive Opfer einer Krankheit heraus, es wird ihnen (auch von ihnen selbst) eine stärker aktive Rolle zugeschrieben (ohne dies zugleich mit Schuldzuschreibungen zu koppeln). Denn die Einengung auf die Beschreibung »krank« hat zwar den Vorteil, die Betroffenen zu entlasten, wird jedoch mit der Delegation von Verantwortung nach außen und damit mit der Erfahrung von Ohnmacht erkauft: »Was die Unterschiede in den Beschreibungen zwischen Erst- und Katamneseinterview angeht, lässt sich zusammenfassend sagen, dass Entwicklungsprozesse auf allen Beobachtungsebenen beschrieben wurden, am ausgeprägtesten in Richtung auf eine stärkere Sowohl-als-auch-Logik, größere Individuation und eine Aufweichung des Krankheitskonzepts, die dem Indexpatienten auch als ›Täter‹ Bedeutung gibt« (Retzer, Simon, Weber, Stierlin u. Schmidt, 1989, S. 226; vgl. auch Kriz, 2017a, S. 67).

Heinz von Foerster (1988, S. 33) formulierte einmal als »ethischen Imperativ« den Satz: »Handle stets so, dass du die Anzahl der Möglichkeiten vergrößerst!« Eine Intervention kann in diesem Sinn jeweils daraufhin befragt werden, ob sie im Vergleich zu der angebotenen Beschreibung mehr öffnende Anschlussmöglichkeiten bietet. Vor Jahren schon haben wir systemische Praxis in diesem Sinn auch als »engagierten Austausch von Wirklichkeitsbeschreibungen« bezeichnet (von Schlippe, Braun-Brönneke u. Schröder, 1998). Die zentrale Idee dabei ist, dass Ratsuchende und Beratende sich jeweils wechselseitig Angebote machen, wie die Wirklichkeit zu beschreiben sei. Im optimalen Falle entstehen im Gespräch Wirklichkeitsbeschreibungen, die mehr Möglichkeiten enthalten als die vorhergehenden. Es ist also unwesentlich, ob eine Intervention formal systemisch »ist« oder nicht. Entscheidend ist, ob sie einen konstruktiven Unterschied zur gewohnten Weise, die Welt zu sehen, einführt oder nicht.

Mit jeder Intervention wird ein Angebot der Beschreibung der Realität gemacht, das vom ratsuchenden System angenommen, abgelehnt oder ignoriert werden kann. Dies gilt natürlich auch umgekehrt: Jede Aussage eines Kunden/Klienten stellt ihrerseits ein Angebot an die Berater dar, die Wirklichkeit zu beschreiben – und wenn entsprechend überzeugend genug vermittelt wird, dass es »keinen anderen Ausweg als ... (z. B. Entlassung, Verkauf des Unternehmens, Scheidung, Schulwechsel usw.) gibt«, dann können sich auch Berater gemeinsam mit den Ratsuchenden in einer Sackgasse wiederfinden.

Systemische Fragen sind somit alles andere als harmlose Bitten um Information. Sie vermitteln implizite Angebote, die Realität anders zu beschreiben (Simon u. Rech-Simon, 1999). Genauer müsste es eigentlich heißen »systemisch eingesetzte Fragen«, denn Fragen »systemisch« zu nennen ist, wie gesagt, genauso (wenig) sinnvoll, wie sie als »grün« oder »katholisch« zu bezeichnen (vgl. Abschnitt 2.3.4). Sie vermitteln auf besonders sanfte und zugleich elegante Form implizite Botschaften. Und da systemische Beratung vielfach mit mehreren Personen gleichzeitig geschieht, kann sich diese mögliche Wirkung auch noch potenzieren. Es ist leicht, die Form der Frage abzulehnen. Jedoch stellen Fragen einen eleganten Weg dar, weil mit der Beantwortung der Frage meist auch das implizite Angebot der Wirklichkeitsbeschreibung mitakzeptiert wird.

In der erwähnten Studie (von Schlippe et al., 1998) wurde eine abgeschlossene Familientherapie untersucht, die 17 Sitzungen im Verlauf von etwa anderthalb Jahren umfasste. Die Familie bestand aus der als »depressiv« bezeichneten Mutter, dem Vater und ihrem fünfjährigen, als »verhaltensgestört« definierten Sohn (»Volker«), der nur gelegentlich an den Sitzungen teilnahm. Das Material wurde verschiedenen Analyseschritten unterzogen: Neben Verlaufsprotokollen der Sitzungen erfolgte eine Transkription sämtlicher zirkulärer Fragen der Therapeuten. Jede dieser Fragen wurde von unabhängigen Beobachtern daraufhin eingeschätzt, welche impliziten Angebote zur Wirklichkeitsbeschreibung in ihnen enthalten waren. Anschließend wurde die Reaktion der jeweils Angesprochenen hinsichtlich folgender Kategorien eingeschätzt:
- Implikation angenommen,
- Implikation abgelehnt,
- nicht einschätzbar.

Als angenommen wurde eine Implikation dann gewertet, wenn in der Antwort »ein Unterschied« zur bisherigen Beschreibung hergestellt wurde. Als abgelehnt wurde eine Implikation dann kategorisiert, wenn »kein Unterschied« zur bisherigen Beschreibung erkennbar war oder die Implikation explizit abgelehnt wurde.

Um dieses Prinzip noch einmal genauer zu erläutern, soll es kurz an einem Beispiel durchgespielt werden. So kann beispielsweise auf die Klage der Mutter: »Mein Sohn ist verhaltensgestört!« die Frage folgen: »Aha, was macht er denn?« Dann wird das implizite Angebot, das die Mutter macht, dass ihr Sohn eine »Störung« »hat« (die ihm sozusagen »innewohnt«), nicht hinterfragt, sondern vielleicht sogar eher bestätigt. Eine leichte Veränderung der Frage wird dagegen interessante Implikationen enthalten: »Was tut Ihr Sohn denn, wenn er das macht, was Sie als ›verhaltensgestört‹ bezeichnen?« Und in einem weiteren Schritt: »Verhält er sich denn eher zu Hause oder in der Schule auf diese Weise?« Die in diesen Fragen enthaltenen Implikationen könnten etwa so zusammengefasst werden:

> Hier geht es um eine Symptomatik, die gezeigt wird, nicht um etwas, was ein Mensch durchgängig »ist«. Vielmehr handelt es sich um ein Verhalten, das ein Mensch in bestimmten Kontexten zeigt und das von jemandem beobachtet und anschließend in eine Kategorie »verhaltensgestört« oder »hyperaktiv« eingeordnet wird.

Das Wichtige bei dieser Art von Intervention ist, dass die Implikation leicht abgelehnt werden kann, die Frage bringt die Implikation auf eine sanfte Weise ins System ein. Bei der vorhin angeführten Frage nach dem »Hungerstreik« ist es recht einfach, die Implikation zurückzuweisen: »Was heißt hier ›entschieden‹? Unsere Tochter ist doch krank!« Damit wäre das Angebot, die »Krankheit« anders zu sehen, abgelehnt. Aber es wäre auch möglich zu sagen: »Ja, das war nach dem Tod der Großmutter« – und dann ist mit der Antwort zugleich die Beschreibung akzeptiert, dass die Tochter »im Streik« ist und nicht krank.

Ähnlich kann hier die Mutter bei dem Jungen also sagen: »Eigentlich immer, denn er ist ja verhaltensgestört!« – und die Implikation leicht verwerfen, oder sie kann sie genauso leicht (und ohne Gesichtsverlust) annehmen, indem sie Verhaltensweisen ihres Kindes schildert. Sozusagen »undercover« hat sie damit eine kleine erkenntnistheoretische Wende vollzogen, indem sie implizit anerkennt, dass ihr Sohn nicht so »ist«, sondern dass er sich in Kontexten so verhält und dass es sich um ein Verhalten handelt, das von ihr als Beobachterin so benannt wird. »Verhaltensstörung« wird so über die kontinuierlichen Angebote der Therapeuten langsam rückverwandelt von einer Eigenschaft in eine soziale Konstruktion.

Zurück zur Studie: Nachdem alle therapeutischen Fragen so aufgeschlüsselt waren, auf ihre Implikationen hin untersucht worden waren und die jeweilige Annahme/Ablehnung eingeschätzt worden war, ergab sich zwar ein guter Überblick über den Therapieprozess, doch war er nach wie vor sehr komplex. Daher wurden nun die Implikationen inhaltlich zu Clustern zusammengefasst. Diese Cluster sind eine Art »Sinnpaket«, so etwas wie ein Spiegelbild der inhaltlichen Auseinandersetzungen im Therapieprozess: Über diese Themenbereiche hinweg bewegte sich der engagierte Austausch von Wirklichkeitsdefinitionen. Ein Beispiel für ein solches Cluster ist etwa: »Die Familie hat eigene Kompetenzen zur Lösung ihrer Probleme« – d. h., viele der Fragen bezogen sich darauf, dass nach den jeweils in der Familie vorhandenen Fähigkeiten gefragt wurde. Ein anderes Cluster lautete so: »Die Familie ›hat‹ nicht ein krankes Familienmitglied. Vielmehr gibt es Zeiten, in denen es den Familienmitgliedern gelingt, gut miteinander zu leben, und solche, in denen dies weniger gut klappt.«

Interessant war nun, wie sich das Verhältnis von Ablehnungen zu Annahmen der Implikation entwickelte, also ob die impliziten Angebote der Therapeuten, wie die Wirklichkeit (auch) gesehen werden kann, in den jeweiligen Clustern eher angenommen oder eher abgelehnt wurden und vor allem, wie sich dies im Verlauf der Therapie entwickelte. Im nächsten Schritt wurden daher »Annahmen« und »Ablehnungen« ausgezählt und für jedes Cluster ein »Veränderungsquotient« (VQ) errechnet: Wie war das Verhältnis von Ablehnung und Annahme in der ersten Hälfte der Therapie, wie war es in der zweiten Hälfte?

Der VQ kann zeigen, ob eine Implikation, die in der Therapie mehrfach verhandelt wird (ein Cluster), in der zweiten Hälfte der Therapie häufiger angenommen oder abgelehnt wird oder gleich geblieben ist. Es ist anzunehmen, dass die von den Therapeuten angebotenen Implikationen mehr Optionen boten als die eher einschränkenden, mit denen die Familie in die Therapie gekommen ist. Wir Autoren schlugen daher vor, die Veränderungsquotienten als ein theorieimmanentes Kriterium für den Erfolg systemischer Therapie zu sehen, im Sinne des oben erwähnten Imperativs von Heinz von Foerster: »Handle so, dass die Zahl der zur Verfügung stehenden Optionen steigt!« Es ergab sich, dass in 10 der 18 Cluster die jeweiligen Implikationen in der zweiten Hälfte eher angenommen wurden, nur vier Cluster wurden am Ende eher abgelehnt, bei zwei Clustern ergaben sich keine Veränderungen.

Offensichtlich hatten sich die Wirklichkeitsbeschreibungen in der Familie bezüglich der jeweiligen Themen verändert. Von der Sicht, die störenden Verhaltensweisen des Sohnes und der Mutter/Ehefrau als Ausdruck von »Krankheit« zu werten, die von besonders dafür qualifizierten Personen behandelt werden müsste, verändern sich die Beschreibungen in der Familie eher in die Richtung, dass die Symptome als bedeutsame Anteile im Interaktionsgeschehen der Familie gewertet werden, für deren Handhabung die Familie selbst über eigene Ressourcen verfügt und dass es darum geht, diese zu aktivieren (vgl. auch Nicolai, 2018). Statt den Glauben an ein medizinisches Modell der Verursachung psychischer Störungen zu verfestigen (und mit ihm die Idee, dass beispielsweise nur Medikamente heraushelfen können), ist es im therapeutischen System offenbar gelungen, die Schwierigkeiten gemeinsam als »Familienproblem« zu beschreiben: »Aus der Sicht von Therapie als ›engagiertem Austausch von Wirklichkeitsbeschreibungen‹ lässt sich dann von Erfolg sprechen, wenn die Beschreibungen im ratsuchenden System sich durch die Impulse der Therapeuten verändern in Richtung auf Beschreibungen, in denen mehr Optionen bestehen als vorher« (von Schlippe et al., 1998, S. 75).

3.5 Eine »Wolke aus Erwartungs-Erwartungen«

> »Im Falle sozialer Systeme gelten uns Erwartungen als die Zeitform, in der Strukturen gebildet werden. Soziale Relevanz und damit Eignung als Struktur sozialer Systeme gewinnen Erwartungen aber nur, wenn sie ihrerseits erwartet werden können [...]. Nur so kann das Erwarten ein soziales Feld mit mehr als einem Teilnehmer ordnen.«
> Luhmann (1984, S. 411 f.)

Wenn eine Gruppe, ein Team oder eine Familie den Beratungsraum betritt, dann kann man sich vorstellen, dass sozusagen über den Köpfen der Ratsuchenden eine »Nebelwolke der doppelten Kontingenz« schwebt (vgl. Abschnitt 2.3.1): Keiner kann sich ganz sicher sein, wie er vom anderen gesehen wird, es könnte immer auch ganz anders sein. Alle Beteiligten sind darauf angewiesen, Erwartungen darüber zu entwickeln, wie sie jeweils von dem oder den anderen gesehen werden, wie diese zu einem stehen: die ebenfalls in Abschnitt 2.3.1 beschriebenen »Erwartungs-Erwartungen«. Das Gewebe aus Erwartungs-Erwartungen, also aus Vermutungen darüber, wie man vom anderen wohl gesehen wird und wie der andere wohl seinerseits glaubt, gesehen zu werden, macht das jeweilige soziale System aus.

Diese Erwartungs-Erwartungen werden nur selten ausgesprochen und geklärt, oft sind sie nicht einmal bewusst, sondern nur diffus gefühlt. Doch sie sind in jeder Interaktion wirksam und gerade im Fall, dass Menschen miteinander unglücklich sind, wird viel darüber nachgedacht und Erwartungen werden direkt oder indirekt verhandelt (»Wenn du mich wirklich lieben würdest, würdest du ...«). Wenn die Erwartungs-Erwartungen erst einmal infrage stehen, wenn die Unschuld der Selbstverständlichkeit verloren gegangen ist, bekommt die Kommunikation schnell etwas Quälendes. Missverständnisse häufen sich, weil jeder misstrauische Vorwurf es schwer macht, das dahinterstehende Bedürfnis beim anderen zu sehen – man hat genug mit der eigenen Kränkung zu tun. Wenn die Selbstverständlichkeit eines entspannten Umgangs miteinander verloren gegangen ist, kann viel Zeit darauf verwendet werden, darüber nachzugrübeln, ob, oder sogar ganz sicher davon auszugehen ist, dass man nicht geschätzt, nicht geachtet oder geliebt wird. Im Sinn selbsterfüllender Prophezeiung erzeugt das entsprechende Verhalten des einen beim anderen die Anspannung, die nötig ist, um die negative Erwartungs-Erwartung des einen zu bestätigen: Man könnte hier von der Selbstorganisation zwischenmenschlichen Unglücks sprechen.

Besonders prägnant ist dies bei Laing und Kollegen (1973, S. 37 f.) zusammengefasst:

> »Menschen denken ständig über andere nach und darüber, was andere über sie denken und was andere denken, dass sie über andere denken, usf. Man fragt sich, was wohl in den anderen vorgehe, man wünscht oder fürchtet, dass andere Leute wissen könnten, was in einem selbst vorgeht. Zum Beispiel empfindet ein Mann, dass seine Frau ihn nicht versteht. Was kann das bedeuten? Es könnte bedeuten, dass er denkt, dass sie nicht erkennt, dass er sich vernachlässigt fühlt. Oder er denkt, dass sie nicht erkennt, dass er sie liebt. Vielleicht denkt er auch, dass sie denkt, er sei kleinlich, wo er doch nur vorsichtig sein will, oder er sei grausam, wo er doch nur standhaft sein will, oder selbstsüchtig, wo er doch lediglich nicht wie ein Schwächling ausgenutzt werden will. Seine Frau empfindet vielleicht, er denke, dass sie denke, dass er selbstsüchtig sei, wo doch alles, was sie möchte, nur ist, ihn dazu zu bewegen, ein bisschen weniger reserviert zu sein. Möglicherweise denkt sie, dass er denkt, dass sie denke, er sei grausam, weil sie empfindet, dass er stets alles, was sie sagt, als Vorwurf auffasst. Sie denkt vielleicht, dass er denke, dass er sie verstehe, wenn sie denkt, dass er noch nicht begonnen habe, sie als reale Person zu sehen usw. [...]. Eine solche Spirale entwickelt sich z. B. immer dann, wenn zwei Personen einander misstrauen. Wir wissen nicht, wie Menschen zu einem Misstrauen gelangen, das diese formale Struktur annimmt, doch ist uns bekannt, dass solches Misstrauen verbreitet ist und dass es zuweilen endlos aufrechterhalten zu werden scheint.«

Viele systemische Interventionen zielen direkt auf die Klärung der Erwartungs-Erwartungen ab. Man richtet sozusagen einen »Nebel-

scheinwerfer« auf die »Wolke« aus Vermutungen und Vorannahmen und versucht, sie aufzuhellen:
- In der besonderen Form der zirkulären Frage wird eine Person im Beisein der anderen über diese befragt (»Tratschen in Anwesenheit«). Alle Anwesenden bekommen so die Chance, sich selbst im Spiegel der Beschreibungen der Person zu sehen und gegebenenfalls Vorannahmen zu korrigieren: »War Ihnen bewusst, dass Ihre Tochter denkt, dass Sie sich da ausgeschlossen fühlen?« – »Nein, ich hätte nie gedacht, dass sie das bemerken würde!«
- Ganz ähnlich gibt die Methode der Familienskulptur auf eine komplexe und dazu noch ganzheitliche Weise Rückmeldung über die Strukturen der Erwartungs-Erwartungen. Wenn etwa ein Familienmitglied aufgefordert wird, seine Sicht der Beziehungen in einer Skulptur in Gesten und Positionen darzustellen, ist das entstandene Bild oft für alle Betroffenen interessant: »Das hätte ich nie gedacht, dass du uns beide so nah zusammen siehst, das freut mich!« Es kann aber auch eine Konfrontation bedeuten: »Als du dich mit dem Gesicht zur Tür stelltest, kriegte ich einen Schrecken. Ist es so, dass du innerlich schon dabei bist, dich zu verabschieden?«
- Und schließlich erlebt eine Familie, die die Reflexionen des Reflektierenden Teams verfolgt, wie auf eine neue, wertschätzende und anregende Weise über sie gesprochen wird. Im Spiegel des Teams werden sie sozusagen unmittelbar und explizit mit ihren Erwartungs-Erwartungen konfrontiert – mit der Chance ihrer Veränderung, Schärfung oder Korrektur.

Über diese unterschiedlichen Formen können neue Bilder bei den Betreffenden entstehen, darüber, wie sie einander wahrnehmen und wie Beziehungen, in denen sie zu jemand anderem stehen, von Dritten erlebt werden (wir greifen diese Gedanken in verschiedenen Abschnitten immer wieder kurz auf). In allen Fällen geht es nicht darum, Informationen zu bekommen, die »Wahrheit« darüber herauszufinden, wie die Personen zueinander stehen, sondern die »Wolke« aus Erwartungs-Erwartungen aufzulockern, die Leute neugierig darauf zu machen, welche anderen möglichen Sichtweisen auf die Beziehungen es gibt. Nicht ohne Grund wird oft gesagt, dass der eigentliche therapeutische Prozess sich *zwischen* den Gesprächen abspielt, wenn die Familie – hoffentlich in einem konstruktiven und neugierigen Modus – über das Gespräch miteinander redet.

3.6 Alles, was gesagt wird, wird von einem Beobachter gesagt

> »Weißt du, die physiologische Medizin ist wie die Verhaltenspsychologie und die Darwin'sche Evolution. Alle diese Jungs sind darauf gedrillt, den Geist als Erklärungsprinzip auszuschließen und die […] Ausbildung nimmt sie sehr für diesen Materialismus ein.«
> Bateson (1993, S. 97)

Probleme sind keine Dinge, die man »haben« kann. Probleme »gibt« es eigentlich gar nicht. Es gibt nur Beobachter, die irgendetwas, einen Sachverhalt, als Problem beschreiben. Und erst wenn dieser Sachverhalt in die Kommunikation gelangt, »wird« er zum Problem. Man kann natürlich auch für sich allein ein Problem »haben« und sich damit quälen, dann bleibt es aber ein Phänomen der psychischen Innenwelt. Bearbeitbar wird es erst, wenn es in die Kommunikation gelangt. Die Systemtheorie sensibilisiert für die Beobachterabhängigkeit jeder Aussage: »Systemiker argumentieren nicht, wie die Welt ›wirklich‹ oder ›eigentlich‹ aussieht; sie beobachten, wie Beobachter die Welt beobachten, um sodann zu überlegen, ob es auch andere, brauchbarere Beobachtungsweisen geben könnte« (Groth, 2017, S. 18). Jede Beschreibung ist eine Beschreibung, die von jemandem ausgesprochen wird. So wird in der Intervention der Beobachter regelmäßig mitgedacht und miterfragt. Eine Klage wie: »Ich bin depressiv!« kann mit der Frage beantwortet werden: »Wer sagt das?« oder auch: »Woher wissen Sie das?« – anstatt etwa mit: »Wie lange haben Sie diese Krankheit?« (vgl. das vorhergehende Unterkapitel).

Entsprechend werden Probleme jeweils als kommunikatives Geschehen gesehen, an dem viele verschiedene miteinander interagierende Menschen beteiligt sind. Damit verschiebt sich der Fokus der Aufmerksamkeit von der Sache (»Seit wann, wie lange, wie schwer?« usw.) zu Perspektiven von Beobachtern (»Wer beschreibt es wie?«, »Wer beschreibt es anders?«, »Wer hat es als Erster bemerkt?«, »Wer würde merken, wenn es verschwinden würde?« usw.). So kann ein kontextuelles Verständnis von Störungen, Problemen und Anlässen entstehen und zugleich die Verdinglichung des Problems aufgelöst werden (ausführlich dazu beispielsweise Gergen, 2002). Es ist allerdings – auch das sei an dieser Stelle gesagt – dadurch nicht automatisch alles eigentlich ganz einfach und leicht lösbar. Der Respekt gegenüber dem anderen Menschen ist essenzieller Bestandteil systemischer Arbeit und fordert auch eine Anerkennung des Leids, das er oder sie mit sich trägt – auch und gerade, wenn nach anderen möglichen Beschreibungen und Perspektiven gesucht wird.

Der Beobachter wird auch in der Analyse der Beauftragungssituation mitgedacht (vgl. die einleitenden Überlegungen in Unterkapitel 3.1). Ein Auftrag wird nämlich praktisch nie (oder zumindest recht selten) von einer Person allein erteilt, meist sitzen andere, »virtuelle« Auftraggeber mit ihren Erwartungen mit im Raum (von Schlippe, 2014b). Es ist daher, wie gesagt, bei jeder Klärung des Rahmens der gemeinsamen Arbeit eine wichtige Aufgabe, sich über den Kontext der Beauftragung bewusst zu werden (s. a. Borst, 2018a, 2018b): Wer hat eine Perspektive auf das Beratungsgeschehen, wer hat welches Interesse an welcher Art von Ergebnis? In der systemischen Therapie war schon vor vielen Jahren die »Entdeckung des Zuweisenden« (Selvini Palazzoli, Boscolo, Cecchin u. Prata, 1983) eine Erkenntnis, die viele problematische Interaktionen zwischen Fachleuten in einem anderen Licht erscheinen ließ: Eine Fachperson, die eine Familie an eine andere Stelle verwies, verfolgte oft das Geschehen in der neuen Stelle mit einer gewissen Eifersucht: Ein erfolgreicher Prozess wurde von ihr als bedrohlich für das eigene Selbstwertgefühl empfunden und manchmal torpediert. Diese Erfahrung führte dazu, dass heute in der systemischen Praxis der Zuweisende als wichtiger Beobachter des Geschehens immer wertschätzend miteinbezogen sein sollte. Systemische Berater/-innen sollten hier lernen, der Verlockung zu widerstehen, den vorhergehenden Kollegen abzuwerten. Denn eine wie auch immer verschleierte Form von Hochmut kann einem recht unangenehm später selbst »auf die Füße« fallen. Es empfiehlt sich eine Haltung von Demut der Vorgängerin gegenüber: Was immer an Fortschritten in der Arbeit zu verzeichnen ist, ist auch ihrer Arbeit zu verdanken.

3.7 Potenziallandschaften hinterfragen

> »[…] dass die einfachsten Lösungen zwar im Moment die Spannung aufzuheben scheinen, aber erheblich größere Folgeprobleme produzieren.«
> Nassehi (2017, S. 26)

In der Theorie dynamischer Systeme werden psychische und soziale Prozesse gern mit dem Begriff »Potenziallandschaft« metaphorisch umschrieben, der vielleicht noch aus dem Physikunterricht bekannt ist: Ein Ball (hier als Metapher für ein Sozial- oder kognitives System zu sehen) rollt durch eine Landschaft, die sich durch Höhen und Täler auszeichnet. Je nachdem, wie die Landschaft beschaffen ist, rollt die Kugel leicht auf der Ebene, schnell, wenn es bergab geht, und langsam bergan. Wenn sie in einer »Potenzialmulde« gelandet ist, ist es für sie besonders schwer, wieder herauszukommen. Diese Mulde ist dann ein »Attraktor«, den das System aufgesucht hat. Es ist gut nachvollziehbar, dass es je nach Beschaffenheit des jeweiligen Kontextes, in dem die Kugel rollt, mehr oder weniger Kraft und Energie braucht, um sie in Bewegung zu bringen, während es viel leichter ist, die Richtung mit einem kleinen Stoß zu beeinflussen, wenn sie gerade oben auf dem Hügel liegt. Das ist dann der Moment, wo der »Schmetterlingseffekt« greift: Ein kleiner Impuls mag große Wirkungen nach sich ziehen, während der gleiche Impuls völlig verpufft, wenn die Kugel »unten« in der Mulde liegt.

Metaphorisch wird das »Verhaltens- und Erlebenspotential eines Menschen« durch diese Potenziallandschaft beschrieben (Schiepek, 1999, S. 269). Dieser bewegt sich oft wie »Sisyphos in der Potenzialmulde« (siehe Abbildung 4) und versucht, eine auf einen Attraktor hin festgefahrene Beschreibung, ein Problem, dadurch zu lösen, dass er es mit Kraft und Energie in die gewünschte Richtung schiebt – ohne Chance, aus dem einmal entstandenen Muster (sei es ein kognitiver oder ein kommunikativer Attraktor) wieder herauszukommen: Gefangen in einer »Problemtrance« (Clement, Fischer u. Retzer, 2015) – es *muss* doch einen Weg heraus geben, und der *muss* auch genau *der* sein (dass der Partner sich verändert, dass ein neuer Job kommt, dass man im Lotto gewinnt …), und gerade das passiert nicht, also fühlt man sich deprimiert und hilflos – schiebt man weiter den Ball den Berg hoch.

Die wichtige Frage für Berater oder Beraterin ist nun, wie man freundlich und empathisch sein kann, ohne sich selbst als Sisyphos zu betätigen. Es geht ja eher um Wege, wie eine Potenziallandschaft zu verändern ist und wie gewohnte Muster (Attraktoren) irritiert werden können.

Eine basale Heuristik (eine Heuristik ist so etwas wie eine »Anweisung für Pfadfinder«, die hilft, einen Pfad zu finden, auch wenn man keine Landkarte hat) ist hier eine freundliche Skepsis.

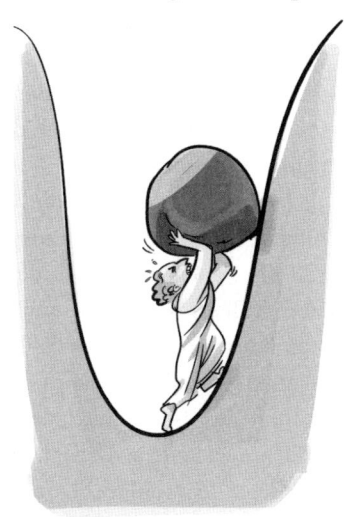

Abbildung 4: Sisyphos in der Potenzialmulde (© Björn von Schlippe, angeregt von Strunk u. Schiepek, 2006, S. 283)

Je mehr sich eine Therapeutin mit dem Ziel des Ratsuchenden identifiziert, desto mehr steckt sie mit ihm oder ihr in der Mulde fest. Die Faustregel heißt hier: *Derjenige sitzt »am längeren Hebel«, der weniger Interesse an Veränderung hat.*

Je mehr der Berater darauf dringt, dass ein Klient nun endlich erwachsen wird, mit seinen dreißig Jahren zu Hause auszieht, sich seiner Angst stellt, nicht mehr den Partner für die eigenen Probleme verantwortlich macht usw., desto mehr wird ihm sein Gegenüber zeigen, dass und warum dies unmöglich ist. Die freundliche Grundhaltung von respektvoller Skepsis gegenüber den jeweiligen

Änderungsvorhaben des Gegenübers birgt dagegen die Chance, dass die Veränderungsenergie bei *ihm* liegt: »Ich habe noch nicht verstanden, warum Sie ihre Angst loswerden wollen. Ich habe, glaube ich, verstanden, dass die Angst immer mal wieder hilfreich ist, dass es auch Vorteile dadurch gibt, die Ihnen verloren gehen würden.« – »Aber ich halte es nicht mehr aus!« – »Ich kann das hören, aber ich muss sagen, dass ich doch ein wenig skeptisch bin, ob es nicht doch letztlich mehr Argumente gibt, die dafür sprechen, die Angst zumindest vorerst noch zu behalten.« – »Nein, ich will es einfach nicht mehr!« Die Haltung des Beraters flacht sozusagen die Potenzialmulde ab und lässt zugleich die Energie für mögliche Änderungen beim Gesprächspartner.

Jeder Erwartung, die die Veränderungsenergie dem Berater zuschiebt (»Sagen Sie, Sie finden das doch auch unerträglich, oder?«, »Sie sind doch schließlich der Experte, was soll ich tun?«, »Lieber Herr Kollege, sorgen Sie endlich mal dafür, dass der Patient selbstständiger wird und dass die Eltern ihn loslassen!«), kann mit einer solchen freundlichen Skepsis begegnet werden, etwa indem man die Vorteile des Problemverhaltens betont, anstatt dagegen anzugehen: »Warum wollen Sie das verändern? Was wäre der Vorteil, wenn alles so bliebe? Ich weiß nicht, ob ich Ihnen im Moment empfehlen kann, etwas zu ändern« usw. Das ist kein »Trick«, sondern speist sich aus der Erkenntnis, dass Probleme auch als Lösungen angesehen werden können[23]: »Allem, was wiederholt auftritt, wird unterstellt, dass es einen Beitrag zum Überleben eines Systems leistet […]. Die passende Frageformel lautet: ›Welches ist das Problem, für das […] die beobachtbare Praxis eine Lösung ist?‹« (Groth, 2017, S. 30). Vor-

---

23 Man spricht hier auch von »funktionaler Analyse«. Diese »Theorietechnik« (Luhmann, 1984, S. 83 f.) »sieht sich also ihren Gegenstand als eine Lösung an, bezieht diese Lösung auf systemrelevante Probleme und entdeckt dabei Alternativen auf beiden Seiten. Diese Relationierung ermöglicht es dem Beobachter, Einzelereignisse als Systemereignisse aufzufassen« (Nassehi, 2012, S. 83). Für Therapie und Beratung heißt dies, davon auszugehen, dass ein psychisches oder soziales Phänomen irgendeinen Sinn hat, für irgendetwas nützlich ist (oder gewesen ist) und dass es hilfreich sein kann, von diesem möglichen Nutzen aus eine Veränderung skeptisch zu bedenken.

schnelle Lösungen können nämlich durchaus unwillkommen sein – wie es so schön in einem Lied von Annett Louisan heißt: »Geh mir weg mit deiner Lösung, sie wär' der Tod für mein Problem!« Ehe man nicht eine Idee davon hat, welcher Sinn sich möglicherweise hinter dem beklagten Verhalten verbergen mag, wofür es gut sein mag, dass sich nichts ändert, kann es sinnvoller sein, vorsichtig und skeptisch den Veränderungswünschen gegenüber zu sein, ohne – und das ist immer wieder wichtig zu betonen – zynisch zu werden.

3.8 Suche nach alternativen Geschichten

> »Mit Geschichten, die uns beschäftigen, schlafen wir abends ein, sie begleiten uns und verfolgen uns bis in die Träume hinein und stehen beim Erwachen wieder neben uns.«
> Schapp (2005, S. 1)

Systemische Praxis narrativ zu denken, bedeutet, wie in Abschnitt 2.3.3 beschrieben, sich bewusst zu machen, dass alle Erfahrungen, auf die wir uns beziehen, nicht mehr die Erfahrungen selbst sein können. Wir haben nur noch die Geschichten, die wir von diesen Erfahrungen erinnern. Die narrative Theorie will »die Bedeutung des Erzählens von Geschichten für das menschliche Denken und Handeln« nachvollziehen (Polkinghorne, 1998, S. 13). Unweigerlich ist man dabei mit Selektivität konfrontiert: Wie kommt es, dass *gerade diese Geschichte* erinnert wird und nicht die vielen anderen auch erlebten Geschichten, und wie kommt es, dass diese Geschichte *gerade auf diese Weise* und nicht anders erinnert und sinnhaft in ein zeitliches Ganzes gebracht wird? »Die reflexive Rückschau schafft eine vollständig ausformulierte Erzählung, indem sie das erinnerte, pränarrative Verständnis, das man zur Zeit des Geschehens besitzt, und das Verständnis, das man nach dem Ausgang der Episode hat, integriert. […] Die narrative Strukturierung operiert dialektisch: Sie arbeitet mit dem Gedächtnis, um vergangene Geschehnisse wiederaufleben zu lassen, sie arbeitet im Dienst der Fabelbildung, um Kohärenz und Geschlossenheit herzustellen« (Polkinghorne, 1998, S. 23 ff.). Manchmal wurde eine Geschichte, mit der man sich identifiziert, sogar nicht einmal selbst erlebt, sondern man hat sie von jemand anderem erzählt bekommen. Wie auch immer, Geschichten tendieren dazu, ein »Eigenleben« zu entwickeln und den Erzähler innerhalb der Grenzen gefangen zu halten, die sie selbst erzeugt haben (Efran, Heffner u. Lukens, 1992, S. 115).

Vor dem Hintergrund der narrativen Theorie wird in der systemischen Praxis versucht, die Selektivität zu hinterfragen, über die Erfahrungen von einem Menschen oder einer Gruppe von Menschen rekonstruiert werden: Welche Aspekte werden hervorgehoben, welche nicht? Welcher Sinn liegt darin, dass eine Geschichte gerade auf diese und nicht auf andere Weise erzählt wird? Welche anderen Möglichkeiten der Erzählung könnten noch gesucht und gefunden werden? Therapie und Beratung sind so etwas wie eine »Archäologie der alternativen Geschichten«, im Gespräch wird nach den »weißen Flecken« auf der inneren Landkarte gesucht. Ein Weg dahin ist die Frage nach Ausnahmen: Wann war es zuletzt anders, als gerade beklagt? Was war da anders, welche Fähigkeit hatte man zur Verfügung, dass man nicht … (z. B. begonnen hat, zu streiten, Angst zu haben; lustlos war usw.)? Michael White spricht hier von der »Historisierung von Ausnahmen«: Diese »erweist sich als besonders wirkungsvoll bei der Entwicklung alternativer Geschichten und eines neuen Wissens, deren Ursprünge zeitlich weit zurückliegen können, so als ob von der Gegenwart eine Brücke in die Vergangenheit reichte. Durch diese Historisierung erweist sich jenes alternative und ›bessere‹ Wissen häufig als älter gegenüber dem Wissen, das in den ›problemgesättigten‹ biographischen Beschreibungen enthalten ist« (White, 1992, S. 53).

Man kann fragen, welchen Geschichten der Gesprächspartner erlaubt, das eigene Leben zu bestimmen, und wer er sein könnte, wenn er ihnen weniger Macht einräumen würde. Die Geschichten können, wie man sagt, »externalisiert« werden: Der Erzähler wird der Geschichte gegenübergestellt, und die Beziehung zwischen ihm und der Geschichte wird zum Gegenstand des Gesprächs. Damit bestimmt ihn die Geschichte nicht mehr ganz und gar (White, 2010; White u. Epston, 1992).

Es kann auch danach gefragt werden, welche anderen Personen aus der Vergangenheit andere Geschichten erzählen könnten als die, die man gerade selbst erzählt bzw. auf deren Erzählung man sich immer wieder bezieht. Welche besonderen Fähigkeiten und Kompetenzen würden sie benennen können, mit denen der Betreffende in der Vergangenheit schwierige Zeiten überstanden hat?

Eine besondere Form des externalisierenden Arbeitens besteht darin, mit den Klienten gemeinsam herauszufinden, wie sie in bestimmte Erzähltraditionen eingeführt wurden und die »Historie der Verführung« in negative Sichtweisen hinein zu rekonstruieren.

> So fragt White eine Mutter, die sich als Versagerin fühlt, danach, wie sie in die Erzählung eingeführt worden sei, sie hätte als Mutter und als Mensch versagt: »Glaubte sie, dass Frauen dafür anfälliger seien und leichter zu der Sichtweise zu verleiten seien, ihren Kindern gegenüber versagt zu haben, oder waren etwa Männer leichter dazu zu bringen? Hier gab es für sie keinen Zweifel – Frauen waren hierfür eindeutig anfälliger« (White, 1992, S. 40). Aufbauend auf dieser Frage begann dann die Frau, sich schrittweise von dieser Tradition des Erzählens zu distanzieren.
>
> Ein anderes Beispiel entstammt der externalisierenden Arbeit mit einem gewalttätigen Mann: »Nun wollte ich von Robert wissen, in welche dieser Werthaltungen und Strategien er eingeführt worden war und wie man ihn aus seiner Sicht dazu gebracht hatte, sich entsprechend zu verhalten. Ich fragte ihn auch, in welcher Weise seine persönliche Umsetzung dieser Einstellungen und Strategien seine Beziehungen zu anderen Menschen geformt hatten. Robert wurde gebeten, zu diesen Einstellungen und Strategien Stellung zu beziehen. Wollte er weiterhin sein Leben diesem spezifischen Wissen unterordnen, wie man als Mann zu sein hatte? In welchem Maße hielt er es für angemessen und zumutbar, das Leben eines ›Instruments der Macht‹ zu führen? Inwieweit wollte er mit diesen Taktiken und Strategien kooperieren, die das Leben anderer Menschen so ruinieren konnten?« (S. 46).

All diese Vorgehensweisen lassen Räume neuer Möglichkeiten und alternativer Erzähllinien entstehen, die in einen Prozess des Neu-Erzählens der eigenen Lebensgeschichte (»Re-Authoring«) oder auch der Familiengeschichte münden können (Bruner, 1998; White, 1992) und als »Zurückeroberung des eigenen Lebens« erfahren werden (White, 2010, S. 112). Die ganze Bandbreite narrativer Interventionen kann hier nicht ausgearbeitet werden, sie ist ausführlich an anderer Stelle beschrieben (ausgezeichnet etwa bei Denborough, 2017; siehe auch Freeman, Epston u. Lobovits, 2000; White, 2010), eine sehr plastische und bewegende Fallgeschichte berichtet Tootell (2002).

3.9 Anwalt der Ambivalenz

> »Die Ordnung der Bezeichnungen wird [...] gestört, wenn wir sehen, dass Probleme immer auch Lösungen sind und dass Lösungen zugleich Probleme sein können.«
> Kleve (2012, S. 24)

Bei der Ambivalenz geht es »um Dualitäten, deren Pole sich gleichzeitig ausschließen und dennoch zueinander in einer Beziehung stehen« (Lüscher, 2013, S. 243; s. a. Lüscher u. Fischer, 2014). Eine Theorie, die explizit auf die Paradoxien achtet, die sich in unseren sozial konstruierten zwischenmenschlichen Lebenswelten ständig ereignen, muss gegenüber jeder Eindeutigkeit skeptisch sein, ja, sie gar »für einen Fehler« halten (Baecker, 2004, S. 14). Denn viele Aspekte der »dynamisch widersprüchlichen Mannigfaltigkeit« (Lüscher, 2012, S. 213) unserer Lebenswelt bedingen sich gegenseitig. Stierlin zeigt etwa am Beispiel der engen Verbundenheit zwischen Individuation und Bezogenheit diese ambivalenten Zusammenhänge unserer »Beziehungsrealität« auf: Individuation braucht Bindung. Im Prozess der Herauslösung aus genau dieser Bindung wird auf einem reiferen Niveau wieder ein anderer Grad an Bezogenheit möglich (Stierlin, 1989).

Der in Abschnitt 2.3.1 diskutierte Begriff der Polykontexturalität weist ebenfalls darauf hin, dass Ambivalenzen eigentlich selbstverständlich zu unserem Alltag dazugehören: Das, was in dem einen Kontext »richtig« ist, ist im anderen »falsch«. Das lässt sich eindrücklich am Beispiel von Unternehmerfamilien nachvollziehen: Eine »richtige« Entscheidung in der Logik der Familie (etwa alle Kinder gleich am Familienunternehmen zu beteiligen) kann in der Logik des Unternehmens (das, um entscheidungsfähig zu sein, eher nur ein Kind oder wenige Kinder in der Geschäftsführung sieht) als »falsch« erscheinen – genau aus dieser Spannung der Gleichzeitigkeit der Logiken von Familie und Unternehmen lassen sich viele Probleme dieser Familien erklären (vgl. Abschnitt 4.6.3; ausführlich hierzu siehe von Schlippe, Groth, u. Rüsen, 2017).

Zahlreiche Interventionen der systemischen Praxis leiten sich aus dieser in der Theorie fundierten Ambivalenzfreundlichkeit ab. Bekanntlich steht die systemische Community etwa der »Aufstellungsarbeit« nach Bert Hellinger sehr skeptisch gegenüber (ausführlich siehe etwa von Schlippe u. Schweitzer, 2012, S. 73). Diese Einstellung hat viel damit zu tun, dass diese Variante der Skulpturarbeit gerade auf Eindeutigkeit abzielt, indem sie auf die Aufdeckung der »Wahrheit« ausgerichtet ist und die verborgene Ordnung der Beziehungen ans Licht bringen will. Aus dieser Methodologie hat sich in neuerer Zeit jedoch eine systemische Form der Aufstellungsarbeit herausentwickelt, die gerade den Umgang mit Ambivalenz ins Zentrum stellt (Kleve, 2011; Sparrer u. Varga von Kibéd, 2018). In diesem Vorgehen geht es also gerade darum, durch Verkörperung, durch Embodiment, für die Ambivalenz einen Rahmen anzubieten, der die Ambivalenz aktiv bejaht. So dient beispielsweise das »Tetralemma« explizit dazu, eine Erstarrung im Denken in Dilemmasituationen nicht durch das Finden einer eindeutigen Entscheidung aufzulösen, sondern die Ambivalenz bewusst zu nutzen und offenzuhalten. Die für eine Ambivalenz kennzeichnenden gegensätzlichen Positionen sind »das eine« oder »das andere«. Diese Pole werden in der Aufstellung, durch Rollenspieler verkörpert, aufgestellt, dann aber noch um zwei weitere Positionen erweitert: »beides« und »keines von beiden«. Meist wird im Verlauf des Bearbeitungsprozesses noch eine fünfte Position hinzugenommen, die sich zudem auch noch selbst negiert: »Dies alles nicht, und auch das nicht!«

Die Erfahrungen, die man in diesen Aufstellungen macht, sind oft alles andere als klar und eindeutig (»Jetzt weiß ich, was ich zu tun habe!«), dafür beschreiben die Teilnehmer oft eine emotionale Bereicherung und eine deutliche Veränderung der belastenden Ambivalenzgefühle.

> Als kleines Beispiel möchte ich (AvS) eine Nachricht zitieren, die mir eine Coachingklientin etwa ein Jahr nach einer solchen »Tetralemma-Arbeit« schrieb – sie hatte die Sitzung selbst sehr verwirrt mit dem Gefühl verlassen, keine Idee zu haben, was ihr nächster Schritt sein würde: »[S]onst hätte ich vielleicht nie die Entscheidung getroffen, meine Stelle zu kündigen. Das war definitiv ein wichtiger Schritt für mich und ich freue mich, jetzt so viele positive Erfahrungen zu machen. Ich denke noch oft an das Tetralemma in deinem Büro und mein plötzliches Hungergefühl bei ›keins von beidem‹.«

Auch in anderen Formen nimmt die systemische Beratung eher die Position des »Anwalts der Ambivalenz« ein. So plädiert der saarländische Therapeut Rudolf Klein etwa für die Enttabuisierung mehrdeutiger Therapieziele in der Arbeit im Kontext von Alkoholabhängigkeit, wo man als Therapeut in besonderem Maße verführt ist, sich auf die Seite der Abstinenz zu stellen (Klein, 2014).

Fritz B. Simon und Gunthard Weber, die den Begriff des »Ambivalenzanwalts« geprägt haben, betonen, dass dies weniger eine oft schwer zu verwirklichende Allparteilichkeit beinhaltet als vielmehr eine skeptische Haltung des »Weder-noch« gegenüber jeder Position: »Zur Bewahrung der Position des außenstehenden Dritten ist die Weder-Noch-Einstellung erheblich einfacher in Szene zu setzen: Es reicht schon, Parteilichkeit zu vermeiden. Neben der Erleichterung des Therapeutendaseins spricht noch ein zweites Argument für die Weder-Noch-Neutralität: Sie ist nicht so sehr auf die Personen und Parteien fixiert, sondern sie richtet ihre Aufmerksamkeit auf die Ideen, an denen sich die Geister scheiden« (Simon u. Weber, 1990, S. 284). Ambivalenzfreundlich ist für sie das »Rote-Kreuz-Verhalten«: Sich heraushalten, um sich einzumischen.

Diese Skepsis kann sich dann zum einen im therapeutischen »Splitting« niederschlagen, bei dem z. B. im Rahmen eines Schlusskommentars (von Schlippe u. Schweitzer, 2012, S. 317 f.) die Darstellung der verschiedenen Seiten der Ambivalenz von unterschiedlichen Teammitgliedern übernommen wird (»einige im Team waren der Meinung …, während andere genau dagegen waren und meinen, dass …«). Zum anderen ist es auch eine wichtige Aufgabe für das Reflektierende Team (mehr dazu im nächsten Abschnitt), aktiv und beweglich in Bezug auf die verschiedenen Aspekte zu bleiben. Das heißt, wenn ein Mitglied des Reflektierenden Teams bemerkt, dass die Diskussion beginnt, sich auf eine Position festzulegen, versucht ein anderes, aktiv auf die andere Seite zu gehen.

In einem im Rahmen einer Arbeitsgruppe (JS) seit 2016 in Metallbetrieben und Krankenhäusern erprobten »Dilemmakompetenztrainings« (Schweitzer, Born, Drews u. Bossmann, 2019; Zwack u. Bossmann, 2017) erarbeiten wir mit mittleren Führungskräften Bewältigungsmöglichkeiten für ambivalente Entscheidungssituationen, bei denen jede der beiden Alternativentscheidungen mit hohen Kosten und unangenehmen Folgen für den Entscheidenden verbunden ist.

Beispielsweise muss eine Pflegedienstleitung beim Krankheitsausfall einer Mitarbeiterin ab Freitagnachmittag überlegen, ob sie eine bereits sehr strapazierte andere Kollegin am Wochenende aus dem verdienten »Wochenendfrei« zurückbeordert, die dann aber die Woche danach möglicherweise überlastungsbedingt krank werden könnte, oder ob sie selbst in dieser Wochenendschicht »einspringt«, dann aber nicht dazu kommt, die Einsatzplanung für den nächsten Monat rechtzeitig fertigzustellen. Das Akzeptieren der Tatsache, dass es keine optimale Lösung geben wird und dass beide Alternativfälle hohe Preise fordern werden, stellt einen ersten Schritt dar zu einer Entscheidung, die die Pflegedienstleiterin dennoch als relativ beste Entscheidung sich selbst und den anderen Beteiligten gegenüber verantworten kann. Weitere notwendige, anschließende Schritte sind das Hören auf die eigenen Emotionen, das Bewusstwerden der persönlichen und der betrieblichen Prioritäten sowie eine geschickte, nachvollziehbare Mitteilung der schlussendlichen Entscheidung gegenüber den davon Mitbetroffenen.

3.10 Selbstreferenz: Sein eigener Beobachter werden

> »Ein Beobachter kann nicht sehen, was er nicht sehen kann. Er kann auch nicht sehen, dass er nicht sehen kann, was er nicht sehen kann. Aber es gibt eine Korrekturmöglichkeit: die Beobachtung des Beobachters. Zwar ist auch der Beobachter zweiter Ordnung an den eigenen blinden Fleck gebunden, sonst könnte er nicht beobachten […]. Wenn er aber einen anderen Beobachter beobachtet, kann er dessen blinden Fleck […] beobachten. Und indem er das tut und damit seinerseits operierend die Welt durchpflügt, ist auch er der Beobachtung des Beobachtens ausgesetzt.«
> Luhmann, zit. nach Kneer und Nassehi (1993, S. 101)

Selbstreferenz ist die kontinuierlich mitlaufende Selbstbeobachtung eines psychischen wie sozialen Systems (Luhmann, 1984, S. 604). Durch sie bezieht sich ein System auf sich selbst, es beobachtet sich sozusagen dabei, wie es mit der Umwelt in Beziehung ist. Ein wesentlicher Aspekt der systemischen Praxis liegt darin, Menschen zu unterstützen, sich selbst dabei zu beobachten, wie sie kommunizieren und wie sie sich selbst und anderen Geschichten erzählen. Damit wird ein Rahmen bereitgestellt, der eine Beobachtung zweiter Ordnung ermöglicht: Man beobachtet sich selbst im Spiegel der Rückmeldung durch die Beraterin dabei, wie man die Welt beobachtet.

Und wie jede Beobachtung unterliegt auch die Selbstreferenz blinden Flecken, sie ist notwendigerweise selektiv: Wenn man beobachtet, kann man nicht gleichzeitig beobachten, wie man beobachtet. Das *Reflektierende Team* bietet einen Rahmen, wie sowohl für psychische wie auch soziale Systeme der Mechanismus der Selbstreferenz auf ganz besondere Weise therapeutisch nutzbar gemacht werden kann. Es handelt sich um ein spezifisches Setting, das von dem Norweger Tom Andersen entwickelt wurde (Andersen, 1990; Hargens u. von Schlippe, 2002), und das eine kollektive Selbstbeobachtung im Raum ermöglicht. Der Aufbau ist denkbar einfach: Ein therapeutisches Gespräch, das meist von einer einzelnen Beraterin geführt wird, wird von einem oder mehreren Beobachtern verfolgt. In ein bis drei Gesprächspausen hat das Klientensystem (sei es eine Familie, ein Paar oder eine Einzelperson) Gelegenheit, der Reflexion des Teams zuzuhören. Das Team spricht auf suchende, »konjunktivische« und wertschätzende Weise über die Gesprächsinhalte und bietet so einen Rahmen an, innerhalb dessen die Zuhörer ohne Anspannung den eigenen Gedanken nachhängen können (ausführlich hierzu siehe Hargens u. von Schlippe, 2002; von Schlippe, 2009; von Schlippe u. Schweitzer, 2012, S. 83 ff.). Die Grundidee ist, dass sie sich aus den Reflexionen nur das »heraussuchen«, was für sie etwas Neues bedeutet, was einen weiterführenden Aspekt einführt. Das Reflektierende Team bietet die Beobachtung der Beobachtung: Es spiegelt zurück, wie die Teammitglieder die Beobachtungen der Teilnehmenden des therapeutischen Gesprächs beobachtet haben.

Doch auch das Team kann nur *seine* Beobachtungen anbieten, es ist seinerseits eigenen blinden Flecken unterworfen. Entsprechend klar ist, dass hier keine »richtigen Deutungen« vorgenommen werden: Der Status der Aussage eines Teammitglieds ist nicht »höher« oder besser als der eines Teilnehmers des Gesprächs. Doch es eröffnet gerade deshalb einen offenen »semantischen Selbstbedienungsladen«, aus dem sich die Ratsuchenden »bedienen« können. Als Metapher kann hier das binokulare Sehen dienen: Erst durch das Sehen mit zwei Augen wird Tiefenwahrnehmung möglich. Die zweite, die reflektierende Beschreibung ermöglicht es, sich mit der Art und Weise, wie man selbst beschreibt, auseinanderzusetzen, und lässt eine besondere Tiefenwahrnehmung auf die eigene Weltsicht zu.

Dieser Zugang ist also eine Form, wie Selbstreferenz genutzt werden kann, um Selbstreferenz ihrerseits zu bereichern und blinde Flecken aufzuhellen. Man könnte fast denken, dass das einleitende Zitat darauf hindeutet, Niklas Luhmann (der ja alles andere als ein Praktiker war) habe hier die Form des Reflektierenden Teams vorweggenommen: Klienten werden Beobachter, die ihr eigenes Beobachten und ihre eigenen blinden Flecke reflektieren, indem sie dem Team zuhören und im Spiegel der Beobachtung des Teams sich selbst beobachten.

Abbildung 5: Selbstbeobachtung und Beobachtung der Beobachtung
(© Björn von Schlippe)

Wenn man auf die Form schaut, wird deutlich, dass es vor allem um die Nutzung von Perspektivität geht. Es ist, so gesehen, nicht unbedingt erforderlich, dass die Beobachter erster Ordnung (die Teilnehmenden am therapeutischen Gespräch) und die Beobachter zweiter Ordnung (die außerhalb des Gesprächs befindlichen Beobachter) verschiedene Personen sein müssen.

Genauso gut lassen sich für die beiden Ebenen der Reflexion im Raum zwei Bereiche abgrenzen. Die Teilnehmer des Beratungsgesprächs können eingeladen werden, in einem anderen Raumteil, der für die Beobachtung 2. Ordnung reserviert ist (vgl. Unterkapitel 3.10), eine »reflektierende Position« einzunehmen und so selbst zum Beobachter der eigenen Beobachtungen zu werden (von Schlippe, 2009). Hierzu braucht es nur einen anderen Platz, der als der Beobachtungsplatz definiert ist, und von dem aus man auf sich selbst zurückblickt. Dies ist mit einer entsprechenden Rahmung gut im Kontext von Psychotherapie und Beratung umsetzbar: Indem man im Kontext eines Gesprächs einen besonderen Raum einrichtet, in dem (z. B. auf anderen Stühlen) die Betroffenen mit der Beraterin über sich selbst in der dritten Person sprechen, können sie auf oft verblüffend leichte Art Beobachtungen und Hypothesen über sich selbst anstellen, zu denen man aus der Position als Gesprächsteilnehmer keinen Zugang hat. Es braucht dabei allerdings eine gewisse steuernde Moderation des Reflexionsgesprächs, um die Ratsuchenden zu unterstützen, bei der Reflexion zu bleiben, da dieses Setting ja zunächst für sie sehr ungewöhnlich ist. Doch man kann sich wie Münchhausen sozusagen am eigenen Zopf aus dem Sumpf der Erwartungs-Erwartungen ziehen, indem man die Kraft der Beobachtung zweiter Ordnung nutzt.

3.11 Fazit

> »[…] Theorien zu suchen, denen es gelingt, Normales für unwahrscheinlich zu erklären, […] normale Erfahrungsgehalte der Lebenswelt als immer schon gelungene, aber vielleicht auch anders mögliche Problemlösung darzustellen.«
> Luhmann (1984, S. 162 f.)

Es war das Ziel dieses Kapitels, zum einen für die Bandbreite systemischer Intervention zu sensibilisieren, und zum anderen zu zeigen, dass die Interventionen in ihrer Breite sich in je unterschiedlicher Weise auf unterschiedliche systemtheoretische Konzeptionen stützen, ja mehr noch, dass sie sich sozusagen wie selbstverständlich einstellen, wenn man beginnt, die Welt system(theoret)isch zu sehen.

Ein Aspekt ist der systemischen Praxis dabei insbesondere eigen: Als »angewandte Erkenntnistheorie« fragt sie immer wieder danach, in welcher Weise sie selbst an den Konstruktionsprozessen beteiligt ist, die sie scheinbar nur beobachtet und beschreibt. Die Beobachtung zweiter Ordnung ist in Theorie und Praxis gleichermaßen »eingebaut«: Die Systemtheorie »ist eine Theorie möglicher Theorien, die sich selbst einschließt, das heißt auch sich selbst unter dem Gesichtspunkt beobachtet, was sie mithilfe welcher Begriffe leistet und was nicht« (Baecker, 2016, S. 155; siehe auch von Schlippe, 2015,

S. 24). Die Überlegungen des vorhergehenden Unterkapitels gelten natürlich genauso für den Berater, der ein Gespräch führt: Auch er/sie ist blinden Flecken ausgesetzt, und das Wissen darum führt zwangsläufig in eine Haltung von Respekt und Demut (zumindest sollte dies theoretisch zu erwarten sein). Immer wieder geht es im Prozess darum, im Sinne des bereits erwähnten Bonmots Heinz von Foersters, die eigenen Interventionen zu reflektieren: »Ist meine Beschreibung geeignet, die Zahl der zur Verfügung stehenden Optionen zu vergrößern?« Mit dieser »eingebauten Selbstkorrektur« ist systemische Praxis in der Lage, sich auf Komplexität einzulassen und sich in ihr in dem Bewusstsein zu bewegen, dass es immer wieder darauf ankommt, den Möglichkeitsraum zu vergrößern. Das Prinzip der mitlaufenden Selbstbeobachtung gilt dabei sowohl für die beraterische Arbeit selbst als auch für ihre Reflexion.

Gerade der letzte Aspekt ist sehr bedeutsam. Denn in unserer Argumentation haben wir uns im engeren Sinne auf eine Praxis bezogen, die sich explizit systemisch/systemtheoretisch herleiten lässt. Wenn es jedoch im weitesten Sinn um die Frage geht, wie sich der Raum an Optionen erweitern lässt, wird schnell klar, dass systemische Praxis offen für andere Formen und Zugangsweisen sein muss, sofern sie unter diesen weit gefassten Rahmen passen und in systemische Arbeit integrierbar sind. Insbesondere gilt dies für Verfahren, die sich bereits von sich aus als der systemischen Praxis nah definieren, etwa Hypnotherapie (Schmidt, 2014) oder Vorgehensweisen, die andere Ebenen, etwa die körperliche, miteinbeziehen (Bohne, 2016; Clement, 2016; Tschacher u. Storch, 2017; Wienands, 2010).

Letztlich entscheidend bleibt aber die Frage, ob – wie in Unterkapitel 3.4 diskutiert – im Gespräch auf eine wertschätzende Weise ein Unterschied zu der Beschreibung des Gegenübers eingeführt wird, der tatsächlich einen Unterschied »macht«[24], also geeignet

---

24 Eigentlich eine für unser Sprachgefühl schwer erträgliche Verdeutschung des »Makes a Difference«, aber wir beziehen uns hier auf Bateson, und das »Es ergibt einen Unterschied« passt nicht so gut.

ist, eine konstruktive Veränderung im Weltbild, in der Selbstbeschreibung des anderen anzuregen, die mit weniger Leid, erlebtem Druck, Selbstabwertung usw. einhergeht. So gesehen könnte gerade der systemische Ansatz helfen, den frustrierenden »Schulenstreit« der verschiedenen Zugänge zu menschlichen Lebenswirklichkeiten zu überwinden.

4 Settings systemischer Interventionen

>»Es geht um die Herstellung der optimalen Grundstimmung für den therapeutischen Prozess. Ein Dialog, der zwischen zwei Personen stattfindet, kann nicht derselbe sein, der zwischen drei Personen stattfindet […].
>Die Frage […] bleibt: Wie und wo findet eine optimale Kanalisierung der Motivation für Veränderung statt? Welche Personenzusammensetzungen, Erweiterungen, Begrenzungen sind eher hilfreich?«
>Ahlers (1996, S. 259, 261)

In diesem Kapitel soll kursorisch beschrieben werden, in welche unterschiedlichen Settings hinein sich systemische Praxis mittlerweile ausdifferenziert hat. Wir konzentrieren uns dabei auf Systemstrukturen, bei denen man den Beteiligten noch jeweils in die Augen schauen kann, also Familien (hier auch auf Unternehmerfamilien als Sonderform von Familie), Paare, Elternpaare, Teams und auf die Arbeit mit Einzelpersonen. In all diesen Strukturen geht es schwerpunktmäßig um die Klärung persönlicher Beziehungen (auch bei Teams, auch wenn es dort darüber hinaus oft um die Abgrenzung von Beziehungs- und Aufgabenorientierung geht).

Organisationen, die sich als soziale Systeme über Entscheidungskommunikation reproduzieren (Luhmann, 2000), weisen in der Regel auch einen höheren Komplexitätsgrad auf, ihre Eigendynamik spielt sich auf sehr unterschiedlichen Ebenen ab. Daher sind in der Organisationsberatung umfangreichere Beratungsarchitekturen erforderlich, die sich auf Organisationsdesign und -steuerung, Strategie, Personalentwicklung, Kommunikationsblockaden, Zusammenarbeit der Abteilungen usw. richten. In der konkreten Arbeit geht es dann darum, diese Aspekte miteinander zu verbinden. Beispielsweise werden Projektsteuerungsteams aufgestellt, die auf verschiedenen organisationalen Ebenen und Abteilungen agieren, ein Feedback über die eingeleiteten Veränderungsaktivitäten kann dann über Resonanzgruppen eingeholt werden und vieles mehr. All dies hier auch nur ansatzweise zu skizzieren, würde den Rahmen dieses Bandes sprengen. Wir verweisen an dieser Stelle deshalb exemplarisch auf Literatur, die unseres Erachtens aus systemischer Sicht hierzu entscheidende Beiträge liefert (Glatzel u. Lieckweg, 2014; Heitger u. Serfass, 2015; Königswieser u. Hillebrand, 2013; Nagel, 2007, 2014; Nagel u. Wimmer, 2014; Wimmer, 2010, 2012).

Auf alle kleiner dimensionierten Sozialsysteme dürfte die Logik systemischer Interventionen, wie sie in diesem Buch diskutiert wird, mit entsprechenden Anpassungen übertragbar sein. Wenn hier ein Schwerpunkt auf die Familie gelegt wird, dann ist dies der Geschichte geschuldet, aus der heraus sich die Familientherapie und nachfolgend der systemische Ansatz herausbildete. Familie wird hier also als der Sonderfall eines Kommunikationssystems herangezogen, in denen die Akteure eng aufeinander bezogen sind.

Zu Beginn der 1950er Jahre bedeutete die Einführung der »Conjoint Family Therapy«, also der Therapie mit der ganzen Familie, noch eine so tiefgreifende Veränderung gegenüber dem klassischen Setting, dass diese Erfahrung die Pioniere damals dazu anregte, zu fordern, dass man immer mit der ganzen Familie arbeiten müsse.[25] Heute wird die Festlegung auf ein spezifisches Setting eher kritisch gesehen, lassen sich doch *viele* Kontexte denken, in denen Sinnsysteme zu Musterveränderungen angeregt werden können. Und: Warum sollte ausgerechnet Blutsverwandtschaft das Kriterium, und auch noch das einzige, für die Analyse eines als bedeutsam angesehenen Kommunikationssystems sein?

---

25 Von der sogenannten »Mailänder Schule« um Mara Selvini Palazzoli wurde etwa berichtet, dass eine Familie durchaus schon einmal zurückgeschickt wurde, wenn etwa eine Schwester nicht mitgekommen war, auch wenn die Familie eine 1.000 Kilometer lange Reise von Sizilien aus nach Mailand gemacht hatte.

Die Vorgehensweisen in den verschiedenen Settings haben eines gemeinsam: Sie sollen im Sinne der im vorigen Kapitel aufgeführten Logiken sinnbasierte Systeme (also psychische und soziale) dazu anregen, eingefahrene Muster ihrer Sinngenerierung zu verlassen und die Dinge auf andere als die gewohnte Weise zu beschreiben. Dazu muss man nicht immer und unbedingt »die ganze Familie« sehen, genauso wenig ist es immer nötig, das »ganze Team« oder die Organisation als »Ganzes« zu sehen. Zugleich muss man sich bewusst sein, dass jedes Setting, egal welches man wählt, auch eine Form der »Intervention« ist (Rufer, 2018), und dass es daher sinnvoll ist, eine Idee davon zu bekommen, wie diese vom Gegenüber eingeordnet und verstanden wird.

Vielfach wird heute in einem Vorgespräch mit dem-/denjenigen, die den Kontakt aufnehmen, die Formel angeboten, dass jeder eingeladen sei, der glaubt, einen hilfreichen Beitrag zur Lösung der zu bearbeitenden Probleme leisten zu können. Eine solche Formulierung vermeidet es zum einen, dass ein »Sündenbock« oder Problemträger benannt wird. Ja, der »Symptomträger«, etwa ein Kind oder Jugendlicher, braucht nicht einmal selbst mitzukommen: Es geht ja um Musterveränderung (und die ist auch über andere Wege, etwa das Elterncoaching, möglich). Zum anderen eröffnet sich damit ein kooperativer Raum: Wer am Gespräch teilnimmt, wird ganz selbstverständlich als jemand angesehen, der einen wichtigen Beitrag zu leisten hat.

Die gemeinsame Arbeit beginnt also mit einer Beziehungsdefinition, die jeden, der im Raum sitzt, positiv beschreibt – die Chance, dass alle sich aktiv an Lösungssuche beteiligen, ist natürlich höher, wenn das Selbstwertgefühl von jedem Akteur hoch ist (aus diesem Grund ist es auch wichtig, immer darauf zu achten, wo sich hinter mangelnder Kooperationsbereitschaft oder anklagendem Verhalten möglicherweise bei den Betroffenen Scham- und Schuldgefühle verbergen, vgl. Abschnitt 3.1.2).

4.1 Settings im Kontext Familie

4.1.1 Das »klassische« Setting: Familie und Berater/-in

> »Die Familie weiß alles, missbilligt es aber grundsätzlich.
> Andere wilde Indianerstämme leben entweder auf
> den Kriegsfüßen oder rauchen eine Friedenszigarre:
> die Familie kann gleichzeitig beides.«
> Tucholsky (2013, S. 329)[26]

Natürlich ist bis heute die Familientherapie ein wichtiger Aspekt systemischen Arbeitens geblieben, auch wenn dieses Setting zunehmend durch andere Zusammenstellungen ergänzt und ersetzt wird. Die Familie ist und bleibt der Ort, in dem menschliche Entwicklung in der Regel ihren Ausgangspunkt nimmt (Schneewind, 2012, 2019). Die Art, wie die Familie mit den sich stellenden Problemen des Alltags umgeht, ist für die Familienmitglieder entscheidend: Überwiegen Muster von wechselseitiger Anklage und Verteidigung, von Entwertung und Demütigung, oder ist es möglich, sich als Gemeinschaft zu verstehen, in der jeder eine Stimme hat, die zählt?

Virginia Satir, eine der Gründerfiguren der Familientherapie, stellte gern die Frage, ob man die anderen Familienmitglieder eigentlich selbst als die Menschen erlebt, mit denen man am liebsten zusammen ist und auf die man am ehesten zurückgreifen möchte, wenn es einem nicht gut geht (Satir, 1990). Wenn das nicht der Fall ist, so sagte Satir, dann solle man beginnen, zunächst darüber zu sprechen. Denn dann ist das verloren gegangen, was Familie ausmacht – und was vermutlich jedes Familienmitglied eigentlich gern möchte: für den anderen ein Vertrauter sein und bei eigenen Sorgen den anderen als engen Vertrauten ansprechen zu können – auch und vielleicht gerade in Phasen, wenn es um Abgrenzung und Loslösung geht, wie in der Pubertät.

Doch vielfach erleben sich auch Familien, die sich »eigentlich« gut verstehen, den Dynamiken der Kommunikation zu manchen Zeiten oder Entwicklungsperioden hilflos ausgeliefert. Denn, wie

---

26 Unter dem Pseudonym Paul Panther in der »Weltbühne« 1923 veröffentlicht.

bereits anfangs gesagt, Kommunikationssysteme entwickeln Eigendynamiken, die durch die Intentionen Einzelner nicht steuerbar sind. Wenn es erst einmal zu Missverständnissen gekommen ist, dann können die Versuche, diese zu korrigieren, diese sogar noch immer weiter vertiefen. Da Familienmitglieder in der Regel keine Experten für Kommunikation sind, können dann Kreisläufe von personenbezogenen Schuldzuschreibungen und Vorwürfen beginnen. Kausalität (»Es liegt alles an dir!«) wird erlebt, nicht nur kognitiv zugeschrieben. Und selbst wenn man reflektiert, dass Kausalität nur eine Konstruktion, eine »Landkarte« ist, können sich nicht einmal systemische Praktiker etwa im eigenen Paarkonflikt der Wucht dieses Erlebens entziehen (wie wohl zumindest einige Leserinnen und Leser – so wie auch wir selbst – aus eigener Anschauung wissen …).

Systemische Praxis eröffnet hier die Möglichkeit, sich aus solchen negativen Kreisläufen zu befreien und die unterschiedlichen, oft nicht ausgesprochenen »Erwartungs-Erwartungen«, um die es im vorhergehenden Kapitel ging, zu klären.

Das methodische Inventar wurde bereits erwähnt. Besonders hilfreich kann es sein, mit den Betroffenen in reflektierende Positionen einzutreten (vgl. Unterkapitel 3.10), sodass man mit ihnen über die erlebte Kausalität sprechen und gemeinsam überlegen kann, wohin sie einen führen mag. Und natürlich kann auch anderes systemisches Instrumentarium helfen, kommunikative Sackgassen wieder gangbar zu machen, etwa das zirkuläre Fragen (»War Ihnen das klar, dass Ihre Schwester Ihr Schweigen als persönliche Kränkung verstand?« – »Nein, das wusste ich nicht und das tut mir leid. Ich war einfach nicht dazu gekommen, anzurufen!« – »Denken Sie, dass Ihre Schwester Ihnen das glaubt?« – »Ich kann mir vorstellen, dass sie misstrauisch ist, aber ich würde mich freuen!« usw.). In ganz ähnlicher Weise können Skulpturen helfen, das Beziehungsgefüge der Familie zu verdeutlichen und Erwartungs-Erwartungen zu klären (»Überrascht es Sie, dass Ihre Frau Sie an diesen Ort gestellt hat?« – »Ja, es freut mich auch, dass sie mich mit dem Blick auf die Familie hingestellt hat. Ich denke oft, dass sie meint, ich hätte kein Interesse an ihr und den Kindern – aber vielleicht ist das gar nicht so!«).

Derartige Klärungen können auch durch unmittelbare Kommunikation im Sprechzimmer erfolgen. Der Begriff hierfür ist das bereits in Unterkapitel 3.2 erwähnte »Enactment« (Minuchin, 1977), das dem Prinzip: »Experience before Explanation« (Taibbi, 2007, S. 37) folgt: Im Familiengespräch (und das gilt natürlich auch für Team- und andere Gespräche) kann es möglich werden, über Themen, die zu Hause in Streit oder Schweigen münden, unter Moderation der Beraterin zu sprechen (»Sagen Sie es ihm/ihr doch einmal direkt!«). So kann die Erfahrung gemacht werden, dass anders zugehört wird oder dass mit kritischen Themen anders umgegangen wird als gewohnt, manchmal mit etwas moderativer Übersetzungshilfe (»Darf ich einmal übersetzen, was ich als Botschaft Ihres Mannes an Sie verstanden habe?«). Die Erfahrung, sich in existenziellen Gesprächen miteinander auseinanderzusetzen, kann für alle Beteiligten sehr bewegend sein – und Ausgangspunkt dafür werden, dass sich neue kommunikative Muster entwickeln (»Ordnungs-Ordnungsübergänge«, wie die Theorie dynamischer Systeme sie nennt), die die Chance in sich tragen, weniger belastend zu sein.

Familientherapie ist, wie gesagt, heutzutage immer weniger Therapie mit einer ganzen Familie. Es gibt so viele ungewöhnliche Formen, wie Menschen zusammenleben, dass »biologische Verwandtschaft« als Kriterium für Familienarbeit unzureichend ist. Ja, vielleicht stellt die konventionelle Familie ein Auslaufmodell dar, leben heutzutage doch sehr viele Familien »unkonventionell« zusammen (Funcke, 2017; Funcke u. Hildenbrand, 2009). Die Variation ist breit. Es gibt (viele) Alleinerziehende mit Kindern, Kinder leben in Stieffamilien oder in Adoptiv- und Pflegefamilien. Und es gibt Paare, die als gleichgeschlechtliche Eltern Kinder gemeinsam großziehen. Für all diese Konstellationen sehen die erlebten Problemfelder und die jeweils zu besprechenden Themen anders aus (ausführlich hierzu Funcke u. Hildenbrand, 2009).

4.1.2 Multifamilientherapie

> »Multifamilientherapie (beinhaltet) einen massiven Paradigmenwechsel in der Therapeutenrolle weg von der traditionellen therapeutischen Helferposition und hin zu der Haltung, Familien nicht zu entmündigen, sondern dazu zu befähigen, anderen und sich selbst zu helfen.«
> Asen und Scholz (2017, S. 19)

Bereits früh wurde im Rahmen systemischer Konzepte begonnen, auch mit Gruppen von Familien zu arbeiten. Dabei wurden systemische und gruppentherapeutische Ansätze zusammengeführt. In der Multifamilientherapie (Asen, 2009; Asen u. Scholz, 2009; Asen, 2018) werden jeweils mehrere Familien mit ähnlichen Problemstellungen in einer Gruppe behandelt, auf diese Weise wird ein neues Unterstützungspotenzial ermöglicht. Die Erfahrung, nicht allein betroffen zu sein und sich zu solidarisieren, bringt eine neue Dimension in die Arbeit. Scham und Isolation werden überwunden, zudem kann man leichter die Konfrontation von einem Mitbetroffenen annehmen als von einer Fachperson.

Es kann mit Rollenspielen gearbeitet werden, in denen einer Familie die eigenen Kommunikationsmuster durch eine andere Familie vorgespielt werden. Auch hier lässt sich die Arbeit mit Reflektierenden Teams bzw. Positionen gut nutzen: Beispielsweise bilden im »Goldfischaquarium« die Kinder den äußeren Kreis (die »Katzen«) und hören den Gesprächen der Elterngruppe (die »Goldfische«) zu, die über ein bestimmtes Thema sprechen. Anschließend sprechen die Kinder über das Gehörte, die Erwachsenen hören zu (Asen, 2009, S. 230).

Eine besondere Erfahrung dieser Art von Setting, bei der Gruppen einander in Gesprächen beobachten und wechselseitig den »Spiegel« vorhalten, ist, dass die Eltern zunehmend autonomer werden können. Es wird vielfach die Chance genutzt, dass aus der Gruppe heraus gegenseitige Unterstützung entsteht. Dieses Vorgehen kann eine durchaus konfrontative Lebendigkeit in die Arbeit bringen, es eignet sich übrigens auch für andere Formen von Gruppen, etwa in der Arbeit mit Jugendlichen in der Kinderpsychiatrie (Caby, 2001, 2002).

Auch die Multifamilientherapie ist bei sehr unterschiedlichen Problemen erprobt und in ihrer Wirksamkeit in zahlreichen Studien bestätigt worden (zu einer Übersicht siehe Asen, 2009).

4.1.3 Multidimensionale und Multisystemische Familientherapie

> »Die multisystemische Therapie (MST) wurde entwickelt [...], um die Grenzen zu überwinden, die den bestehenden Fürsorgeeinrichtungen für die Förderung der seelischen Gesundheit jugendlicher Gewalttäter gesetzt sind. MST gilt heute als wirksame Methode, um kriminelle und gewaltbereite Jugendliche zu behandeln.«
> Borduin (2009, S. 236)

Diese beiden Ansätze sind ebenfalls als Familientherapie konzipiert. Besonders die Multidimensionale Familientherapie (Spohr, Gantner, Bobbink u. Liddle, 2011; Gantner u. Liddle, 2018) stellt durch ihren Begründer, den amerikanischen Familienpsychologen Howard Liddle, einen expliziten Brückenschlag zwischen Familienpsychologie und Familientherapie dar (Liddle, Santisteban, Levant u. Bray, 2006, s. hierzu auch Schneewind, 2012, 2019). Die Multidimensionale (im Folgenden MDFT) wie auch die Multisystemische Familientherapie (Borduin, 2009; Henggeler, 1999; Rhiner, 2018) verstehen sich jeweils schwerpunktmäßig als Modell für die Arbeit mit hochgradig gefährdeten Jugendlichen. Sie sehen die Problematik des Kindes als komplexes Phänomen, das nicht ausschließlich auf den betroffenen Jugendlichen zurückzuführen ist. Daher wird versucht, so viele bedeutsame Systeme wie möglich in die Arbeit miteinzubeziehen, um diese möglichst effektiv zu gestalten.

Die vier Interventionsebenen der MDFT sind: der Jugendliche, seine Eltern, die Familie und das außerfamiliäre Umfeld. Es wird versucht, auf so vielen Systemebenen wie möglich verändernde Interaktionsprozesse anzustoßen. Denn gerade bei schwerwiegenden Problematiken wie Drogenmissbrauch oder kriminellem Verhalten sind, so die Überlegung, Verfahren, die sich psychotherapeutisch ausschließlich auf den »Patienten« beziehen, zum Scheitern verurteilt (Borduin, 2009, S. 237). Es geht darum, die Vielfalt der Erlebniswelten des Jugendlichen zu verstehen und auf all diesen Ebenen, wo immer möglich, anzusetzen, d. h. auch eine Brücke zwischen der Arbeit mit der Familie und dem Versorgungssystem herzustellen (Schoenwald u. Henggeler, 2006).

Es ergibt sich nahezu folgerichtig daraus, dass im Regelfall nicht ein klassisches Setting wie etwa »eine Therapiesitzung pro Woche« angeboten wird. Vielmehr wird in beiden Konzepten oft mehrfach pro Woche interveniert, in unterschiedlichen personellen Zusammensetzungen, durchaus auch telefonisch. Die MDFT geht von zwei bis vier Sitzungen bzw. Telefonaten pro Woche aus (Spohr et al., 2011, S. 30).

4.1.4 Aufsuchende Arbeit mit Multiproblemfamilien

> »Wo keine Hoffnung ist, muss man sie erfinden!«
> Conen (2002)

Mit diesem Bonmot ist ein Buch überschrieben, das sich mit einer Variante der therapeutischen Arbeit befasst, die nicht in das klassische Schema hineinpasst, nach dem ein Therapeut/eine Beraterin im Sprechzimmer darauf wartet, dass die Familie erscheint. Vielmehr geht es um Familien, die aus vielen Gründen so demotiviert sind, dass sie nur wenig Möglichkeiten der Veränderung ihrer Lage sehen – im Gegenteil, sie befürchten eher, dass sich ihre Lebenssituation noch weiter verschlechtert, dass ihnen Kinder fortgenommen werden oder Ähnliches: »Veränderungen bedeuten für diese Familien oft, vom Regen in die Traufe zu kommen« (Conen, 2002, S. 42). Kein Wunder, dass sie auch Beratungsangeboten oft mehr als skeptisch gegenüberstehen. Es ist meist kein Kontext von Freiwilligkeit, oft steht der Druck von Behörden (Jugendamt, Sozialamt), Schulen usw. im Raum. Vielfach geht es hier darum, dass solche Familien im Rahmen von sozialpädagogischen Familienhilfemaßnahmen von Fachkräften besucht werden.

Ein solches Setting unterscheidet sich natürlich dramatisch von dem gewohnten Bild von Beratung: Die Familie ist »Gastgeber«, die

Beraterin ist zunächst »Gast«, zugleich geht es auch hier darum, im Kontext gewöhnlichen Alltagsdurcheinanders ein Gesprächsangebot zu verwirklichen, das hilfreich ist.

Die Skepsis und der Pessimismus der Familie (oft sind es ja auch Alleinerziehende) sind oft groß. Die Sorge, möglicherweise Aufenthalts- oder Sorgerechte am Kind zu verlieren, erschwert den Zugang. Hier ist es wichtig, das Zögern, die Unfreiwilligkeit (auch) als eine Form von »Lösungsverhalten« zu sehen (Conen, 2005, 2015) und zu versuchen, mögliche Bedeutungen unfreiwilligen Verhaltens zu verstehen und darin liegende Kooperationspotenziale zu erschließen. Denn im Widerstand gegen den Auftrag der Behörde und die damit verbundene Zuschreibung von Problemursachen steckt vielleicht auch eine Ressource (man wehrt sich gegen die Zuschreibung der »Schuld«) und damit der Keim des eigenen Selbstwertgefühls – ganz zu schweigen davon, dass die Familien sich auch gegen gefährliche Hoffnungen schützen, die am Ende (wieder) in Enttäuschungen münden (ausführlich mit »kranker« Hoffnung befassen sich etwa Omer u. Rosenbaum, 2006).

In diesen Situationen kann die Grundlage für eine Kooperation mit der Familie in einem Angebot der folgenden Form liegen (Conen, 2015, S. 109):

»Wie können wir Ihnen helfen,
- dass die anderen Sie in Ruhe lassen?
- dass andere nicht mehr denken, Sie hätten …
- dass andere nicht mehr meinen, Sie hätten Probleme mit …
- dass Sie mich wieder loswerden?«

Auf diese Weise verbindet sich der Berater mit dem Anliegen der Familie, die dritte Partei zufriedenzustellen, und unterstützt die Familie bzw. den unfreiwilligen Ratsuchenden explizit im Widerstand gegen den Berater, also gegen sich selbst. Er vermeidet es zugleich, in diesem diffizilen Dreiecksverhältnis einseitig Partei gegen den Dritten, also den Auftraggeber, zu ergreifen (nach dem Motto: »Versteh ich auch nicht, was die von Ihnen wollen, Sie sind doch ganz in Ordnung!«) oder gar die Kooperation zu riskieren, indem er sich ganz auf die Seite des Externen schlägt (»Hier muss jetzt mal durchgegriffen werden, das geht hier wirklich bei Ihnen nicht so weiter!«). Stattdessen wird geklärt, was der externe Auftraggeber erwartet und wie er/sie möglichst schnell zufriedengestellt werden könnte: »Wenn Sie schnell ohne meine Hilfe auskommen wollen, was denken Sie, müsste das Jugendamt bei Ihnen sehen oder beobachten, um zu sagen, Sie bräuchten nicht mehr mit mir zusammenzuarbeiten?« (Conen, 2015, S. 110).

So wird an das vordringliche Hauptanliegen der Familie angeschlossen, nämlich so wenig Ärger wie möglich zu haben. Ein Minimum an Kooperation kann dann auf diese Weise vielleicht erreicht werden, das die Chance birgt, Ausgangspunkt einer langsam vertrauensvolleren Beziehung zu werden. Wenn diese entstanden ist, lassen sich viele therapeutische Möglichkeiten in die Arbeit miteinbeziehen.

So bietet die »Kinderorientierte Familientherapie« einen Ansatz, wie Eltern und Kinder gemeinsam lernen, wieder spielerisch miteinander umzugehen (Reiners, 2013, S. 237 ff.). Ausgangspunkt ist die Überlegung, dass da, wo in der Familie wieder ein konstruktives, gemeinsames Spiel möglich wird, dann auch im Alltag andere gemeinsame Aktivitäten mit größerer Wahrscheinlichkeit gelingen werden. Gerade in Familien, in denen wenig kindgerecht kommuniziert wird und die Kinder sich eher über negatives Verhalten elterliche Aufmerksamkeit holen, kann das gemeinsame Spiel eine neue Facette in die Familie bringen (S. 241 ff.).

Von besonderer Schwierigkeit ist die Komplexität der Auftragslage, in der sich eine Familienhelferin in diesem Zusammenhang befindet: Oft ist es sehr schwer, in dem Geflecht unterschiedlicher und einander widersprechender Aufträge Klarheit zu gewinnen. Die große Falle zu erkennen, die im vermeintlich klaren (und zugleich unlösbaren) Auftrag liegt: »Mach es besser als die Eltern!« (Conen, 2015, S. 23), heißt noch nicht, zu wissen, wie man aus der Falle wieder herauskommt. Wichtig ist hier, immer den Kontext der unterschiedlichen Helfer mit zu reflektieren, auf die Kollegen und Kolleginnen mit einer respektvollen Haltung zuzugehen und zugleich jeden Schritt mit einer freundlichen Skepsis anzugehen. Insgesamt ist es eine große Herausforderung für die Beraterin, sich in einem Feld widersprüchlicher Interessen und oft nur indirekt ausgedrückten Wünschen, Erwartungen und verdeckten Aufträgen zurechtzufinden.

4.2 Kontext Paarbeziehung

> »Der letzte Patient, der schwierigste und doch der zarteste, ist die Ehe. Das ›Lackmus-Papier‹ wird sich färben – rosa durch die Säure des Zorns und blau durch die alkalische Farbe der Trauer. Wenn wir Glück haben, wird diese Ehe nicht sterben.«
> Keith und Whitaker (1999, S. 134)

In der Arbeit mit Paaren sind Beratende besonders gefordert. Anders als in der Familientherapie entsteht in der Paartherapie schnell eine »therapeutische Dreiecksbeziehung«, die bei allen Beteiligten mit emotional stark besetzten inneren Bildern verknüpft ist. Diese stammen oft aus der eigenen Kindheit, es stehen aber auch gesellschaftlich geprägte Bilder von der »guten« Paarbeziehung im Raum (in unserer Kultur oft geprägt durch romantische Liebesvorstellungen). Beide Ratsuchende bringen diese affektiv hoch aufgeladenen Bilder mit und als Therapeut(in) wird man schnell in vielfältigste Koalitionen eingeladen.

Die Partner schildern ihre Wirklichkeitssicht mit großer Intensität, denn in der Paarbeziehung erlebt man, wie in der Familie auch, intensivste und elementare Empfindungen – von Liebe, Treue und Leidenschaft über Verstrickung, Eifersucht, Verletzung, tiefe Kränkungsgefühle und Verrat bis zum manchmal tödlichen Hass. Und es wird nicht nur »über« diese Empfindungen gesprochen, sondern sie sind ja auch »live« im Therapieraum, und die in ihnen gründenden Kommunikationen vollziehen sich oft in einer Geschwindigkeit, die der Therapeutin den Atem rauben kann.

Man spricht hier auch von »geeichten Schleifen« (Bandler, Grinder u. Satir, 1976): Ein nur angedeutetes Wort, ein Gesichtsausdruck wird beim Partner sofort ergänzt, er/sie »weiß«, was der andere sagen wollte (und hat damit nicht einmal immer unrecht –

manchmal aber eben doch …). Man spricht hier auch von »Eigentrivialisierungen« (Kriz, 2017a, S. 90 f.), also von gemeinsam gefundenen Ordnungsmustern (Attraktoren), durch die Komplexität reduziert wird: Man »weiß schon Bescheid« – beide Partner wissen schon Bescheid übereinander. Die Situation wird vermeintlich voll und subjektiv korrekt erfasst (dummerweise nicht von beiden gleich), der Partner wird vorhersagbar, erkennbar etwa daran, dass Sätze nur noch halb ausgesprochen werden, ehe der andere bereits mit der Antwort kommt.

So verschließen die Partner sich vor der Möglichkeit, dass die Dinge anders sein könnten als gedacht. Im Gegenteil, eine Intervention, die darauf verweist (»Vielleicht hat sie es ja gar nicht so böse gemeint?«), mag schnell gekontert werden mit der Aussage: »Ja, so scheint das für Sie. Aber ich kenne sie besser als Sie, auch wenn sie jetzt xx gesagt hat, tatsächlich meint sie yy!« So haben Partner für sich eine kommunikative Eigenwelt erschaffen, in der sie leiden, aus der sie sich aber keinen Ausweg vorstellen können. In diesen Zusammenhang passt auch der bereits in Kapitel 2.1.3 erwähnte »feindselige Wahrnehmungsfehler« (Dodge, 2006).

Die paartherapeutischen Prozessverläufe unterscheiden sich natürlich enorm, je nachdem, ob man es mit eher »heißen« (Glasl, 2014b) oder »kalten« (Glasl, 2014a) Konflikten zu tun hat, ob also ein akuter Kampf um Veränderung tobt oder Rückzug und Sprachlosigkeit vorherrschen. Dies geschieht, wenn etwa eine alte Verletzung gar nicht mehr angesprochen wird, weil die Hoffnung auf eine Veränderung verloren gegangen ist. Insofern sind übrigens kalte Konflikte schwieriger zu behandeln, da erst eine Motivation zur Veränderung entstehen muss, also der kalte Konflikt wieder »heißer« werden muss, denn nur in dieser Konfliktform gibt es noch die Idee, dass sich etwas ändern könnte.

In jedem Fall geht es darum, an den kommunikativen Mustern zu arbeiten, die zwischen den Partnern entstanden sind und diese gegebenenfalls auch mit einem Blick in die Herkunftsfamilien beider Partner zu erweitern (Eikemann, 2016). Insbesondere gilt es, diese Muster früh zu identifizieren und zu konfrontieren. So fand die

Gruppe um den amerikanischen Paartherapeuten Gottman vier sehr negative Muster, die häufig hohe Belastung und eine schon mehr oder weniger weit fortgeschrittene Zerrüttung der Beziehung anzeigen: hemmungslose Kritik, ebenso massive Verteidigung oder auch totales Abblocken und als letzter und massivster »apokalyptischer Reiter«, der das Ende ankündigt, die unverhohlene Verachtung (Driver, Tabares, Shapiro u. Gottman, 2012; Schneewind, 2019, S. 50 f.).

In beiden Konfliktformen, heiß oder kalt, ist ein besonders hohes Maß an Kompetenz des Therapeuten zur Prozesssteuerung gefordert: Wie kann die quälende Form der Selbstorganisation, die das Paar für sich gefunden (bzw. erfunden) hat, vorsichtig und liebevoll »verstört werden«? Wie kann das jeweilige Paar angeregt werden, neue Muster des gemeinsamen Umgangs zu finden – und somit ihre angeschlagene Beziehung neu »instandzusetzen«, sofern nicht die Trennung als die naheliegendere Lösung gesehen wird? Gerade bei hochstrittigen Paaren (Fraenkel, 2017) ist die Trennung eine realistische Option, für die man sich als Therapeut innerlich und kommunikativ offenhalten sollte. Ohnehin ist daran zu denken, dass jede Festlegung auf einen Pol (etwa auf »Zusammenbleiben« hinzuarbeiten) in ambivalenten Systemen sozusagen automatisch den anderen Pol »wachruft«, dass also eine strikte Allparteilichkeit bzw. die Haltung als »Anwalt der Ambivalenz« und eine gewisse Skepsis (auch gegenüber einem unisono verkündeten Ziel) sowohl den einzelnen Positionen der Partner als auch dem Ergebnis gegenüber vielfach angebracht sind (siehe ausführlich dazu Unterkapitel 3.9).

Manchmal sind es auch gar nicht Konflikte, die die Partner in die Beratung bringen, sondern gerade deren Fehlen: Das gemeinsame Leben ist »langweilig« geworden, was sich meist als Erstes in der Sexualität zeigt. Der »Thrill« ist verschwunden, beide Partner haben sich in einer gemeinsamen Welt eingerichtet, in der sie füreinander sicher und vorhersagbar sind, aber eben auch nicht mehr reizvoll. Paradoxien (genauer: »Sei-spontan-Paradoxien«) entstehen, wenn das Wollen gewollt werden soll. Meist werden diese Paradoxien innerhalb der Partnerschaft der Frau zugerechnet (Eck, 2017), doch aus systemischer Sicht wäre diese einseitige personenbezogene Zuschreibung unangemessen (tut *sie* nicht vielmehr *ihm* »den Gefallen«, gar nicht darüber nachdenken zu müssen, ob er will/kann oder nicht?).

Hier bietet die systemische Sexualtherapie, wie sie von David Schnarch entwickelt und in Deutschland vor allem von Ulrich Clement ausgearbeitet wurde, einen Ansatzpunkt: Es geht dabei im Gespräch darum, so zu fragen, dass der Lebenspartner wieder ein wenig unvorhersagbarer wird. Eine Frage, die jeweils jedem der beiden Partner in Anwesenheit des anderen gestellt wird, kann diese Unvorhersehbarkeit wieder erhöhen, wie etwa: »Wenn Sie sich Ihr sexuelles Leben seit der ersten Erfahrung über die Gegenwart bis zum Ende Ihres Lebens vorstellen: Würden Sie sagen, Sie haben die beste, befriedigendste sexuelle Erfahrung schon gehabt, oder würden Sie sagen, sie kommt noch?« (Clement, 2016, S. 95). Allein die Frage führt die Idee ein, dass diese Erfahrung »noch kommen« könnte (und mit wem wohl?). Hier wird ein neuer Blick eingeführt auf den Lebenspartner als Person mit einer eigenen, unverwechselbaren sexuellen Identität, die sich von der des anderen unterscheidet. Das kann durchaus Angst machen, doch: »um sich zu einem sexuell reifen Menschen zu entwickeln, muss man hin und wieder Angst ertragen und bereit sein, sich ins Unbekannte vorzuwagen« (Schnarch, 2011, S. 199 f.).

Systemische Paar- bzw. Sexualtherapie verfolgt hier das Ziel, die beiden Partner, die es sich oft in einer sicheren, aber eben auch langweiligen Partnerschaft gut miteinander »eingerichtet« haben, wieder ein wenig voneinander zu distanzieren, nicht um die Bindung zu lösen, sondern um wieder Neugier darauf ins Spiel zu bringen, wer der andere eigentlich auch noch sein könnte (von Sydow, 2018).

Paartherapie kann auch helfen, bei »Einbruch« einer schweren körperlichen oder psychischen Störung in einer bis dahin als »normal« und gut empfundenen Paarbeziehung zu einer neuen partnerschaftlichen Balance zu finden:

> Am Institut für Medizinische Psychologie des Universitätsklinikum Heidelberg beraten meine Kollegen/Kolleginnen und ich (JS) Paare,

bei denen ein Partner einige Zeit zuvor z. B. an Multipler Sklerose, Morbus Parkinson oder einem Karzinom erkrankt ist oder bei dem schwere depressive oder psychotische Symptome zu wiederholten Krankenhausaufenthalten oder vorübergehender Berufsunfähigkeit geführt haben. Solche Situationen verändern oft die bisherige Verteilung von Kompetenzen und Defiziten, Stärken und Schwächen, Bestimmen und Mitmachen. Sie stellen infrage, was Partner bislang aneinander attraktiv fanden, was sie miteinander unternehmen konnten, was geht und nicht (mehr) geht. Beispiele:

a) Ein Handwerker, der schon seit dreißig Jahren irritierende Stimmen hört, die andere Menschen nicht hören (Diagnose: »Paranoide Schizophrenie«), hatte trotz allem seine berufliche Laufbahn fortsetzen können, sich verliebt und wenige Jahre später die kaufmännische Leiterin seines Arbeitgebers geheiratet. Beide hatten sich angewöhnt, dass seine Frau ihm beständig rückmeldete, welche seiner »Stimmen« tatsächlich existierten und welche nicht, was er als sehr hilfreich erlebte. Dafür folgte er in fast allen Lebensfragen den Direktiven seiner Frau, was deren selbstständigem und bestimmungsfreudigem Wesen entgegenkam. Gemeinsam durchwanderten sie als sportliches Team die meisten Wanderwege Deutschlands. Als nun eine in Phasen rasch voranschreitende Multiple Sklerose die Beweglichkeit der Frau immer mehr einschränkt, sie sich beraten lassen muss und einem Leben im Rollstuhl entgegensieht, verändern sich die Machtverhältnisse zwischen ihnen ebenso wie der gemeinsame Wanderradius. In einer Paartherapie von vier Sitzungen erkunden wir, was beiden helfen kann, sich auf diese Veränderungen ohne allzu lange depressive oder ängstliche Reaktionen und ohne überflüssige Selbsteinschränkungen angemessen einzustellen.

b) Ein selbstständiger Kleinunternehmer und Firmengründer, dessen mitarbeitende Ehefrau immer nach seinen Anordnungen arbeitete, muss einige Jahre nach Beginn einer Parkinson Erkrankung nun die Leitung der Firma an diese Ehefrau (der das Unternehmertum eigentlich ein Graus war, die die Herausforderung aber annimmt) und seinen bisherigen Juniorpartner abgeben. Er muss ertragen, dass zunehmend mehr Entscheidungen getroffen werden, die er anders getroffen hätte, dass seine fachliche Meinung immer weniger zählt. Wir erkunden über sechs Sitzungen, welche Formen der Anteilnahme an den Geschäftsvorgängen er in seiner Lage als konstruktiv erleben würde, wie er sich neue krankheitsangemessene Tätigkeitsfelder erschließen kann und wie beide aus ihrer zornigen Trauer zu einer Akzeptanz dieser Situation kommen könnten – ihre sexuelle Beziehung hatten sie inzwischen vollständig eingestellt.

c) Ein Paar in den mittleren Jahren mit kleinen Kindern leidet an der Zerstreutheit, der körperlichen Unruhe und den häufigen Zornesausbrüchen des Mannes. Er hat mehre unabgeschlossene Berufsausbildungen und Entlassungen aus Arbeitsstellen hinter sich. Als eine Psychiaterin die Diagnose »ADHS im Erwachsenenalter« stellt, die ihm den Weg in eine Einzeltherapie sowie in die Paartherapie bei uns öffnet, sind sie beide erst mal sehr erleichtert. Er nutzt die Diagnose zur Entlastung von Schuld- und Schamgefühlen, ihr Zorn auf ihn verringert sich dadurch auf ein erträgliches Maß. In der Therapie geht es darum, wie »trotz seiner ADHS« sie als überarbeitete, scheinbar selbstlose Alleinverdienerin der Familie wieder ihre eigenen Bedürfnisse spüren und verwirklichen kann und wie er in den vielen Konfliktsituationen des Paar- und Familienalltags mehr Ruhe und einen kühlen Kopf bewahren kann.

4.3 Einzelpersonen

4.3.1 Systemische Einzelarbeit

> »Die meisten Methoden, die in größeren Systemen verwendet werden, können auch in der therapeutischen Dyade eingesetzt werden […]. Sie lassen virtuelle Personen und interpersonelle Szenen im Therapieraum entstehen, mit denen sich Klienten in einem geschützten Rahmen auseinandersetzen können.«
> Ahlers (2014, S. 209)

Das Erscheinen des Buchs »Familientherapie ohne Familie« (Weiß, 1988) markierte eine Wende in der Systemischen Therapie, galt es doch, wie schon erwähnt, anfangs als »Kunstfehler«, in einem anderen Setting als mit der »ganzen« Familie zu arbeiten. Heute ist die

Einzelarbeit als Systemische Psychotherapie bzw. Coaching (siehe hierzu Abschnitt 4.6.4) selbstverständlich geworden (Grossmann, 2018). Denn »systemisch« ist nicht definiert durch das Setting, sondern durch eine bestimmte Weise, auf sozial erzeugte Wirklichkeiten zu schauen, also Beschreibungen als Beschreibungen zu behandeln, die auch anders beschrieben werden können. Wichtig ist dabei die grundsätzliche Unterscheidung, dass es nicht darum geht, »Pathologie« wieder in »Normalität« zu überführen, sondern um das Verhältnis von Problem und Lösung (Boscolo u. Bertrando, 1997, S. 22). Ausgangspunkt ist dann nicht ein »krankmachender Kontext«, wie in der frühen Familientherapie, sondern ein als »Problem« bezeichneter Sachverhalt, an dessen Lösung es zu arbeiten gilt (immer natürlich an dem »Auftrag«, den Erwartungen des oder der Beteiligten ausgerichtet, vgl. Abschnitt 3.1.1). Das jeweilige Setting kann dabei ganz pragmatisch gesucht werden, etwa indem eingeladen wird, wer meint, zur Lösung beitragen zu können – und das kann auch eine Einzelperson sein (Ahlers, 2014).

Ein ähnlicher Ansatzpunkt zur Einzelarbeit ergibt sich aus dem Ansatz, der Therapie als »nicht-instrumentalisierende Konversation« versteht (Cecchin, Lane u. Ray, 1992). Es wird danach gesucht, wie eine Konversation auf eine Weise geführt wird, dass neue Ideen, neue Ansatzpunkte ins Gespräch eingeführt werden. Für den Therapeuten bedeutet dies, der Versuchung zu widerstehen, »jemals ein überzeugter Anhänger einer wie auch immer gearteten Idee zu werden« (S. 9). Die Erzählungen des Einzelnen werden dementsprechend durch die Vielfalt systemischer Interventionsmethoden erweitert, indem die Perspektiven anderer Personen miteinbezogen werden (»Was, glauben Sie, würde denn Ihre Frau jetzt dazu sagen, wenn sie hier wäre?«).

Insbesondere bietet es sich an, in der Arbeit mit Einzelpersonen szenische und aktivierende Arbeitsformen zu nutzen, etwa die nicht anwesenden Familienmitglieder mit kleinen Figuren auf dem Tisch (oder einem »Familienbrett«) als Skulptur aufzustellen, entsprechende Beziehungsfragen zu stellen und dies durch Verschieben der Figuren zu unterstreichen (»Was würde denn passieren, wenn diese Figur – z. B. ein Kind – das Feld verlassen würde? Würden dann diese beiden – z. B. die Eltern – sich eher näher kommen oder weiter auseinanderdriften?«).

Während die bisher beschriebenen Vorgehensweisen eigentlich so etwas darstellen wie eine »Mehrpersonenintervention mit einer Person«, die einen neuen Blick auf die mit ihr verbundenen Personen und Problembeschreibungen bietet, ist auch eine andere Form der Einzelarbeit denkbar, in der es eher im Sinn von Psychotherapie darum geht, wie eine Person mit sich selbst »in Beziehung« ist (Rogers, 1981), also wie festgefahrene, leidvolle Selbstvorstellungen bearbeitet werden können – etwa in der Arbeit mit »inneren Anteilen« (Baumann, 2018) – oder wie mit Vorstellungen einer bedrohlichen, beängstigenden Welt anders umgegangen werden kann. Hier geht es darum, Problemmonologe durch entsprechende Dialoge zu verflüssigen (Ludewig, 2015, S. 204 f.). Auch hier wird nicht von einem eher festschreibenden Verständnis psychischer Krankheit ausgegangen (vgl. Abschnitt 2.3.5), vielmehr hat systemische Einzeltherapie »zum Ziel, eine Kommunikation in Gang zu setzen, die alternative Ichs aktualisiert und so ermöglicht, die negativen Vorstellungen und die daraus resultierenden Handlungen durch erfreulichere zu ersetzen« (S. 205).

4.3.2 Systemische Kinder- bzw. Spieltherapie

> »[D]ie kindlichen Probleme und Sorgen sind eher größer und bedeutsamer als die der Erwachsenen, weil Kinder einerseits abhängiger sind und zum anderen noch über weniger Lösungsstrategien verfügen.«
> Rotthaus (2011, S. 114)

Eigentlich ist es doch paradox, explizit Kinder zu erwähnen in einem Ansatz, der sich ja ursprünglich als Familientherapie verstand und versteht. Doch tatsächlich ist es nicht so leicht, gerade jüngere Kinder in familientherapeutische Settings zu integrieren. Es bedarf dabei einer besonderen Aufmerksamkeit (Grabbe, 2005; Wilson, 2006). Die Gefahr der systemischen Praxis liegt immer wieder darin, zu sehr auf das gesprochene Wort zu vertrauen – das zirkuläre Fragen, das Reflektierende Team: Immer wieder wird hier ja auch die Erfahrung gemacht, welche verändernde Kraft eine Veränderung von Beschreibungen haben kann. Doch gerade kleinere Kinder werden nicht unbedingt dadurch erreicht, wenngleich es manchmal erstaunlich ist, was für Antworten sie geben, wenn sie auf kindgerechte Weise gefragt werden. So antwortet die neunjährige Tochter vielleicht auf die Frage:»Was meinst du denn, warum der Papa so oft unzufrieden ist?«, indem sie sagt: »Na, vielleicht fühlt er sich ja unterlegen. Mama und ich und meine Schwestern auf der einen Seite und er ist da ganz allein, hat da keinen für sich!«

Allerdings ist das nicht unbedingt die Regel, Kinder können sich oft nicht so gut artikulieren und reagieren in Anwesenheit mehrerer Erwachsener, vor allem, wenn sie sich noch dazu als Anlass des Gespräches erleben, oft zurückhaltend und schüchtern. Vielfach wird entsprechend beklagt, dass gerade jüngere Kinder nicht in das familientherapeutische Vorgehen integriert werden. So gibt es Befunde aus den USA, wonach 40 % der Kinder nie in die Familientherapie einbezogen wurden und weitere 31 % zwar teilnehmen, aber auch dann nicht wirklich einbezogen sind (Schmitt u. Weckenmann, 2009; Weckenmann u. Schmitt, 2009), ähnlich scheint es in Deutschland zu sein (Vossler, 2000). So ist es nicht verwunderlich, dass mit der systemischen Kinder- und Jugendlichenpsychotherapie ein eigener Zweig systemischer Praxis entstand (Pleyer, 2001; Retzlaff, 2008; Rotthaus, 2001; Vogt-Hillmann u. Burr, 1999).

In dieser Art von Arbeit werden neben sprachlichen Zugängen auch andere Modalitäten genutzt, »wie sie von Kindern im Alltag bevorzugt werden: Spiel, Aktion, Singen, Musik und insbesondere Malen und künstlerisches Gestalten« (Retzlaff, 2008, S. 21 f.). Anders als in frühen Schulen der psychoanalytischen Kindertherapie geht es hier nicht darum, die Eltern möglichst vom therapeutischen Prozess des Kindes fernzuhalten und auch nicht darum, »Elternprobleme« und »Kinderprobleme« getrennt voneinander zu behandeln. Vielmehr wird versucht, spieltherapeutische Zugänge sinnvoll in die Familienarbeit einzubetten und einen Kontext von freundlicher Kooperation auf verschiedenen Ebenen entstehen zu lassen – alles andere, als den Fokus auf die »Reparatur« eines schwierigen Kindes zu legen oder die Erziehungsfehler der Eltern zu korrigieren.

So kann ein Kontakt als gemeinsames Familiengespräch mit zwei Gesprächspartnern begonnen werden und nach einer Weile spricht dann der eine mit den Eltern, der andere mit dem Kind/den Kindern separat (Retzlaff, 2008, S. 16). Das kann gerade spannungsgeladene Situationen, in denen das Kind sich als Sündenbock fühlt und die Eltern sich nur wütend und hilflos erleben (Pleyer, 2003), entzerren. Karl Heinz Pleyer (2001, S. 138 f.) beschreibt die Möglichkeiten, die im Einsatz von Videofeedback liegen. Es können Sitzungen mit der Familie nachgearbeitet werden: »Kinder […] zeigen größtes Vergnügen am nachträglichen Betrachten der eigenen Spielstunden« (S. 138 f.). Insbesondere verweist Pleyer auf die Möglichkeit gemeinsamer Spielsitzungen mit Eltern und Kindern, die anschließend über Videofeedback durchgesprochen werden.

Dabei ist natürlich die Vertraulichkeitsfrage vorher zu klären. Martin Weckenmann und Alain Schmitt schreiben hierzu: »Unsere Empfehlung ist […], bei Kindern die Verschwiegenheit umzudrehen: Nicht alles Gesagte unterliegt ihr, sondern die Regel ist Transparenz. Gespräche, die mit den Eltern allein stattfinden, sollten dem Kind so weit wie möglich transparent gemacht werden […]. Man sollte das Kind durchaus dabei schonen, falls die Eltern zu viel negativ ›über es‹ reden. Das Kind soll jenes in Einzelstunden Erzählte zum Geheimnis erklären, wovon es gerne hätte, dass darüber geschwiegen wird« (Weckenmann u. Schmitt, 2009, S. 185).

Dies vorausgeschickt, sind die Variationsmöglichkeiten vielfältig: Es können Kinder mit ähnlichen Problemlagen zusammengebracht werden, sie stellen z. B. ihre Familie auf einem Familienbrett vor, vergleichen, tauschen sich über schwierige familiäre Situationen aus – und bei Einverständnis können sich dann Eltern und Kinder das Video gemeinsam anschauen (Caby, 2001; 2002). Ein anderer Ansatz der »Kinderorientierten Familientherapie« bezieht explizit die Eltern in die Spieltherapie als Beobachter mit ein, sie erleben so ihr Kind, ohne selbst unter Handlungsdruck zu stehen. Auch hier wird mit Video gearbeitet – Spielphasen und gemeinsames Durchsprechen des

Spiels wechseln einander ab (Reiners, 2013). Die Grenzen zwischen spielerischem Handeln und multisystemischer Arbeit sind dabei fließend: »Effiziente Kindertherapie ist kontext-orientiert und multi-systemisch, d. h. sie bezieht Eltern, Familie, LehrerInnen, ExpertInnen usw. systematisch ein« (Schmitt u. Weckenmann, 2009, S. 86).

4.4 Elterncoaching

> »Die besondere Herausforderung scheint u. E. weniger darin zu liegen, wie Eltern möglichst schnell und effektiv die Kontrolle über kindliche Auffälligkeiten gewinnen können, als vielmehr, wie eine unterbrochene Bindungsbeziehung wiederaufgenommen werden kann.«
> Omer und von Schlippe (2009, S. 247)

Nicht immer ist es einfach, der ganzen Familie Gespräche anzubieten, manchmal ist dies auch unmöglich. Kinder können von den gemeinsamen familientherapeutischen Sitzungen sehr profitieren, doch sind zwei Konstellationen denkbar, die ein solches Setting erschweren:
- Das eine ist die Situation, dass das betroffene Kind noch nicht über Kommunikation explizit und verbal adressierbar ist, dass es also einem Gespräch nicht folgen kann. Wenn die Eltern beispielsweise ein Problem mit ihrem unaufhörlich schreienden Baby haben und nicht wissen, wie sie es beruhigen können, ist ein »Familiengespräch« wenig sinnvoll, Ähnliches gilt für schwer geistig behinderte Familienmitglieder unterschiedlichen Alters (zu den Möglichkeiten in diesem Kontext siehe Becker, Hawellek u. Zwicker-Pelzer, 2018).
- Eine ganz andere, aber ähnlich unmögliche Konstellation ergibt sich, wenn das Kind/der Jugendliche die Teilnahme an den Gesprächen vehement ablehnt bzw. desinteressiert ist und sich weigert zu kommen.

Elterncoaching ist in derartigen Fällen die Möglichkeit, mit genau den Personen zu arbeiten, die am stärksten motiviert sind, etwas zu ändern – und das sind in der Regel die Eltern. Die Position von

Therapeut oder Beraterin ist in diesem Fall immer, sich »hinter« die Eltern zu stellen, sie also nicht anzuklagen oder zu kritisieren, sondern ihre Sorgen ernst zu nehmen und ihnen explizit Unterstützung zu geben, ihr Familienleben konstruktiv zu gestalten.

Zwei Konzepte des Elterncoachings haben sich in den vergangenen Jahrzehnten als besonders prägnante Formen herauskristallisiert, sie sollen im Folgenden vorgestellt werden. Beide sehen ihre Aufgabe darin, hilflose Eltern darin zu beraten, wie sie ihren »Job« gut machen können (Tsirigotis, von Schlippe u. Schweitzer, 2006): das Marte-Meo-Modell der beobachtungsgeleiteten Beratung von Maria Aarts und mit ihm das ähnliche Konzept der videogestützten Beratung in der »Babysprechstunde« auf der einen Seite sowie das Elternberatungskonzept im Gewaltlosen Widerstand von Haim Omer auf der anderen.

4.4.1 Selbstbeobachtung per Video: Das Marte-Meo-Modell und die »Babysprechstunde«

> »Ich habe gelernt mit meiner Geschichte leben. Ich bin stolz auf was ich habe gelernt mit meine Tochter. Ich habe viel angst früher. Ich hof meine film dir hilft wen du auch angst hast. Dann bin ich glück. Claudia.«
> Hofmann-Witschi und Hofmann (2005, S. 141)[27]

Mit dem Aufkommen der Möglichkeit, Video für breite Bevölkerungsschichten verfügbar zu machen, kam ein neues Medium ins Spiel, das ganz andere Ansatzpunkte für Beratung bot als bisher gewohnt. Das Video ist ein Instrument, mit dem die Beraterin sozusagen »live« ins Wohn-/Ess-/Kinderzimmer der Familie geholt werden kann. Das Video als »Mikroskop« des Therapeuten eröffnete eine ganz neue Welt (Hawellek, 1995): Es wird nicht über Themen, Probleme und Beschreibungen gesprochen, vielmehr wird das, was sich in der Familie konkret abspielt, durch das neue Medium unmittel-

---

27 Im Text wird die Geschichte einer jungen ausländischen Klientin, Claudia, gezeigt, die mit Hilfe von Videofeedback lernte, mit ihrer aus einem Missbrauch entstandenen Tochter anders und konstruktiver umzugehen als zuvor. Das Zitat entstammt einem handgeschriebenen Brief von ihr.

bar sichtbar. Kleine Videoclips (meist ca. 5–8 Minuten von Alltagsszenen, wie z. B. Mahlzeiten) werden in der Beratung durchgesprochen, nachdem der jeweilige Filmausschnitt zuvor von der Beraterin analysiert worden ist. Ziel ist es, die entwicklungsunterstützenden Dialoge zwischen Kindern und ihren Bezugspersonen zu fördern, den Eltern zu helfen, wieder an ihre intuitiven elterlichen Kompetenzen anzuschließen.

Entstanden ist diese Art von Arbeit ursprünglich in der Beratung von Eltern, die ihre sogenannten »Cry-Babys« nicht beruhigen können, weil diese außergewöhnlich viel weinen bzw. schreien. Je mehr erfolglose Versuche die Eltern durchlaufen, ihr Kind zur Ruhe zu bringen, desto größer ist die Wahrscheinlichkeit, dass sich Teufelskreise entwickeln: Die Kinder spüren die Aufgeregtheit der Eltern und das steigert die eigene Aufregung usw. (siehe Abbildung 6).

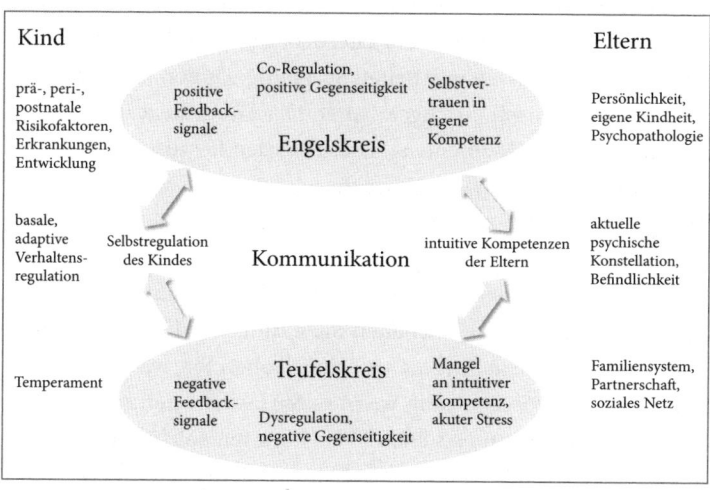

Abbildung 6: Engels- und Teufelskreise nach Papoušek (aus Hawellek, 2012, S. 53)

In dieser Atmosphäre hoher Überlastung geht das »intuitive Erfahrungswissen«, über das Eltern meist verfügen (Papoušek, 2001; Stern, 1998), verloren. Stattdessen kann es zu »Regulationsstörungen« kommen, die sich immer weiter verstärken. Beispielsweise kann hier ein

Prozess in Gang kommen, der als »double parenting« bezeichnet wird: Jeder der nervösen Eltern versucht mehr oder weniger verzweifelt, seine eigene Strategie, das Kind zu beruhigen, durchzusetzen – manchmal werden dann gleichzeitig ganz gegensätzliche Impulse vermittelt (dies ist in einem Lehrvideo eindrücklich zu sehen: Der Vater legt einen Teddybären rechts neben das laut schreiende Kind, die Mutter nimmt diesen Teddy sofort wieder weg und legt ihn auf die andere Seite des Kopfkissens – alles andere als ein eindeutiges und beruhigendes Signal für das Kind). All diese Aspekte lassen sich erkennen, wenn man auf die Ebene der Mikroereignisse geht.

Und genau das ist das Ansatzpunkt der Arbeit nach dem Modell Marte Meo (»aus eigener Kraft«: Hawellek u. von Schlippe, 2005; Aarts, 2009; Bünder, Sirringhaus-Bünder u. Helfer, 2015; Hawellek, 2012) und der Babysprechstunde (Borke u. Eickhorst, 2008). Statt über Ereignisse global und nur aus der Erinnerung heraus zu sprechen, wird in dieser Form des Elterncoachings auf der Ebene von *Live*-Mikroereignissen gearbeitet: Sorgfältig werden kleine Sequenzen mikroanalytisch durchgearbeitet. Der Fokus liegt dabei auf gelingenden »guten Momenten«. Diese werden herausgearbeitet und »groß gemacht«, ein »Vergrößerungsglas für Ressourcen« wird geöffnet (Thelen, 2014). Diese positiv herausgehobenen Mikroereignisse werden in Narrationen überführt und damit dem Gedächtnis verfügbar, sodass die Wahrscheinlichkeit für das Auftreten solcher guten Momente steigt: »Schauen Sie einmal da: Ihr Kind wendet den Kopf, und Sie lächeln es an. Was glauben Sie, was in dem Moment im Kind vor sich geht, wenn es Sie lächeln sieht? Und sehen Sie, wie aufmerksam es schaut? Wie könnten solche Momente in anderen Stellen des Alltags eingebaut werden?« Die Eltern haben so die Möglichkeit, die Entwicklungsbedürfnisse ihrer Kinder genauer kennenzulernen (das Prinzip der Arbeit heißt: »Informieren statt korrigieren«) und ihnen auf angemessene Weise zu begegnen. Durch die ausschließliche Orientierung an positiven Momenten wird eine belehrende Haltung der Berater vermieden.

Die Marte-Meo-Arbeit wurde in den vergangenen Jahren zunehmend breiter aufgefächert. So können mit dieser Form des Elterncoachings auch Situationen mit älteren Kindern durchgesprochen werden. Beeindruckend sind auch die Coachings mit Jugendlichen, die etwa in Gruppen lernen, wie man in schulischen Arbeitsgruppen kooperiert (also welche Haltungen, welche Arten von Stimmklang eigentlich Kooperation signalisieren) oder in welcher Form man eigentlich mit dem jeweils anderen Geschlecht eine erste freundliche Verbindung aufbaut (Aarts, Hawellek, Rausch, Schneider u. Thelen, 2014). Das gilt auch für andere Kontexte, in denen es vorwiegend um nicht-sprachliche Interaktionen geht: neben der Arbeit mit Eltern mit Babys und Kleinkindern sind dies Tätigkeiten in Einrichtungen der Frühförderung generell, in Organisationen, die schwer und schwerst behinderte Menschen betreuen und in der Altenpflege, vor allem bei Demenz (Becker et al., 2018; Hawellek u. Becker, 2018; ausführlich zu den verschiedenen Arbeitsfeldern siehe Bünder et al., 2015, Teil D). In all diesen Kontexten wird es als hilfreich angesehen, die Mikrosignale »lesen« und entschlüsseln zu lernen, mit denen Menschen jenseits von Sprache ihre Entwicklungsbedürfnisse signalisieren. Die Botschaft hinter dem Problem wird gesucht, mit der das Gegenüber signalisiert, was er oder sie bislang noch nicht entwickelt bzw. gelernt hat (Hawellek, 2012).

4.4.2 Gewaltloser Widerstand und systemisches Elterncoaching

> »Bei elterlicher Präsenz wird dem Kind auf der Verhaltensebene vielfältig die Botschaft vermittelt, dass die Eltern hinter ihm stehen, ... dass die Eltern *um* das Kind und nicht *gegen es* kämpfen.«
> Ollefs (2017, S. 20)

Ebenfalls als Elterncoaching konzeptualisiert, allerdings mit einem ganz anderen Zugang, ist ein Modell für die Arbeit mit Eltern, die sich vor ihren Kindern fürchten. Es wurde von dem israelischen Psychologieprofessor Haim Omer entwickelt und von ihm gemeinsam mit mir (AvS) in Deutschland bearbeitet und bekannt gemacht (Omer u. von Schlippe, 2004, 2010). Dass Eltern von ihren Kindern unter Druck gesetzt und manchmal sogar physisch attackiert werden, wurde in der Fachwelt erstmals Ende der 1970er

Jahre mit der Veröffentlichung zum Phänomen der »Battered Parents« diskutiert (Harbin u. Madden, 1979). Heute dürfte sich die gesellschaftliche Situation von der vor einigen Jahrzehnten dadurch unterscheiden, dass sich eher noch mehr Eltern überfordert und ihren Kindern gegenüber hilflos fühlen (siehe z. B. Pleyer, 2003). Die Funktion der Eltern, ihren Kindern einen stabilen und Orientierung gebenden »Anker« zu bieten, ist hier oft weitgehend verloren gegangen, an die Stelle sind andauernde Machtkämpfe getreten, die immer wieder drohen zu eskalieren oder sich in hochgradig eskalativen Schleifen verfangen (Omer u. von Schlippe, 2009; Omer, Steinmetz, Carthy u. von Schlippe, 2013). Der Grad an Hilflosigkeitsgefühlen der Eltern, so konnten wir in einer eigenen Studie zeigen, geht soweit, dass die Eltern, die wir untersuchten und in deren Familien es oft über lange Zeit bereits heftige Eskalationen gegeben hatte, schwere und eigentlich behandlungsbedürftige Depressionswerte aufwiesen. Diese verbesserten sich nach der Arbeit mit dem Ansatz des gewaltlosen Widerstands sämtlich in subklinische Bereiche. Die Arbeit gegen die elterliche Demoralisierung scheint das wesentliche hilfreiche Moment in dieser Art von Zugang zu sein (Ollefs, von Schlippe, Omer u. Kriz, 2009; s. a. Weinblatt 2018b).

Wenn die Familie sich erst einmal in diesen Dynamiken verfangen hat, besteht das zentrale Dilemma darin, dass es scheinbar nur noch die beiden Alternativen gibt: Nachzugeben oder zu eskalieren. Beide Wege münden jedoch nahezu zwangsläufig in eskalativen Mustern: Das Kind stellt Forderungen bzw. weigert sich, Aufforderungen der Eltern Folge zu leisten. Wenn diese den Forderungen nicht nachgeben bzw. auf ihren Positionen bestehen, gerät das Kommunikationssystem schnell in einen Zirkel symmetrischer Eskalation, der sich immer weiter aufschaukelt. Eltern, die auf der anderen Seite den kindlichen Forderungen nachgeben, erleben, dass sie auch damit der Eskalation nicht entgehen, nur ist es hier ein komplementärer Kreislauf: Die Ruhe ist nur von kurzer Dauer, Nachgiebigkeit zieht neue Forderungen nach sich. Das kann dann so weit gehen, bis man an einen Punkt kommt, an dem »es reicht« und die Dynamik in Eskalation umschlägt.

Zwischen diesen beiden Optionen der symmetrischen und der komplementären Eskalation hat sich ein solches Kommunikationssystem festgefahren. Das Konzept des gewaltlosen Widerstands bietet hier einen »dritten« Weg, nämlich den des Beharrens bei gleichzeitiger De-Eskalation. Es geht dabei um die »Stärke des Ankers«, der im Kontrast steht zur »Stärke der Faust« (Omer u. von Schlippe, 2010, 2009; Omer et al., 2013). Der Anker signalisiert eine Form der Stärke, die den anderen (das Kind) nicht besiegen will, die aber auch nicht einfach aufgibt. Die Eltern werden darin unterstützt, dem Kind immer wieder zu signalisieren, dass sie ein Interesse an einer guten Beziehung haben, dass sie aber auch entschieden sind, sich den problematischen Verhaltensweisen, die ihnen Sorgen machen, entgegenzustellen. Indiziert ist diese Form der Beratung dann, wenn die Familienbeziehungen stark beeinträchtigt und die Auffälligkeiten des Kindes bzw. Jugendlichen sehr gravierend sind, etwa wenn Verwahrlosungsgefährdung, Drogenabhängigkeit und Verstrickung in kriminelle Netzwerke drohen. Keineswegs handelt es sich um ein Standardkonzept für die Erziehung.

Die Interventionen dieses Konzepts sind breit gefächert (einen guten Überblick gibt Ollefs, 2017). Oft sind es bereits einfache Signale von De-Eskalation und freundlichen Beziehungsgesten, die ohne Bedingung gegeben werden (»Ich war in der Stadt und habe, als ich diese Zeitschrift sah, an dich gedacht und sie für dich gekauft!«), durch die eine Entspannung möglich wird. Meist stehen sie in Verbindung mit einer »Ankündigung«, mit der die Eltern ihre Entschlossenheit signalisieren, alles zu unternehmen, was in ihren Möglichkeiten steht, um die Familie in eine konstruktivere Richtung zu entwickeln, und zugleich (und immer wieder) sehr klar machen, dass sie an einer freundlichen Beziehung zum Kind interessiert sind. In der Ankündigung können die Eltern auch ihr Bedauern über eigene Eskalationen äußern und deutlich machen, dass sie entschieden sind, auch diese zu verändern. In massiven Situationen geht es vor allem um den Aufbau sozialer Unterstützungssysteme für die oft sehr isolierten und demoralisierten Eltern.

Auch ein »Sit-in« kann durchgeführt werden, bei dem sich die Eltern zu einer ihnen passend erscheinenden Zeit ins Kinderzimmer setzen. Sie sagen dem Kind, womit sie unzufrieden sind und dass sie auf Vorschläge des Kindes warten, wie sich die Dinge bessern könnten. Wichtig ist hier, dass die Eltern sich in diesem Kontext nicht auf Argumentationen einlassen, sondern im Zweifelsfall freundlich schweigen. Wenn vom Kind ein Vorschlag kommt (und sei es ein kleiner), äußern sie ihre Bereitschaft, dem eine Chance zu geben. Ansonsten verlassen sie den Raum zu einer von ihnen vorher überlegten Zeit ohne weitere große Worte, vor allem ohne Drohung oder eskalative Ankündigung (im Sinne von: »Wir werden solange wiederkommen, bis du dich änderst!« – das Sit-in wurde vielfach in dieser Richtung missverstanden). Das Sit-in kann durchaus von beiden Seiten als belastend erlebt werden, es braucht daher eine gute Vorbereitung, um Eskalationen vorzubeugen.

Eine etwas sanftere Variante stellen »freundliche Besuche« dar (Omer, von Schlippe u. Förster, 2017), bei denen die Eltern ihre Präsenz dadurch ausdrücken, dass sie das Kind in seinem Zimmer besuchen und darauf achten, einfach nur ein paar unverfängliche Worte zu wechseln und mit dem Kind einen »guten Moment« zu erzeugen, in dem eine unbelastete Interaktion möglich ist. Ein freundlicher Besuch kann auch damit verbunden werden, dass etwa die Mutter mit einem Tablett voller Limonade und Süßigkeiten ins Zimmer kommt – eine solche Geste wird meist nicht abgelehnt. Zugleich bekommt sie ein Bild von den Freunden ihres Kindes und hat zumindest einmal ihre Präsenz gezeigt (nicht immer muss der »Besuch« so drastisch ausfallen wie in Abbildung 7).

Abbildung 7: »Freundlicher Besuch« (© Björn von Schlippe)

Es gibt noch eine Reihe weiterer Interventionen im Rahmen des Konzepts, die allerdings weitaus seltener eingesetzt werden (Süllow, 2007). So kann es sein, dass die Eltern eine Telefonliste aufstellen, also mit den Freunden des Kindes oder/und dessen Eltern Kontakt aufnehmen, um vielleicht durch Anrufe herauszufinden, wo es ist, wenn es nicht zur verabredeten Zeit nach Hause gekommen ist oder gar nächtelang wegbleibt, ohne dass die Eltern den Aufenthaltsort kennen. Im Fall bedrohlicher Gefährdung des Kindes gehen sie vielleicht auch, zum Teil mit Unterstützung, an kritische Orte, etwa Diskotheken, Stellen, wo mit Drogen gehandelt wird und Ähnliches und fragen nach dem Kind – alles um zu zeigen, dass sie entschlossen sind, im Leben ihres Kindes eine Rolle zu spielen (ausführlich sind die Interventionen beschrieben in Omer u. von Schlippe, 2004, S. 229 ff.).

Ein Vorwurf, der dieser Form des Elterncoachings gelegentlich gemacht wird, besteht in der Vermutung, dass die Berater hier den Eltern auf besonders massive Weise helfen würden, ihre eigenen Interessen gegen die des Kindes durchzusetzen. Doch die »Ankerfunktion« bewegt sich auf einer ganz anderen Ebene: Es sind ja gerade die massiven Eskalationen, die die Bindungsbeziehung zwischen Eltern und Kind beeinträchtigen und sie sogar unter Umständen zerstören. Je extremer kindliche Auffälligkeiten sind, desto mehr weisen sie darauf hin, dass hier die Bindung in Gefahr ist. Ziel der gewaltlosen Arbeit ist es, einen Rahmen zu bieten, der beschädigte Bindungsbeziehungen, die sich in gewalttätigen Auseinandersetzungen und schwerem Fehlverhalten ausdrücken, wieder reparieren hilft (Omer, Steinmetz, Carthy u. von Schlippe, 2013). Es geht also um ein Re-Attachment und nicht um die einseitige Durchsetzung elterlicher Positionen (Weinblatt, 2018b).

In jüngster Zeit hat sich das Modell der Arbeit nach dem gewaltlosen Widerstand auf ganz unterschiedliche Felder ausgeweitet, etwa auf die Arbeit mit geschlagenen Frauen (Omer, Belfer u. Mellinger, 2007) oder auf Führungskontexte (Baumann-Habersack, 2017).

4.5 Mediation, Trennungs- und Scheidungsberatung

> »Familienleben [...] endet nicht mit der Trennung der Eltern, verändert sich aber systemisch, affektiv und logistisch. Noch mehr als vor der Trennung fordert es allen Beteiligten lernbereite Offenheit und bewusste Gestaltung ihrer Beziehungen ab.«
> Sieder (2010, S. 348)

Grundgedanke jeder Art von Trennungsberatung ist, mit den Konfliktparteien außerhalb von juristischen Formen der Streitbeilegung daran zu arbeiten, aus der Falle des Entweder-oder herauszukommen, in denen es um Sieg oder Niederlage geht. Stattdessen wird angestrebt, zu Win-win-Lösungen zu gelangen oder zumindest einen von beiden Seiten als einigermaßen fair erlebten Ausgleich zu erreichen. Mediation ist ein weites Feld (für einen Überblick siehe z. B. Hofstetter Rogger, 2015; Montada u. Kals, 2007) und wird angeboten:
- bei Familienkonflikten: Partnerschaftskrisen, Trennungs- und Scheidungsmediation, Erbmediation (Schwartz, 2003);
- bei Konflikten im sozialen Mikrobereich (etwa Nachbarschaftskonflikte);
- bei Konflikten innerhalb von Organisationen, also zwischen verschiedenen Abteilungen oder innerhalb von Teams (Ballreich u. Glasl, 2011);
- bei Konflikten innerhalb und zwischen Unternehmen (Wirtschaftsmediation);
- bei größeren Konflikten innerhalb einer Gesellschaft;
- bei politischen Auseinandersetzungen zwischen verschiedenen Gesellschaften (Kirchhoff, 2015).

Mediation ist kein explizit systemisches Setting, setzt aber eine systemisch-allparteiliche Grundhaltung voraus. Auch systemische Interventionen werden vielfach eingesetzt und nicht zuletzt ist ein mediativer Zugang hoch anschlussfähig an und kompatibel mit systemtheoretischen Konflikttheorien (Bonacker, 2008; Jochens,

2018; von Schlippe, 2014a, 2014c; Simon, 2001, 2012b). Diese hier darzustellen, würde den Rahmen des Buches sprengen, daher wird sich dieser Abschnitt nur exemplarisch und pragmatisch vor allem auf systemische Trennungs- und Scheidungsberatung konzentrieren (Duss-von Werdt, 1998; Mähler u. Mähler, 1992; Simon et al., 2004, S. 212 f.).

In der Trennungsmediation geht es in erster Linie darum, eine Form des Auseinandergehens zu finden, die möglichst wenig emotionalen Schaden anrichtet. Sehr explizit wird diese Position durch Josef Duss-von Werdt vertreten: »Mediation mit Paaren in Trennung und Scheidung hat es primär mit Sachproblemen und nicht mit der Lösung von Paarkonflikten zu tun. Deshalb ist sie etwas anderes als Paartherapie und kann nicht mit deren Ansprüchen und Gesetzmäßigkeiten gemessen werden« (Duss-von Werdt, 1998, S. 117). Es geht um Problemlösung, nicht um Konfliktlösung (S. 119). In der Mediation erarbeiten Beratende zusammen mit dem Paar Lösungsideen, die ausdrücklich nicht an therapeutischen Zielen ausgerichtet sind: Es geht nicht mehr um Klärung der Beziehung, es geht nicht mehr darum, einen Blick in die Herkunftsfamilien zu werfen, um vielleicht doch noch zu verstehen und einen Weg zu finden, zusammenzukommen. Vielmehr wird akzeptiert: Es geht nicht mehr gemeinsam! Das gegenseitige Nicht-Verstehen ist gegeben, und davon ausgehend wird geschaut, wie ein Minimum möglich wird, das, wenn es um die Kinder geht, die Eltern als Eltern kooperationsfähig bleiben lässt und hilft, den Kontext Paarbeziehung von dem Kontext Elternschaft gut zu differenzieren. Denn die Scheidung beendet die Institution Ehe, nicht aber die Beziehung (S. 119).

Das Vorgehen kann durchaus den Versuch beinhalten, besser zu verstehen, wie es soweit kommen konnte, doch muss man sich vor der Paradoxie hüten, die darin liegen kann: Wenn es möglich wäre, sich wirklich gütlich auf eine gemeinsame »Geschichtsschreibung« zu verständigen, dann wäre eigentlich die Trennung nicht nötig. Es ist ja gerade die Unmöglichkeit, einigermaßen störungsfrei miteinander zu sprechen, die in die Trennung geführt hat. Das Ziel ist deshalb eine Stärkung der Elternebene und zugleich eine möglichst friedliche Entflechtung auf Paarebene, nicht mehr das erneute Zusammenkommen (auch wenn das manchmal von einer der Konfliktparteien vielleicht noch gewünscht werden mag).

Eine Grundbedingung der Mediation ist Freiwilligkeit. Die Konfliktparteien entscheiden aus freien Stücken, sich zusammenzusetzen und Fragen, die mit der Trennung zusammenhängen – wie Aufteilung des Haushalts, der Finanzen, Versorgungsausgleich, Umgangs- und Sorgerechtsfragen für die Kinder und vieles andere mehr zu klären: »Ziel der Trennungs- und Scheidungsmediation ist die Neustrukturierung der Beziehungen, insbesondere die Stärkung der Beziehung als Eltern und eine bedürfnisgerechte, maßgerechte Übernahme von Rechten und Pflichten sowohl in finanzieller Hinsicht als auch hinsichtlich der Elternfunktion« (Hofstetter Rogger, 2015, S. 321).

Eine explizit systemische Mediation ist, wie schon gesagt, nicht ganz einfach zu bestimmen, denn natürlich muss jede Form der Konfliktberatung eine Vielzahl von Interessen unterschiedlicher Parteien, Erwartungen und Aufträgen balancieren, um allparteilich und lösungsorientiert zu bleiben (Kleve, 2015). Es geht darum, die hinter den vorgebrachten Positionen zu findenden persönlichen Interessen und Bedürfnisse zu verstehen und nach einem Ausgleich zu suchen (Rieforth, 2015).

In der Regel verlaufen Mediationen nach einem mehrstufigen Prozess. Meist werden vier oder fünf abgrenzbare Phasen unterschieden (Duss-von Werdt, 1998; von Hertel, 2013; Hofstetter Rogger, 2015; Köstler, 2010; Mähler u. Mähler, 1992):

a) In einer Phase der Auftragsklärung (der natürlich der Aufbau eines vertraulichen, stabilen und sicheren Rahmens vorausgegangen ist) werden gemeinsam Gesprächsregeln festgelegt und ein übergeordnetes Ziel formuliert, etwa einen Weg zu finden, die im Moment unvereinbar erscheinenden Interessengegensätze daraufhin zu untersuchen, ob es Lösungen gibt, zu denen beide Seiten Ja sagen können. Hier kann es sinnvoll sein, noch einmal klarzustellen, dass die Mediation in erster Linie der Klärung des zukünftigen Umgangs miteinander dient, nicht der »Abrechnung mit der Vergangenheit« (Duss-von Werdt, 1998, S. 124).

b) Anschließend geht es darum, die strittigen Themen zu sammeln und aufzulisten, um die es gehen soll. Hier bekommt jeder Raum, geschützt durch den Mediator, seine Standpunkte vorzubringen (was für den, der als Zweiter spricht, nicht immer leicht ist, muss er doch schon viel hören, was nicht immer seine Zustimmung findet).

c) In einem nächsten Schritt beziehen sich die meisten Autoren auf eine zentrale Überlegung des sogenannten Harvard-Konzepts (Fisher, Ury u. Patton, 2009). Dieses unterscheidet zwischen Positionen und Interessen. Positionen werden meist unverrückbar in den Raum gestellt, es scheint zwischen X und Y keinen Kompromiss zu geben, zumal beide Partner entschieden sind, keinen Millimeter davon abzuweichen. Hier kann es ein guter Weg sein, mit der Frage: »Wofür ist Ihnen das wichtig?« danach zu suchen (gegebenenfalls auch in getrennten Gesprächen), welches persönliche Interesse, welches Bedürfnis mit der Position verbunden ist.

Berühmt wurde hier das Konzept in den Camp-David-Friedensverhandlungen 1978 zwischen Israel und Ägypten: Beide Seiten hatten einen großen Streitpunkt, das war die Sinaihalbinsel. Die Israelis beharrten darauf, den besetzten Sinai niemals mehr herauszugeben. Die Ägypter ihrerseits standen auf dem ebenso unverrückbaren Standpunkt, dass es sich um ägyptisches Staatsgebiet handle und dass dieses zurückgegeben werden müsse, ehe es Frieden geben könne. Frieden schien mit Blick auf die Positionen absolut unmöglich. In den Verhandlungen wurde dann deutlich, worum es beiden Parteien eigentlich ging: Die Israelis wollten verhindern, dass ein ägyptisch regierter Sinai sozusagen »direkt vor ihrer Haustür« ein Aufmarschgebiet für Terrorangriffe oder gegen sie gerichtete militärische Operationen werden könnte. Die Ägypter ihrerseits sahen den Sinai als Prestigethema: Wie kann es angehen, ein Territorium, das zu dem eigenen Staatsgebiet gehört, nicht mehr zu kontrollieren? Die Lösung, die gefunden wurde und die letztlich den Friedensschluss ermöglichte, war, dass der Sinai als entmilitarisierte Zone deklariert wurde, die UNO diesen Status gewährleistete und er dafür aber vollständig wieder unter ägyptische Hoheit gestellt wurde. Auf der Ebene der Interessen gab es einen Ausgleich, der auf der Ebene der Positionen nicht möglich gewesen wäre (Wright, 2016).

Diese Phase ist das Herzstück der Mediation. Sie kann durchaus intensiv sein und den Mediatoren einiges abverlangen. Denn hier geht es darum, Gefühle in Worte zu fassen, und dies in einer Form zu tun, dass das Gegenüber nicht »ein- oder ausrastet« und sich angeklagt oder angegriffen fühlt, sondern versteht und anerkennt: *So* geht es dem anderen. Und das ist nicht leicht, denn in einer affektiv hoch aufgeladenen Situation, wie es ein eskalierter Konflikt nun einmal ist, bekommen die Parteien oft nur einen Bruchteil dessen mit, was der andere gesagt hat, reagieren oft schon auf erste Worte oder Körpersignale mit den bereits erwähnten »geeichten Schleifen« (»Ach nee, jetzt kommt *die* Leier wieder!«) oder mit Motivunterstellungen (»Das sagst du jetzt doch nur, weil du …!«). Anja Köstler schreibt dazu: »Erschwerend kommt hinzu, dass auch die eigene Ausdrucksfähigkeit gegenüber Menschen, mit denen man Streit hat, leidet. Konrad Lorenz hat folgende Kette entwickelt, die diesen Prozess beschreibt: ›Gemeint ist nicht gleich gesagt. Gesagt ist nicht gleich gehört. Gehört ist nicht gleich verstanden. Verstanden ist nicht einverstanden.‹ […] Diese Kette des Missverstehens und Fehlinterpretierens wird in der Mediation auseinandergenommen und die Glieder werden neu und stimmig wieder aufgefädelt« (Köstler, 2010, S. 65). Vor allem die Einsicht, dass, den anderen zu verstehen, ja nicht heißt, ihm zuzustimmen, kann hier hilfreich sein.

d) Die dann folgende Phase der »Optionenbildung« ist der kreativen Suche nach Wegen gewidmet, wie man es erreichen kann, die verschiedenen Interessen anders zu befrieden als durch Beharren auf einseitigen Positionen. Hier werden die Parteien ermutigt, aus den gegebenen Denkbahnen herauszugehen und in einem offenen Brainstorming Ideen zu entwickeln, auch wenn diese zunächst nicht realisierbar zu sein scheinen.

e) Die letzte Phase besteht dann darin, die Vorschläge, die inzwischen auf einer Flipchart aufgeschrieben oder mit dem Beamer an die Wand projiziert sind, auf ihre Realisierbarkeit zu prüfen, auszuhandeln, zu verabschieden und abschließend zu vereinbaren. Es sollte exakt klar werden: »Wer genau wird wo genau wann genau was genau tun?« (von Hertel, 2013, S. 41). Ähnlich schlägt Köstler (2010, S. 70) vor, sich in dieser Phase an die »SMART«-Regel zu halten, nach der eine Vereinbarung S für spezifisch, M für measurable (meßbar), A für achievable (erreichbar), R für realistisch und T für tangible (konkret) sein sollte. In dieser Phase ist die Sorgfalt des Mediators besonders gefragt, denn die Parteien sind, gerade wenn der Prozess gut verlaufen ist, oft sehr erleichtert und tendieren dazu, bloß mit der vagen, unverbindlichen Idee: »Das kriegen wir schon hin!« auseinanderzugehen.

4.6 Settings im Kontext Organisation

> »Wenn Sie nach einer Organisation suchen, werden Sie sie nicht finden. Was Sie finden werden, ist, dass miteinander verbundene Ereignisse vorliegen, die durch Betonwände hindurchsickern. [...] Ebenso wie die Haut eine irreführende Grenze für die Markierung des Punktes ist, wo eine Person aufhört und die Umwelt anfängt, sind es auch die Wände einer Organisation.«
> Weick (1995, S. 129)

Wie bereits zu Beginn von Kapitel 4 erwähnt, wird an dieser Stelle das Thema der eigentlichen Organisationsberatung ausgeklammert, deren komplexe Architekturen systemische Interventionen auf vielen unterschiedlichen Ebenen erfordern (ausführlich hierzu etwa Königswieser u. Hillebrand, 2013; Wimmer, 2010, 2012). Wohl aber soll der Blick auf spezifische Settings gerichtet sein, die sich in überschaubareren Systemstrukturen innerhalb von Organisationen für systemische Arbeit anbieten, vor allem in der Arbeit mit Teams und im Coaching. Eine große Zahl der in diesem Buch vorgestellten Zugangsmöglichkeiten zu systemischen Dynamiken sind natürlich auch hier einsetzbar: Zirkuläre Fragen, Reframings, Skulpturen,

Aufstellungen[28] und reflektierende Positionen (zum methodischen Vorgehen in diesem Kontext besonders zu empfehlen: Scheer, 2012) sind ja nicht auf die Arbeit mit Familien begrenzt.

Ein wesentlicher Punkt im Einsatz dieser Instrumente im Rahmen von Organisationen ist, nicht zu schnell auf die Ebene persönlicher Beziehungen zu gehen, sondern die Organisation und ihre Strukturen immer zumindest implizit mitzudenken. Viele Konfliktkonstellationen, die innerhalb von Teams, gestützt durch personenbezogene Zurechnung und eine Geschichte wechselseitiger persönlicher Kränkungen, als Konflikte zwischen konkreten Akteuren dargestellt werden, können mit einem erweiterten Blick auch als »Folgeproblem der strukturellen Grundentscheidung formaler Organisation« erkannt werden (Luhmann, 1999, S. 105). Manchmal kann es hilfreich sein, persönliche Konflikte als strukturell bedingt zu sehen (auch wenn die negativen Emotionen dadurch meist nicht einfach verschwinden).

4.6.1 Die Differenz von Bindungs- und Entscheidungskommunikation

> »Jedes System muss sein Handeln an einer Vielzahl von Werten ausrichten. Es kann versuchen, wichtige Werte in ein eindeutiges Rangverhältnis zu bringen, Arbeit mehr zu schätzen als Liebe oder langfristige Investitionen dem kurzfristigen Konsum vorzuziehen.«
> Luhmann (1999, S. 239)

In diesem Zusammenhang ist die Unterscheidung zwischen Bindungs- und Entscheidungskommunikation hilfreich, wie sie in der Bearbeitung von Fragestellungen entwickelt wurde, die in Unternehmerfamilien auftreten (siehe z. B. von Schlippe et al., 2017).

---

28 Gerade Aufstellungen werden oft gern genutzt, um auch Prozesse größerer Systeme wie Organisationen, aber auch internationale Konflikte oder Ähnliches zu modellieren. Da man hier mit Gruppen arbeitet, aus deren Reihen man Stellvertreter gewinnt, geht man von einem Kontext überschaubarer Komplexität aus und kann zugleich interessante Hypothesen über die Dynamiken großer Systeme gewinnen (Müller-Christ u. Pijetlovic, 2018).

Führen wir uns noch einmal vor Augen, was in der Sicht der Systemtheorie soziale Systeme ausmacht, um die grundlegende Unterscheidung zwischen Familien und Organisationen nachzuvollziehen. Soziale Systeme bestehen als Sinn bearbeitende Systeme in der Theorie Luhmanns (1984, 2000) bekanntlich aus Kommunikationen. Doch Systeme können sich hinsichtlich der Logik, über die die Kommunikationen jeweils verstanden werden, sehr unterscheiden.[29] Für unsere Fragestellung können wir die Differenz der Logiken von Familie und Unternehmen als Beispiel für Polykontexturalität heranziehen (ausführlich wird dieser Begriff in Abschnitt 2.3.1 vorgestellt): Die Gleichzeitigkeit der Kontexturen Familie und Organisation ist oft nicht leicht auszubalancieren, was einige Konflikte in Organisationen verstehbar macht.

Familie ist als Kommunikationssystem um Liebe, Bindung, Beziehung und Loyalität herum »gebaut«. Man tauscht (mehr oder weniger) Gesten der Verbundenheit aus und setzt sich füreinander ein, und mit Dank und Wertschätzung wird ein Ausgleich für persönlichen Einsatz hergestellt (Luhmann, 2005). Diese spezifische Funktion der Kommunikation haben wir als »Bindungskommunikation« bezeichnet (von Schlippe et al., 2017). Damit verbunden ist eine Art von Ausgleich, die langfristig und nicht monetär angelegt ist: Es geht um Dank, Anerkennung und Wertschätzung (auch Geld wird oft eher symbolisch wahrgenommen). Auch wird ein Ausgleich nicht sofort oder »am Monatsende« erwartet, sondern eher nach Jahren, manchmal sogar erst nach Generationen (»Ihr sollt es einmal besser haben«). Auch folgt Mitgliedschaft in der Familie anderen Regeln als in der Organisation: Man gehört qua Geburt oder durch juristisch stark bindende Rituale (Heirat, Adoption) dazu, und zwar als

---

29 Das soll hier nicht weiter vertieft werden, um nicht zu sehr in die Systemtheorie einzusteigen. Nur zur Genauigkeit: Die spezifische Selektivität, mit der der kontinuierlich ablaufende Zirkel von Information, Mitteilung, Verstehen sich fortsetzt, kann sehr unterschiedlichen Logiken folgen. In einem Unternehmen wird anders selegiert als in Familien, d. h. aber auch, dass eine Aussage im Kontext des einen Systems mit einer ganz anderen Selektionslogik bearbeitet wird als im Kontext des anderen.

ganze und konkrete Person, als Vollperson, nicht nur in einer Teilfunktion (man ist eben nicht nur »Vater« oder »Großtante«, deren Wegfall über eine Stellenanzeige ausgeglichen werden könnte, sondern genau »der Vater Wilfried«, »die Großtante Amelie«, eben einzigartig und unersetzlich).

Organisationen »ticken« dagegen völlig anders. Sie vollziehen ihre Funktionen über das Prozessieren von Entscheidungen, Luhmann (2000) folgend, lässt sich sagen, »bestehen« Organisationen aus Entscheidungskommunikation, d. h., jede Kommunikation wird darauf geprüft, ob sie mittelbar oder unmittelbar auf eine Entscheidung hinführt. Sie orientieren sich nicht an der Vollperson, es ist gerade ihre Aufgabe, von dem jeweils konkreten Menschen zu abstrahieren. Dieser wird »durch die Standardisierung der notwendigen Handlungsweisen als Individu[um; AvS] austauschbar« (Simon, 2007, S. 13). Das heißt, Arbeitskraft und Leistungsfähigkeit des Einzelnen werden beobachtet und genutzt; durch das Gehalt wird dies abgegolten. Mit der Gehaltszahlung sind die Ansprüche aneinander ausgeglichen.

Man kann sich die Differenz von Bindungs- und Entscheidungslogik gut an folgendem Beispiel vorstellen: Ein Mensch wacht mit Kopfschmerzen auf. Der Satz »Ich habe ganz starkes Kopfweh!« führt im Kommunikationssystem Familie zu einer beziehungsorientierten Kaskade von Folgekommunikationen (»Ach du Armer, soll ich dir den Kopf etwas massieren?«, »Warte, ich hole dir eine Tablette!«, »Oh je, leg dich doch noch ein wenig hin!« usw.). Auch im Unternehmen wird ein Minimum an Bindungskommunikation realisiert werden: »Oh, das tut mir aber leid, zu hören, na, hoffentlich wird es bald wieder besser!«, im Kern aber wird die Kommunikation hier auf die auf Entscheidungslogik abzielende Frage hinauslaufen: »Sind Sie denn heute trotzdem arbeitsfähig, oder müssen wir für Sie Ersatz besorgen?«

4.6.2 Teams

> »Teams sind […] Gruppen, deren Mitgliedschaften sich oft über größere Zeiträume erstrecken, […] sodass sich zunehmend Traditionen der Kommunikation einstellen können, die an Familienbeziehungen erinnern.«
> Borst, von Schlippe und Fischer (2015, S. 178)

Die in Abschnitt 4.6.1 beschriebene Differenz der Kommunikationslogiken ist wichtig, wenn man mit Teams in den unterschiedlichsten organisationalen Zusammenhängen arbeitet. Denn sie alle haben eines gemeinsam: Sie unterscheiden sich als Sozialsysteme fundamental von Familien. Anders als in über Verwandtschaft organisierten Familienbezügen gilt in Organisationen, dass die Mitgliedschaft im Team durch explizite Entscheidungen (Bewerbung, Einstellung) erworben wird und dass mit dieser Entscheidung die Forderung nach der Anerkennung bestimmter organisationaler Regeln einhergeht – etwa die Anerkennung von Hierarchie.

Diese zentrale Unterscheidung wird gern vergessen, Teams tendieren dazu, sich familienähnlich zu organisieren. Die persönlichen Befindlichkeiten, die Beziehungen der Teammitglieder untereinander werden thematisiert und nicht selten auch problematisiert. Gerade in sozialen Einrichtungen, in psychosozialen Teams kann dies durch beziehungsorientierte Teamsupervision noch gefördert werden (Borst, von Schlippe u. Fischer, 2015). Dahinter steht oft die Idee, dass nur ein Team, das sich gut versteht, auch gute Arbeit leistet. So nachvollziehbar das ist, so gefährlich kann dies auch sein, wenn sich diese Überlegung zur Ideologie verdichtet: »Wir können nur gut arbeiten, wenn wir uns auch gut verstehen.« Dann kann die Beschäftigung des Teams mit sich selbst zur Hauptaufgabe werden.

> Ich (AvS) erinnere mich gut an meine Tätigkeit in verschiedenen Teams in der Kinderpsychiatrie. Sicher etwas überspitzt, aber doch mehr als nur scherzhaft denke ich an die damals gelegentlich zu hörende Aussage: »Wir können uns wunderbar mit uns selbst beschäftigen, das Einzige, was uns hier stört, sind die Patienten!«

Ein weiterer Aspekt, gerade in psychosozialen Teams, in Start-ups und kollektiv geführten, meist kleineren Organisationen beobachtbar, ist, dass Führung als explizite Funktion wenig geschätzt wird (Rohrberg u. Hermann, 2019). Nicht selten wird dann davon gesprochen, dass Führung nur »pro forma« existiere, da ja alle von der Aufgabenstruktur her das Gleiche tun. Diese Haltung ist durchaus gefährlich, denn mit der Tabuisierung von Hierarchie und organisationalen Machtverhältnissen verschwinden diese ja nicht einfach, sondern sie entwickeln sich verdeckt, indirekt und hintergründig. Nicht selten kann man dann erleben, dass gerade Teams, die Macht und Führung als Thema ablehnen, besonders heftig zerstritten sind, insbesondere haben die Personen, die Führungsfunktionen auszufüllen haben, es hier ziemlich schwer.

Eine wesentliche Strategie in der systemischen Arbeit mit Teams ist daher, nicht primär darauf zu fokussieren, dass »alle« Beziehungen geklärt, freundlich und friedlich sind, sondern dass das jeweilige Team arbeits- bzw. im Fall von Führungsteams auch entscheidungsfähig ist. Während es in einer Familie bzw. Partnerschaft eine gute Idee sein kann, zu überlegen, ob man sich trennt, wenn man feststellt, dass man sich »hasst«, ist es für eine gute Kooperation zwar erfreulich, sich nicht zu hassen, aber seine Aufgaben kann man auch dann gut erledigen – man geht dann nur vielleicht nicht mehr so gerne abends noch ein Bier miteinander trinken. Während also in Familien die Beziehungen im Vordergrund stehen, ist im Kontext der Beratung in Organisationen die Arbeits- und Entscheidungsfähigkeit zentral – und wer dauerhaft nicht kooperationsbereit (»Bei dem Chef geht das einfach nicht!«) ist, dem steht, anders als in Familien, die Kündigung als Möglichkeit zur Verfügung, falls er nicht gewillt ist, die mit dem Eintritt ins Unternehmen unterschriebene Einordnung in eine bestimmte Organisationsstruktur auf sich zu nehmen.

Wohlgemerkt: Dies ist kein Plädoyer gegen Selbstreflexion von Teams, gegen Teamberatung und/oder -supervision. Nur gilt es, als systemische Supervisorin sehr genau auf die spezifischen Einladungen zu achten, die sich aus der Tendenz ergeben, Teambeziehungen familienanalog zu gestalten.

4.6.3 Zwischen Unternehmen und Familie: Unternehmerfamilien

> »Familie und Unternehmen passen
> eigentlich nicht zusammen!«
> von Schlippe, Groth und Rüsen (2017, S. 72)

Unternehmerfamilien sind in gewisser Hinsicht besondere Familien, so wie ihre Unternehmen ebenfalls besonders sind. Das hat damit zu tun, dass sich hier zwei Sozialsysteme sehr nah berühren, die sehr unterschiedlichen Logiken folgen. In anderen Familien sind berufliche Kontexte und Familienleben meist klarer getrennt, die von Gregory Bateson (1981) beschriebenen »Kontextmarkierungen« erlauben es, recht eindeutig zu unterscheiden, in welcher Kommunikationslogik man sich gerade bewegt (der Kontext des Zuhauses markiert eindeutig die Szenerie für familiäre Kommunikation; der Kontext etwa der Schule zeigt genauso eindeutig, dass man, etwa als Lehrer, nun eine andere Person, eine andere »Kommunikationsadresse« ist, vgl. das Beispiel »Lateinlehrer und Pfadfinderführer« in Abschnitt 2.3.1). Unternehmerfamilien steht diese Klarheit der Differenzierung nicht im gleichen Maße zur Verfügung, kann doch das Sonntagsfrühstück schnell zum Ort für strategische Auseinandersetzungen werden, und auch der Kontext Unternehmen kann nicht unbedingt verhindern, dass sich familiäre Streitigkeiten dort fortsetzen.

Die in Abschnitt 4.6.1 beschriebene Differenz von Bindungs- und Entscheidungskommunikationslogik bringt daher insbesondere Unternehmerfamilien in oft schwierige Lagen, weil die Kommunikation manchmal nicht »weiß«, wohin sie gehört.

Besonders prägnant zeigt sich dies am Beispiel einer Familie (von Schlippe, 2014d, 2018), in der die Eltern in einer emotional sehr bewegenden Situation dem Sohn und seiner Freundin angeboten hatten, in die Nachfolge der Führung ihres kleinen Hotels, ihres »Juwels«, einzusteigen. Drei Wochen später hatten die jungen Leute einen Businessplan mit strategischen Überlegungen und »Milestones« vorgelegt.

Dies hatte die Eltern zutiefst verletzt, die Verletzung wiederum war den Jungen völlig unverständlich. Beide Seiten waren so zunehmend verärgert übereinander, dass Gespräche unmöglich geworden waren.

Mit der Methode der »vier Stühle« (von Schlippe, 2014a, 2018) wurde es möglich, zu verdeutlichen, wo das Missverstehen seinen Ausgangspunkt genommen hatte: Der Vater hatte innerlich auf dem »Vaterstuhl« gesessen, als er das Angebot gemacht hatte, und nicht auf dem »Unternehmerstuhl«. Der Sohn jedoch hatte nicht auf dem dem Vater gegenüberstehenden »Sohnstuhl« gesessen, sondern auf dem »Nachfolgerstuhl«. So wurde es möglich, in der Szene die »schrägen kommunikativen Anschlüsse« (von Schlippe, 2014a, S. 40) zu modellieren, zu denen es in Unternehmerfamilien kommen kann: Ein Kommunikationsakt in der Logik des einen Systems wird in der des anderen verstanden – und das Missverstehen wird jeweils dem Gegenüber negativ zugerechnet (»dumm, krank oder böse«) mit der Folge sich vertiefender Konfliktspiralen.

Ein Thema, das die Problematik der Verquickung unternehmerischer und familiärer Logik besonders nachvollziehbar erkennbar macht, und daher in diesem Setting gut nutzbar sein kann, ist das der sogenannten »psychologischen Kontrakte« (Morrison u. Robinson, 1997). Dieses Konzept wurde ursprünglich in der Organisationspsychologie entwickelt, um das Verhältnis von Arbeitnehmern und Arbeitgebern zu verstehen, vor allem aber auch die Gefühle der Angestellten, die sich durch gegebene, aber nicht gehaltene Versprechen von ihren Chefs verraten und betrogen fühlen.

Das Konzept kann auch helfen, sich die besondere Intensität von Konflikten in Unternehmerfamilien besser bewusst zu machen. Es geht um eine Art ausgesprochener oder unausgesprochener Vereinbarung, die oft nur angedeutet (durch Handlungen, Signale und Symbole) und indirekt von der einen Seite als Versprechen gegeben und/oder von der anderen Seite als verbindlich verstanden wird. Das Problem ist, dass derjenige, der das Versprechen gegeben hat, dieses oft nicht so klar als explizit eingegangene Verpflichtung erlebt wie der andere, ja, manchmal sich sogar nicht einmal mehr daran erinnert

(»Ich habe nie gesagt, dass du einmal mein Nachfolger sein wirst!«). Die Reaktion auf das Gefühl eines gebrochenen Versprechens ist Empörung und das Empfinden, verraten worden zu sein. Damit einhergehende verletzte Gefühle können die Kooperation der aufeinander angewiesenen Familienmitglieder massiv beeinträchtigen (Hülsbeck u. von Schlippe, 2018; von Schlippe u. Hülsbeck, 2016). Fragen nach verletzten psychologischen Kontrakten können in der Beratung von Unternehmerfamilien oft helfen, die Spuren heftiger Gefühle zu verfolgen und zugrunde liegende alte Missverständnisse zumindest ansprechbar zu machen.

Die hier nur kurz skizzierten Möglichkeiten, Unternehmerfamilien als ein bedeutsames Setting systemischer Praxis zu sehen, zeigen, dass wir es hier mit einem Sonderfall zu tun haben, der irgendwo zwischen der klassischen »Familientherapie« und der Beratung im Kontext von Organisationen angesiedelt ist (ausführlich sind die Möglichkeiten der systemischen Konfliktarbeit dargestellt bei von Schlippe, 2014a, 2014d).

4.6.4 Coaching

> »Der Zusatz ›systemisch‹ macht Coaching für viele Klienten nicht leichter verständlich. Zur Veranschaulichung ein kurzes Klientenzitat: ›Das gefällt mir sehr gut, dass Sie systematisches Coaching anwenden. Ich brauche einen sehr klar strukturierten Beratungsprozess.‹ Klienten wollen Ordnung, Struktur und Klarheit. Oftmals konfrontieren wir als systemische Coachs genau mit dem Gegenteil, Chaos, Offenheit und Unklarheit, denn es geht darum, Instabilität für Veränderungsprozesse zu nutzen«
> Steinhübel (2005, S. 298).

Dieser Abschnitt hätte gut auch unter die Überschrift (des Unterkapitels 4.3) »Einzelpersonen« gepasst, doch da sich Coaching meist auf die berufliche Positionierung und sich daraus ergebende Fragestellungen bezieht, folgen die Ausführungen dazu an dieser Stelle. Anders als in der oben behandelten Einzelarbeit ist nämlich, um es noch einmal zu sagen, die Organisation grundsätzlich mitzubedenken, geht es um die Balance im Dreieck zwischen Beruf, Privatleben und Organisation (Kriz, 2016; Raddatz, 2006; Schmidt-Lellek u. Schreyögg, 2008; Schreyögg u. Schmidt-Lellek, 2009). Oft, gerade bei Führungskräften, geht es auch darum, im innerorganisationalen Dreieck zwischen den vielfältigen Wünschen der Kollegen, Mitarbeiter und Vorgesetzten den Überblick zu behalten (Steinhübel, 2010).

Coaching wird als spezielle Form von Beratung in Unternehmen, als »Dienstleistung« verstanden (Mollbach, 2008), oft verbunden mit Vorstellungen von Qualifizierung oder konkreten Verhaltensänderungen beim Gecoachten, dem Coachee. Neben der Komplikation, die sich dadurch ergibt, sollte aber auch die Chance gesehen werden: Coaching ist »hoffähig« geworden, nicht mehr etwas Exotisches, sondern selbstverständlicher Standard unternehmerischer Praxis und Personalentwicklung.[30] Das bedeutet aber auch, dass ein Coachingkontrakt eher im Ausnahmefall eine Vereinbarung zwischen Coach und Coachee allein ist. Häufiger sind die Fälle, in denen ein Coachee auf Veranlassung eines Vorgesetzten kommt und das primäre Ziel verfolgt, möglichen negativen Sanktionierungen zu entgehen, wenn er/sie nicht kooperiert.

Die (Un-)Freiwilligkeit des Kontrakts ist daher oft ein erstes Thema. Ähnlich wie bei den unfreiwillig kommenden Familien (Abschnitt 4.1.4) kann es nämlich auch hier der Fall sein, dass jemand ins Coaching kommt, um einen Dritten zufriedenzustellen, zugleich aber die mit der Coachingauflage gegebenenfalls verbundene negative Beziehungsdefinition (»Das ist Ihr Problem, daran müssen Sie mal arbeiten, das geht so nicht weiter!«) ablehnt – eine paradoxe Ausgangslage, die die Kooperation erschweren kann.

Daher sollte die Rolle dritter Auftraggeber (generell gilt jede als solche, die qua Hierarchie das Coaching anordnen kann, vor allem dann, wenn die Bezahlung über sie als externe Akteurin läuft) sorgfältig mitgeklärt werden, um die Basis der gemeinsamen Arbeit ge-

---

30 Levold allerdings berichtet davon, dass Coaching auch heute noch oft verschwiegen wird, weil es nicht mit dem Bild einer durchsetzungsfähigen Führungspersönlichkeit zusammenpasst (Levold, 2003b, S. 36 f).

gebenenfalls durch ein »Dreieckscontracting« abzusichern (siehe Abschnitt 3.1.1). Es geht dabei um die Frage danach, was die nicht anwesende Dritte für eine Vorstellung davon hat, was in der Beratung passieren soll. Falls der Gesprächspartner keine Vorstellung davon hat, was die Dritte von ihm in der Beratungssituation erwartet, kann er entweder noch einmal zu dieser geschickt werden oder man beginnt mit einer ersten Sitzung, bei der die drei Parteien anwesend sind. Dreieckskontrakte als »Grundraster für Rollenklarheit« (Kallabis, 1992; siehe auch Schmid u. Hipp, 2003) schaffen Transparenz und Verbindlichkeit. In vielen Fällen kann es auch ratsam sein, diese Vereinbarungen schriftlich zu fixieren.

Ein Aspekt ist noch zu beachten: Je mehr sowohl Coach als auch Coachee in diesem Dreieckskontrakt vom (zahlenden) Dritten (meist dem Vorgesetzten des Coachees) finanziell und karrieretechnisch abhängig sind, desto heikler werden Fragen von Furcht, Mut und Ermutigung im Coachingprozess. Erfolgreiches Coaching zielt ja meist auf ein »Empowerment« des Coachees, welches aber im Erfolgsfalle auch neue Konflikte mit dem Vorgesetzten beinhalten kann. So wird es für Coach wie Coachee bedeutsam, auf der schmalen Grenzlinie zwischen übermäßiger Anpassung und destruktivem Widerstand einen guten, lebbaren, hinreichend »sicheren« Mittelweg zu finden (Schweitzer, Bossmann, Zwack u. Hunger, 2016).

> Eine hoch qualifizierte Mitarbeiterin auf der zweiten Führungsebene fühlt sich von ihrem Chef diskriminiert und gegenüber seinen meist männlichen »Lieblingen« unter ihren Peers auf derselben Leitungsebene benachteiligt. Im Coaching suchen sie und ich (JS) nach Wegen, ob und wie sie Solidarität unter ihren Peers mobilisieren und sich Unterstützung von außerhalb (Betriebsrat), von »ganz oben« (Aufsichtsgremium des Unternehmens) und auch von ihrem Partner holen kann. Das erweist sich immer wieder als heikel: Ab wann verweigert sie eine ihrem Vorgesetzte geschuldete Loyalität? Ab wann darf sie mit ihren Beschwerden vom Dienstweg abweichen? Ab wann belastet sie ihren Partner damit übermäßig? Immer wieder prüfen wir, welche Vorsichtsmaßnahmen für die nötige Sicherheit sorgen können. Die

von ihr ergriffenen Maßnahmen sind nach einiger Zeit erfolgreich: Sie erhält bessere Arbeitsbedingungen, der Chef stellt diskriminierende Verhaltensweisen ein und sie erhält attraktive Angebote von außerhalb.

Anders als in der therapeutischen Beratung zielt Coaching auf die konkrete berufliche Praxis ab, geht es nicht nur um die Klärung eigener emotionaler Befindlichkeit, sondern auch um Förderung von Kompetenzen (also Fähigkeiten und Wissen) und um Performanz (also die Fähigkeiten auch »auf die Straße« bringen zu können). Damit wird die in Abschnitt 4.6.1 angesprochene Differenz von Personorientierung und funktionaler Orientierung noch einmal deutlich unterstrichen (Levold, 2003b): Es geht neben der Selbstreflexion immer auch konkret um die Frage danach, wie das, was im Gespräch an Möglichkeiten und Optionen erarbeitet wurde, in der Praxis angemessen umgesetzt werden kann, wie ein Aktionsplan aussieht, in dem Einsichten und neu erworbenes Wissen und erlangte Kompetenzen im Alltag eingeübt und integriert werden können.

5 Schlusswort

> »Menschen sind genauso wundervoll wie ein Sonnenuntergang, wenn ich sie sein lassen kann. Ja, vielleicht bewundern wir einen Sonnenuntergang gerade deshalb, weil wir ihn nicht kontrollieren können. Wenn ich einen Sonnenuntergang betrachte, wie ich es vor ein paar Tagen tat, höre ich mich nicht sagen: ›Bitte das Orange etwas gedämpfter in der rechten Ecke und etwas mehr Violett am Horizont und ein bisschen mehr Rosa in den Wolken.‹ Das mache ich nicht. Ich versuche nicht, einem Sonnenuntergang meinen Willen aufzuzwingen.«
> Rogers (1981, S. 32 f.)

Meine (AvS) universitäre Ausbildung beinhaltete ein Training in klientenzentrierter Gesprächspsychotherapie nach Carl Rogers, heute spricht man eher von personzentrierter Psychotherapie (siehe z. B. Kriz, 2014a, S. 193 ff.). Bekanntlich formulierte Rogers nach der Auswertung und Analyse einer großen Zahl aufgezeichneter psychotherapeutischer Gespräche drei zentrale Variablen des Therapeutenverhaltens, durch die sich erfolgreich verlaufende Therapieprozesse von nicht erfolgreichen unterscheiden ließen. Erfolgreiche Therapeutinnen und Therapeuten verwirklichen demnach ein Verhalten, das von Wärme und Wertschätzung getragen ist, wobei sie ein konstantes Bemühen um einfühlendes Verstehen und Empathie zeigen (vor allem erkennbar am Verbalisieren – Spiegeln – von emotionalen Erlebnisinhalten) und sich erkennbar kongruent verhalten. Das heißt, ein Beobachter würde ihnen abnehmen, dass sie in der Beratungssituation »echt« sind, keine Fassade vorspielen, keine vorgefertigte Rolle zeigen, sondern kongruent als Person reagieren. Genau genommen hat Rogers übrigens damals, ohne sich theoretisch daran zu orientieren, die basalen Rahmenbedingungen für konstruktive

Selbstorganisationsprozesse formuliert. In seinen späten Werken finden sich dazu interessante Überlegungen, etwa in seiner Aufsatzsammlung »Der neue Mensch« im Kapitel über die Grundlagen eines personenzentrierten Ansatzes (Rogers, 1981). In diesem Aufsatz befasst er sich auch mit den damals aufkommenden frühen Selbstorganisationstheorien (z. B. von Prigogine). Was er dort schreibt, ist zwar auf das Individuum gerichtet, verträgt sich aber meines Erachtens sehr gut mit heutigen systemischen Überlegungen: »Das Individuum verfügt potentiell über unerhörte Möglichkeiten, um sich selbst zu begreifen und seine Selbstkonzepte, seine Grundeinstellungen und sein selbstgesteuertes Verhalten zu verändern; dieses Potential kann erschlossen werden, wenn es gelingt, ein klar definierbares Klima förderlicher psychologischer Einstellungen herzustellen« (S. 66 f.).

Die Randbedingungen konstruktiven Therapeutenverhaltens wurden also operationalisiert über die drei »Rogers-Variablen«: Wärme/Wertschätzung, Echtheit und Empathie. Im Rahmen der Ausbildung wurden wir nun daraufhin trainiert, diese Variablen in möglichst hohem Ausmaß zu verwirklichen. Wir stellten auf Rekorder aufgenommene Gesprächsausschnitte vor. Diese wurden daraufhin bewertet, in welchem Ausmaß wir diese Variablen im Gespräch realisierten. Die Ausbildungsgruppe schätzte das Therapeutenverhalten entsprechend einer Einschätzungsskala ein, wenn ich es recht erinnere, musste man sogar einen bestimmten Wert in den Variablen erreichen, um das Seminar zu bestehen. Das führte manchmal zu kuriosen Situationen, etwa wenn man sich selbst im laufenden Gespräch daraufhin überprüfte, ob man denn wohl auch »echt« genug rüberkommt, eine besonders schräge Form des Umgangs mit Erwartungs-Erwartungen: Die Ausbildungsgruppe saß sozusagen mit im Raum und bildete den Rahmen für eine klassische »Sei-spontan-Paradoxie«: »Sei echt, sei echt, sei echt!« Genauso kurios war die Idee, dass es bei der Empathie auf sprachliche Flexibilität ankomme, dass es also gut wäre, für ein vom Klienten angesprochenes Gefühl (»traurig«) sofort fünf Synonyme parat zu haben (»bedrückt, nicht fröhlich, verschlossen, ein Schmerz, niedergeschlagen«), die man dann fast wie Vokabeln auswendig lernte. Die damalige Ausbildungssituation (auch damals schon innerhalb der Gesprächspsychotherapieszene heftig diskutiert und kritisiert) hat wohl viel damit zu tun, dass diesem Ansatz vielfach vorgeworfen wurde, nur papageienartig nachzuplappern, also mechanisch das zu wiederholen, was der Klient gesagt habe. Natürlich bestand die Ausbildung, die ich nach wie vor nicht missen möchte, nicht nur im Erlernen des entsprechenden Verhaltens, und am Ende waren wir glücklicherweise auch nicht zu Papageien geworden. Doch wurde dies schlussendlich wohl eher nicht *wegen* dieser spezifischen Trainingsorientierung, sondern *trotz* dieser möglich.

Nun ja, es war eine andere Zeit. Viel später erst habe ich verstanden, dass hier ein Kategorienfehler vorlag (Kriz, 2014a, S. 200). Und an Stellen, an denen Kategorien durcheinandergebracht werden, entstehen bekanntermaßen häufig Paradoxien (s. z. B. Simon, 2002). Denn die Therapeuten und Therapeutinnen, die Rogers untersucht hatte, zeigten ja dieses Verhalten nicht, weil sie Variablen trainiert hatten, die sie damals noch gar nicht kannten, sondern weil sie einen persönlichen Weg der Auseinandersetzung mit sich selbst durchlaufen hatten, auf dem sie Erfahrungen gesammelt hatten, und sich theoretisch wie praktisch und persönlich mit Überlegungen darüber auseinandergesetzt hatten, wie seelisches Leiden zustande kommt. Ein Beobachter ihrer Arbeit konnte dann erkennen, dass sie im konkreten Gespräch ein Verhalten zeigten, das über diese Variablen rekonstruierbar war. Doch bedeutet im Umkehrschluss das schlichte Trainieren dieser Bedingungen nicht, dass man auch ein guter Therapeut ist, wenn man sich nur intensiv genug »bemüht«, etwa »echt« zu sein. Das Einüben der Variablen mit dem Ziel, auf Skalen möglichst hohe Werte zu erreichen, wird wohl sehr anders sein als der persönliche Weg, den erfahrene Therapeutinnen durchlaufen, bis sie ein derartiges Verhalten realisieren können. Diese Erkenntnis, die ich meinem Lehrer und Freund Jürgen Kriz verdanke, hat mich sehr beschäftigt.

Sie liegt in gewisser Weise auch diesem Buch zugrunde. Der Ausgangspunkt ist die Idee, dass es auch für systemische Praktiker nicht (oder sagen wir: nicht nur, nicht primär) darum geht, Techniken und Verhaltensweisen einzuüben, sondern dass auch systemische Praxis eher das Ergebnis einer Haltung, eines Blicks auf die Welt ist, der eine Auseinandersetzung mit sich selbst und anderen und mit erkenntnistheoretischen Grundfragen über die Beziehung von Menschen zur Welt und zueinander beinhaltet. Auch in der Gründerphase der systemischen Therapie war es ja nicht so, dass zuerst die Methoden waren und dann kam alles andere, sondern die Personen, die wir heute Gründer nennen, hatten sich eine bestimmte Sicht auf die Welt angeeignet, reflektierten die Möglichkeit menschlicher Erkenntnis, fragten sich, welche Rolle diese für Kommunikation spielte und welche Konsequenzen all dies für die Gestaltung zwischenmenschlicher Beziehungen hatte. Es ist eine Sicht, die wir heute »systemisch« nennen und deren Kennzeichen ist, dass sie nicht vor Komplexität zurückschreckt, sondern diese mitdenkt, statt einer »komplexitätsvergessenen Vernunft« zu huldigen (Nassehi, 2017, S. 19). Aus ihrem Denken und ihrer Erfahrung entstanden die Methoden als sozusagen selbstverständlicher Ausdruck ihrer Überzeugungen.

In dem Sinn kann man auch sagen, ist systemische Therapie gar kein neues Therapiemodell, keine neue Therapieform, sondern eine konsequente Umsetzung systemischer Erkenntnistheorie: Wer davon überzeugt ist, dass zwischenmenschliche Wirklichkeiten immer nur im Plural existieren, dass sich, wie schon erwähnt, »in einer Welt wie der unseren keine Position denken lässt, von der her alles gleich aussieht« (Nassehi, 2017, S. 19), der wird sozusagen »von selbst« nach verschiedenen Perspektiven fragen, wird wissen wollen, wie ein beklagtes Problem von verschiedenen Seiten aus verschieden beschrieben wird und wie sich aus diesen Differenzen neue Ideen ergeben – und er wird keine Fragen der Form stellen: »Seit wann haben Sie das *Problem*?« oder »Wann ist *es* das erste Mal aufgetreten?« Wer mit Komplexität rechnet, der rechnet damit, »dass ›das System‹ während des Umbaus auf den Umbau reagiert und sich eben nicht als Einheit darstellt, sondern intelligenter ist als die Intelligenz des Umbaus« (Nassehi, 2017, S. 44). Und wer Ambivalenz als zu erwartenden Normalzustand ansieht, der wird nicht auf Eindeutigkeit hinarbeiten.

Psychische und soziale Systeme werden in Veränderungsprozessen auf genau diese Veränderungsprozesse flexibel reagieren, daher gerät man ja auch – wie derzeit viel diskutiert wird – in ziemliche Paradoxien, wenn psychotherapeutisches Handeln mit Mitteln positivistischer Forschungslogik untersucht wird. Eine Logik, die sich an der Überprüfung der Wirksamkeit von Medikamenten orientiert, muss sich immer wieder in Sackgassen wiederfinden, wenn es um komplexe Sinnbildungsprozesse geht. Denn Interventionen »wirken« zu unterschiedlichen Zeiten im Therapieprozess unterschiedlich und eben nicht invariant unter allen Umständen, wie man es vielleicht bei einem Medikament annehmen kann (Kriz, 2014b). Zudem dürften sich die Effekte in therapeutischen und Beratungsprozessen zu großen Teilen ähnlich zeigen wie Prozesse der Weitergabe von unaussprechbarem Wissen, von »Tacit Knowing« (Polanyi, 2009), sich also im Impliziten, im Vagen, in nicht messbaren Qualitäten der therapeutischen Beziehung niederschlagen (Loth u. von Schlippe, 2004).

In diesem Sinn würde es uns freuen, wenn Sie nach der Lektüre dieses Buches systemische Methoden nicht mehr so sehr unter dem Aspekt sehen würden, wie man sie jeweils »richtig« (und womöglich auch noch situationsunabhängig) einsetzen kann/sollte. Darum geht es unseres Erachtens gar nicht. Wir sind überzeugt, dass systemische Praxis in Beratung, Therapie und Pädagogik vielmehr von einer Haltung lebt, die nach Prozessen der Auseinandersetzung mit sich selbst, mit Theorie und den Bedingungen menschlicher Erkenntnis in der Lage ist, einigermaßen freundlich auf die Welt zu schauen, die wir Menschen miteinander geschaffen haben. Eine Welt, die neben allem, was einen entsetzt, auch so viele Chancen und Entwicklungsmöglichkeiten bietet, und die wir auch nur miteinander, gemeinsam verändern können – und auch das nur in viel kleinerem Maß, als wir es uns wünschen.

Und wer weiß, vielleicht (er)finden Sie selbst sogar ganz neue Wege, die zu psychischen und sozialen Wirklichkeiten sinnvolle Zugänge möglich machen? Wer sagt denn, dass es nach den Pionieren keine Weiterentwicklung mehr geben dürfte?

Literatur

Aarts, M. (2009). Marte Meo. Ein Handbuch. Eindhoven: Aarts-Productions.
Aarts, M., Hawellek, C., Rausch, H., Schneider, M., Thelen, C. (Hrsg.) (2014). Marte Meo: Eine Einladung zur Entwicklung. Eindhoven: Aarts-Productions.
Ahlers, C. (1996). Setting als Intervention in der systemischen Einzel-, Paar- und Familientherapie: Erfahrungen aus dem klinischen Alltag. Zeitschrift für Systemische Therapie, 14 (4), 250–262.
Ahlers, C. (2014). Einzeltherapie. In T. Levold, M. Wirsching (Hrsg.), Systemische Therapie und Beratung – das große Lehrbuch (S. 203–210). Heidelberg: Carl Auer Systeme.
Ameln, F. von (2004). Konstruktivismus: Die Grundlagen systemischer Therapie, Beratung und Bildungsarbeit. Tübingen: Francke.
Andersen, T. (1990). Das reflektierende Team. Dortmund: Modernes Lernen.
Anderson, H., Goolishian, H. A. (1990). Menschliche Systeme als sprachliche Systeme: Vorläufige und weiter zu entwickelnde Ideen über Folgerungen für die klinische Theorie. Familiendynamik, 15, 212–243.
Anthony, E. J., Cohler, B. J. (1987). The invulnerable child. New York u. London: Guilford.
Asen, E. (2009). Multifamilientherapie. Familiendynamik, 34, 228–235.
Asen, E. (2018). Multifamilien- und Paargruppentherapien. In K. von Sydow, U. Borst (Hrsg.), Systemische Therapie in der Praxis (S. 385–393). Weinheim u. Basel: Beltz.
Asen, E., Fonagy, P. (2014). Mentalisierungsbasierte therapeutische Interventionen für Familien. Familiendynamik, 39, 234–249.
Asen, E., Scholz, M. (2009). Praxis der Multifamilientherapie. Heidelberg: Carl Auer Systeme.
Asen, E., Scholz, M. (Hrsg.) (2017). Handbuch der Multifamilientherapie. Heidelberg: Carl Auer Systeme.
Bachg, M. (2004). Mikrotracking in der Pesso-Therapie. Psychotherapie, 9, 283–293.
Baecker, D. (2004). Wozu Soziologie? Berlin: Kadmos.
Baecker, D. (2016). Wozu Theorie? Frankfurt a. M.: Suhrkamp.
Ballreich, R., Glasl, F. (2011). Konfliktmanagement und Mediation in Organisationen. Stuttgart: Concadora.

Bandler, R., Grinder, J., Satir, V. (1976). Mit Familien reden: Gesprächsmuster und therapeutische Veränderung. München: Pfeiffer.

Bateson, G. (1981). Ökologie des Geistes. Frankfurt a. M.: Suhrkamp.

Bateson, G. (1993). Wo Engel zögern. Unterwegs zu einer Epistemologie des Heiligen. Frankfurt a. M.: Suhrkamp.

Baumann, S. (2018). Arbeit mit inneren Anteilen. In K. von Sydow, U. Borst, (Hrsg.), Systemische Therapie in der Praxis (S. 278–290). Weinheim u. Basel: Beltz.

Baumann, S., Haun, M., Ochs, M. (2017). Das IQWiG hat gesprochen! Zum Endbericht zur Nutzenbewertung der systemischen Therapie als Psychotherapieverfahren bei Erwachsenen. Familiendynamik, 42, 314–317.

Baumann-Habersack, F. (2017). Mit neuer Autorität in Führung (2. Aufl.). Wiesbaden: Springer Gabler.

Becker, U., Hawellek, C., Zwicker-Pelzer, R. (2018). Eindeutig uneindeutig. Demenz systemisch betrachtet. Göttingen: Vandenhoeck & Ruprecht.

Berntsen, D. (2009). Involuntary autobiographical memories. Cambridge: Cambridge University Press.

Bertram, H., Bertram, B. (2009). Familie, Sozialisation und die Zukunft der Kinder. Opladen: Budrich.

Bleakney, L. A., Welzer, H. (2009). Strukturwandel des Familiengedächtnisses. Familiendynamik, 34, 18–25.

Bleckwedel, J. (2008). Systemische Therapie in Aktion. Kreative Methoden in der Arbeit mit Familien und Paaren. Göttingen: Vandenhoeck & Ruprecht.

Bohne, M. (2016). Klopfen mit PEP. Prozess- und Embodimentfokussierte Psychologie in Therapie und Coaching. Heidelberg: Carl Auer Systeme.

Bonacker, T. (2008). Die Konflikttheorie der autopoietischen Systemtheorie. In T. Bonacker (Hrsg.), Sozialwissenschaftliche Konflikttheorien. Eine Einführung (4. Aufl., S. 267–291). Wiesbaden: VS.

Borduin, C. (2009). Multisystemische Therapie bei antisozialem Verhalten Jugendlicher. Familiendynamik, 34, 236–245.

Borke, J., Eickhorst, A. (2008). Systemische Entwicklungsberatung in der frühen Kindheit. Wien: Facultas.

Borst, U. (2013). Systemische Therapie. Tübingen: Psychotherapie Verlag.

Borst, U. (2018a). Grundhaltung und Rahmung. In K. von Sydow, U. Borst (Hrsg.), Systemische Therapie in der Praxis (S. 70–83). Weinheim u. Basel: Beltz.

Borst, U. (2018b). Auftrags- und Zielklärung. In K. von Sydow, U. Borst (Hrsg.), Systemische Therapie in der Praxis (S. 115–122). Weinheim u. Basel: Beltz.

Borst, U., Schlippe, A. von, Fischer, H. R. (2015). Wie geraten psychosoziale Teams in Stagnation? In H. R. Fischer, U. Borst, A. von Schlippe (Hrsg.), Was tun? Fragen und Antworten aus der systemischen Praxis (S. 178–186). Stuttgart: Klett-Cotta.

Boscolo, L., Bertrando, P. (1997). Systemische Einzeltherapie. Heidelberg: Carl Auer Systeme.

Boscolo, L., Bertrando, P., Fiocco, P., Palvarini, R., Pereira, J. (1993). Sprache und Veränderung. Die Verwendung von Schlüsselwörtern in der Therapie. Familiendynamik, 18, 107–124.
Boscolo, L., Cecchin, G., Hoffman, L., Penn, P. (1988). Familientherapie – Systemtherapie. Das Mailänder Modell. Dortmund: Modernes Lernen.
Bruner, J. (1997). Sinn, Kultur und Ich-Identität. Heidelberg: Carl Auer Systeme.
Bruner, J. (1998). Vergangenheit und Gegenwart als narrative Konstruktionen. In J. Straub (Hrsg.), Erzählung, Identität und historisches Bewusstsein (S. 46–80). Frankfurt a. M.: Suhrkamp.
Buchholz, M. B. (2018). Medizinalisierung schadet professioneller Psychotherapie: Was tun nach DSM-V, Neurohype und RCT-Dominanz? Familiendynamik, 43, 290–302.
Bünder, P., Sirringhaus-Bünder, A., Helfer, A. (2015). Lehrbuch der Marte-Meo-Methode. Entwicklungsförderung mit Videounterstützung (4. Aufl.). Göttingen: Vandenhoeck & Ruprecht.
Caby, F. (2001). Aspekte einer systemischen Gruppentherapie. In W. Rotthaus (Hrsg.), Systemische Kinder- und Jugendlichenpsychotherapie (S. 360–369). Heidelberg: Carl Auer Systeme.
Caby, F. (2002). Die Gruppe als System – systemische Gruppentherapie mit Kindern und Jugendlichen in der Kinder- und Jugendpsychiatrie. In M. Vogt-Hillmann, W. Burr (Hrsg.), Lösungen im Jugendstil. Systemisch-lösungsorientierte kreative Kinder- und Jugendlichentherapie (S. 361–372). Dortmund: Borgmann.
Cecchin, G. (1988). Zum gegenwärtigen Stand von Hypothetisieren, Zirkularität und Neutralität: Eine Einladung zur Neugier. Familiendynamik, 13, 190–203.
Cecchin, G., Lane, G., Ray, W. A. (1992). Vom strategischen Vorgehen zur Nicht-Intervention. Für mehr Eigenständigkeit in der Systemischen Praxis. Familiendynamik, 17, 3–18.
Ciompi, L. (2005). Die emotionalen Grundlagen des Denkens. Göttingen: Vandenhoeck & Ruprecht.
Clement, U. (2016). Systemische Sexualtherapie. Stuttgart: Klett-Cotta.
Clement, U., Fischer, H. R., Retzer, A. (2015). Wie komme ich aus einer Problem-Trance heraus? In H. R. Fischer, U. Borst, A. von Schlippe (Hrsg.), Was tun? Fragen und Antworten aus der systemischen Praxis (S. 173–177). Stuttgart: Klett-Cotta.
Conen, M.-L. (1999). Unfreiwilligkeit – ein Lösungsverhalten. Zwangskontexte und systemische Therapie und Beratung. Familiendynamik, 24, 282–297.
Conen, M.-L. (2002). Wo keine Hoffnung ist, muss man sie erfinden. Aufsuchende Familientherapie. Heidelberg: Carl Auer Systeme.
Conen, M.-L. (2005). Zwangskontexte konstruktiv nutzen. Psychotherapie und Beratung bei »hoffnungslosen« Klienten. Psychotherapie im Dialog, 5, 166–169.
Conen, M.-L. (2015). Zurück in die Hoffnung. Systemische Arbeit mit »Multiproblemfamilien«. Heidelberg: Carl Auer Systeme.

Cordes, A., Schultz-Venrath, U. (2015). Mentalisieren im System: Anwendungsbezogene Fragen in der mentalisierungsbasierten Familien- und Paartherapie. Familiendynamik, 40, 128–141.

Dell, P., Goolishian, H. (1981). Ordnung durch Fluktuation: eine evolutionäre Epistemologie für menschliche Systeme. Familiendynamik, 6, 104–122.

Dellwing, M. (2008). »Geisteskrankheit« als hartnäckige Aushandlungsniederlage: die Unausweichlichkeit der Durchsetzung von Definitionen sozialer Realität. Soziale Probleme, 19, 150–171.

Denborough, D. (2017). Geschichten des Lebens neu gestalten. Grundlagen und Praxis der narrativen Therapie. Göttingen: Vandenhoeck & Ruprecht.

Diamond, G. (2018). Bindungsbasierte Familientherapie. In K. von Sydow, U. Borst (Hrsg.), Systemische Therapie in der Praxis (S. 843–849). Weinheim u. Basel: Beltz.

Dodge, K. A. (2006). Translational science in action: Hostile attributional style and the development of aggressive behavior problems. Development and Psychopathology, 18, 791–814.

Driver, J., Tabares, A., Shapiro, A., Gottman, J. M. (2012). Couple interaction in happy and unhappy marriages: Gottman Laboratory studies. In F. Walsh (Eds.), Normal family processes: Growing diversity and complexity (pp. 57–77). New York: Guilford.

Duss-von Werdt, J. (1998). Paarkonflikte in der Mediationspraxis. Familiendynamik, 23, 117–128.

Eck, A. (2017). Von der Paradoxie des Wollenwollens zum sex worth wanting. Therapeutische Alternativen zur Lustpille für die Frau. Familiendynamik, 42, 182–191.

Efran, J., Heffner, K., Lukens, R. (1992). Sprache, Struktur und Wandel. Dortmund: Borgmann.

Eickhorst, A., Röhrbein, A. (Hrsg.) (2019). Systemische Methoden in Familienberatung und -therapie. Was passt in unterschiedlichen Lebensphasen und Kontexten? Göttingen: Vandenhoeck & Ruprecht.

Eikemann, S. (2016). Spielraum des Paares. Wagnis und Entwicklung in der Paartherapie. Heidelberg: Carl Auer Systeme.

Fischer, H. R. (1990). Sprachspiele und Geschichten. Familiendynamik, 15, 190–211.

Fischer, H. R. (2003). Metaphern – Sinnreservoire der Psychotherapie. Familiendynamik, 28, 9–46.

Fischer, H. R., Borst, U., Schlippe, A. von (2015). Was ist affektive Rahmung und wie funktioniert sie? »Jaaa, Schatz …« In H. R. Fischer, U. Borst, A. von Schlippe (Hrsg.), Was tun? Fragen und Antworten aus der systemischen Praxis (S. 126–132). Stuttgart: Klett-Cotta.

Fischer, H. R., Schlippe, A. von, Borst, U. (2015a). Welche Einladungen nehme ich an? In H. R. Fischer, U. Borst, A. von Schlippe (Hrsg.), Was tun? Fragen und Antworten aus der systemischen Praxis (S. 54–59). Stuttgart: Klett-Cotta.

Fischer, H. R., Schlippe, A. von, Borst, U. (2015b). Wie mit Erwartungen und Aufträgen umgehen? Vom Umgang mit dem Ungefähren ... In H. R. Fischer, U. Borst, A. von Schlippe (Hrsg.), Was tun? Fragen und Antworten aus der systemischen Praxis (S. 60–67). Stuttgart: Klett-Cotta.

Fisher, R., Ury, W., Patton, B. (2009). Das Harvard-Konzept (23. Aufl.). Frankfurt a. M.: Campus.

Foerster, H. von (1988). Abbau und Aufbau. In F. B. Simon (Hrsg.), Lebende Systeme (S. 19–34). Berlin u. Heidelberg: Springer.

Fraenkel, P. (2017). The eve of destruction – Therapie mit Paaren am Rande der Trennung. Familiendynamik, 42, 192–206.

Frances, A. (2016). Eine entfesselte Diagnose-, Test- und Therapiewut: Kritische Überlegungen zum Diagnostischen und Statistischen Manual Psychischer Störungen – DSM-5. Familiendynamik, 41, 142–148.

Frances, A. (2017). Wer ist krank – und wer nicht? Die entscheidende Rolle psychiatrischer Diagnosen – und ihre gravierenden Mängel. Familiendynamik, 42, 102–111.

Freeman, J., Epston, D., Lobovits, D. (2000). Ernsten Problemen spielerisch begegnen. Narrative Therapie mit Kindern und ihren Familien. Dortmund: Borgmann.

Fuchs, P. (1999). Liebe, Sex und solche Sachen. Zur Konstruktion moderner Intimsysteme. Konstanz: UVK.

Funcke, D. (2017). In welchen Familien leben wir eigentlich? Die Kernfamilie – ein aufschlussreicher soziologischer Begriff zur Analyse gegenwärtiger Familienformen. Familiendynamik, 42, 134–145.

Funcke, D., Hildenbrand, B. (2009). Unkonventionelle Familien in Beratung und Therapie. Heidelberg: Carl Auer Systeme.

Gantner, A., Liddle, H. (2018). Multidimensionale Familientherapie (MDFT). In K. von Sydow, U. Borst (Hrsg.), Systemische Therapie in der Praxis (S. 856–861). Weinheim u. Basel: Beltz.

Gergen, K. (1990). Die Konstruktion des Selbst im Zeitalter der Postmoderne. Psychologische Rundschau, 41, 191–199.

Gergen, K. (2002). Konstruierte Wirklichkeiten. Eine Hinführung zum sozialen Konstruktionismus. Stuttgart: Kohlhammer.

Gergen, K., Gergen, M. (2009). Einführung in den sozialen Konstruktionismus. Heidelberg: Carl Auer Systeme.

Gies, N., Dietrich, D. (2015). Gesellschaftliche Leitbilder: Herkunft und Einflussfaktoren. In N. Schneider, S. Diabaté, K. Ruckdeschel (Hrsg.), Familienleitbilder in Deutschland. Kulturelle Vorstellungen zu Partnerschaft, Elternschaft und Familienleben (S. 45–60). Opladen: Budrich.

Glasersfeld, E. von (1981). Einführung in den radikalen Konstruktivismus. In P. Watzlawick (Hrsg.), Die erfundene Wirklichkeit (S. 16–38). München: Piper.

Glasersfeld, E. von (1992). Konstruktion der Wirklichkeit und des Begriffs der Objektivität. In Einführung in den Konstruktivismus. Beiträge von Heinz von Foerster, Ernst von Glaserfeld, Peter M. Hejl, Siegfried J. Schmidt, Paul Watzlawick (S. 9–40). München: Piper.

Glasl, F. (2014a). Der heimliche Krieg. Wie können wir mit der Dynamik kalter Konflikte konstruktiv umgehen? Konfliktdynamik, 3, 101–109.

Glasl, F. (2014b). Eskalationsdynamik – zur Logik von Affektsteigerungen. Konfliktdynamik, 3, 190–199.

Glatzel, K., Lieckweg, T. (2014). Beratung im dritten Modus. Ein Leitfaden für die Praxis. In R. Wimmer, K. Glatzel, T. Lieckweg (Hrsg.), Beratung im dritten Modus. Die Kunst, Komplexität zu nutzen (S. 15–23). Heidelberg: Carl Auer Systeme.

Goolishian, H., Anderson, H. (1997). Menschliche Systeme. In L. Reiter, E. J. Brunner, S. Reiter-Theil (Hrsg.), Von der Familientherapie zur systemischen Perspektive (S. 253–287). Berlin u. Heidelberg: Springer.

Gould, S. J. (1983). Der falsch vermessene Mensch. Basel: Birkhäuser.

Grabbe, M. (2005). Kooperation mit Kindern im therapeutischen und beraterischen Kontext. In H. Schindler, A. von Schlippe (Hrsg.), Anwendungsfelder systemischer Praxis (S. 117–142). Dortmund: Borgmann.

Grabbe, M. (2009). Es gibt keinen Weg zu einer guten Beziehung – eine gute Beziehung ist der Weg. Bündnisrhetorik und praktische Beziehungsgestaltung von Eltern mit ihren Kindern. Familiendynamik, 34, 266–274.

Grabbe, M. (2011). Wenn Eltern nicht mehr wollen. Zur Bündnisrhetorik im systemischen Elterncoaching. In H. Schindler, W. Loth, J. von Schlippe (Hrsg.), Systemische Horizonte (S. 131–143). Göttingen: Vandenhoeck & Ruprecht.

Grabbe, M. (2013). Bündnisrhetorik in Spannungsfeldern mit Kindern. In C. Tsirigotis, A. von Schlippe, J. Schweitzer (Hrsg.), Coaching für Eltern (2. Aufl., S. 252–267). Heidelberg: Carl Auer Systeme.

Grossmann, K. (2018). Systemische Einzeltherapie. In K. von Sydow, U. Borst (Hrsg.), Systemische Therapie in der Praxis (S. 348–357). Weinheim u. Basel: Beltz.

Groth, T. (2017). 66 Gebote systemischen Denkens und Handelns in Management und Beratung. Heidelberg: Carl Auer Systeme.

Halbwachs, M. (1985). Das kollektive Gedächtnis. Frankfurt a. M.: Fischer.

Haley, J. (1980). Ansätze zu einer Theorie pathologischer Systeme. In P. Watzlawick, J. Weakland (Hrsg.), Interaktion (S. 61–84). Bern u. a.: Huber.

Hansen, H. (2007). A bis Z der Interventionen in der Paar- und Familientherapie. Stuttgart: Klett-Cotta.

Harbin, H. T., Madden, D. J. (1979). Battered parents: A new syndrom. American Journal of Psychiatry, 136, 1288–1291.

Hargens, J. (2004). Aller Anfang ist ein Anfang. Gestaltungsmöglichkeiten hilfreicher systemischer Gespräche. Göttingen: Vandenhoeck & Ruprecht.

Hargens, J. (2015). Keine Tricks. Erfahrungen lösungsorientierter Therapie. Lenzburg: Wilob.

Hargens, J., Schlippe, A. von (Hrsg.). (2002). Das Spiel der Ideen. Reflektierendes Team und systemische Praxis (2. Aufl.). Dortmund: Borgmann.

Hawellek, C. (1995). Das Mikroskop des Therapeuten. Systhema, 9, 6–28.

Hawellek, C. (2012). Entwicklungsperspektiven öffnen. Göttingen: Vandenhoeck & Ruprecht.

Hawellek, C., Becker, U. (2018). Menschen mit Demenz erreichen und unterstützen – die Marte-Meo-Methode. Göttingen: Vandenhoeck & Ruprecht.

Heitger, B., Serfass, A. (2015). Unternehmensentwicklung. Wissen, Wege, Werkzeuge für morgen. Stuttgart: Schäffer-Poeschel.

Henggeler, S. (1999). Multisystemic therapy: An overview of clinical procedures, outcomes, and policy implications. Clinical Psychology and Psychiatry Review, 4, 2–10.

Hertel, A. von (2013). Professionelle Konfliktlösung. Führen mit Mediationskompetenz (2. Aufl.). Frankfurt a. M.: Campus.

Herzog, W. (1984). Modell und Theorie in der Psychologie. Göttingen: Hogrefe.

Herzog, W. (2012). Wissenschaftstheoretische Grundlagen der Psychologie. Wiesbaden: Springer VS.

Hochschild, A. (2017). Fremd in ihrem Land. Eine Reise ins Herz der amerikanischen Rechten. Frankfurt a. M.: Campus.

Hoffman, L. (1981/2002). Grundlagen der Familientherapie. Hamburg: ISKO-Press.

Hofmann-Witschi, T., Hofmann, P. (2005). Marte-Meo-Assessment. Ein Instrument zur Einschätzung elterlicher Fähigkeiten. In Ch. Hawellek, A. von Schlippe, (Hrsg.), Entwicklung unterstützen – Unterstützung entwickeln. Systemisches Coaching nach dem Marte-Meo-Modell (S. 116–141). Göttingen: Vandenhoeck & Ruprecht.

Hofstetter Rogger, Y. (2015). Was ist Mediation? Eine Einführung. Kontext – Zeitschrift für Systemische Therapie und Familientherapie, 46, 318–336.

Hosseini, K. (2014). Traumsammler. Roman. Frankfurt a. M.: Fischer.

Hülsbeck, M., Schlippe, A. von (2018). Die Rolle psychologischer Kontrakte für die Entstehung von Konflikten. Konfliktdynamik, 7, 92–101.

Jansen, T. (2016). Jenseits von Synergetik und Autopoiese. Skizzen zu einer mehrwertigen systemischen Theorie. Familiendynamik, 41(1), 70–79.

Jochens, N. (2018). Mediation und Steuerungstheorie. Grundlagen der kommunikativen Steuerung konfliktärer Sozialsysteme. Heidelberg: Carl Auer Systeme.

Kallabis, O. (1992). Gestaltung von Dreieckskontrakten – eine Kontraktierung zwischen drei Interessenvertretern. Supervision, 22, 14–29.

Keith, D., Whitaker, C. (1999). »Eine Prise Verrücktheit hinzufügen und gut umrühren«. Rezepte für die Psychotherapie mit einer »psychotikogenen Familie«. Systhema, 13 (2), 114–134.

Kelley, H. H., Michela, J. L. (1980). Attribution theory and research. Annual Review of Psychology, 31, 457–501.

Keupp, H. (2016). Von der Re-Sozialisierung von Normalität und Abweichung. Familiendynamik, 41 (3), 216–231.

Kirchhoff, L. (2015). Politische Mediation: Triadische Aushandlungsprozesse in und zwischen Gesellschaften. Kontext – Zeitschrift für Systemische Therapie und Familientherapie, 46 (3), 404–411.

Klein, R. (2014). Lob des Zauderns. Navigationshilfen für die systemische Therapie von Alkoholabhängigkeiten. Heidelberg: Carl Auer Systeme.

Kleve, H. (2011). Aufgestellte Unterschiede: Systemische Aufstellung und Tetralemma in der Sozialen Arbeit. Heidelberg: Carl Auer Systeme.

Kleve, H. (2012). Ambivalenz. In J. Wirth, H. Kleve (Hrsg.), Lexikon des systemischen Arbeitens (S. 23–27). Heidelberg: Carl Auer Systeme.

Kleve, H. (2015). Mediation und die systemische Perspektive in der Sozialen Arbeit. Kontext – Zeitschrift für Systemische Therapie und Familientherapie, 46 (3), 384–339.

Kleve, H. (2016). Von der Schwierigkeit, die Theorie selbstreferentieller Systeme zu überholen: Kommentar zum Beitrag von Till Jansen. Familiendynamik, 41, 160–163.

Kleve, H. (2017). Reziprozität ermöglichen. Vernetzung aus systemtheoretischer Perspektive. Kontext – Zeitschrift für Systemische Therapie und Familientherapie, 48, 353–367.

Kneer, G., Nassehi, A. (1993). Niklas Luhmanns Theorie sozialer Systeme. Eine Einführung. München: Fink.

Königswieser, R., Hillebrand, M. (2013). Einführung in die systemische Organisationsberatung (7. Aufl.). Heidelberg: Carl Auer Systeme.

Köstler, A. (2010). Mediation. München: Ernst Reinhardt.

Kotre, J. (1995). Weiße Handschuhe. Wie das Gedächtnis Lebensgeschichten schreibt. München: Hanser.

Kriz, J. (1999). Systemtheorie für Psychotherapeuten, Psychologen und Mediziner. Wien: Facultas.

Kriz, J. (2014a). Grundkonzepte der Psychotherapie (7. Aufl.). Weinheim: Beltz.

Kriz, J. (2014b). Evidenzbasierter Quark. Familiendynamik, 39, 344–346.

Kriz, J. (2016). Systemtheorie für Coaches. Einführung und kritische Diskussion. Wiesbaden: Springer.

Kriz, J. (2017a). Subjekt und Lebenswelt. Personzentrierte Systemtheorie für Psychotherapie, Beratung und Coaching. Göttingen: Vandenhoeck & Ruprecht.

Kriz, J. (2017b). Hermann Hakens Synergetik als Grundmodell für das Verständnis des Menschen in der Welt. In J. Kriz, W. Tschacher (Hrsg.), Synergetik als Ordner (S. 85–94). Lengerich: Pabst.

Kriz, J. (2019). Wissenschaftlich verbrämte Ideologie. Familiendynamik, 44, 63–65.

Kriz, J., Schlippe, A. von (2011). Konstruktivismus in Psychologie, Psychotherapie und Coaching. Familiendynamik, 36, 142–153.

Kriz, J., Tschacher, W. (2013). Systemtheorie als Strukturwissenschaft: Vermittlerin zwischen Praxis und Forschung. Familiendynamik, 38, 12–21.

Kühl, S. (2015). Die fast unvermeidliche Trivialisierung der Systemtheorie in der Praxis. Gruppendynamik und Organisationsberatung, 46, 327–339.

Laing, R., Philipson, H., Lee, A. (1973). Interpersonelle Wahrnehmung. Frankfurt a. M.: Suhrkamp.

Levold, T. (1994). Die Betonierung der Opferrolle. Zum Diskurs der Gewalt in Lebenslauf und Gesellschaft. System Familie, 7, 19–32.

Levold, T. (2003a). Familie zwischen Heimstatt und Cyberspace. Die Veränderung von Familienkonstrukten im Spiegel ihrer Metaphern. Kontext – Zeitschrift für Systemische Therapie und Familientherapie, 34, 237–254.

Levold, T. (2003b). Die Professionalisierung der Persönlichkeit. Zur gesellschaftlichen Aktualität von Coaching. In K. Martens-Schmid (Hrsg.), Coaching als Beratungssystem (S. 55–88). Heidelberg: Economica.

Levold, T. (2010). Systemtheorie und Konstruktivismus. Ein Daumenkino für Psychotherapeuten. Person, 2, 1–10.

Levold, T. (2014). Die Systemtheorie Niklas Luhmanns. In T. Levold, M. Wirsching (Hrsg.), Systemische Therapie und Beratung – das große Lehrbuch (S. 64–67). Heidelberg: Carl Auer Systeme.

Levold, T., Lieb, H. (2017). Für welche Probleme sind Diagnosen eigentlich die Lösung? Göttingen: Vandenhoeck & Ruprecht.

Levold, T., Loth, W., Schlippe, A. von, Schweitzer, J. (2011). Systemische Therapie und das »störungsspezifische Wissen«. Ein Streitgespräch. Kontext – Zeitschrift für Systemische Therapie und Familientherapie, 42, 164–179.

Levold, T., Wirsching, M. (Hrsg.) (2014). Systemische Therapie und Beratung – das große Lehrbuch. Heidelberg: Carl Auer Systeme.

Liddle, H., Santisteban, D., Levant, R., Bray, J. (Hrsg.) (2006). Family psychology. Science-based interventions (2. Aufl.). Washington: American Psychological Association.

Lieb, H. (2010). Verhaltenstherapeutische und systemische Familientherapie. Wenn zwei das Gleiche tun, ist es noch lange nicht das Gleiche. Psychotherapie im Dialog, 11, 208–213.

Lieb, H. (2014). Störungsspezifische Systemtherapie. Konzepte und Behandlung. Heidelberg: Carl Auer Systeme.

Liechti, J. (2013). Dann komm ich halt, sag aber nichts: Motivierung Jugendlicher in Therapie und Beratung. Heidelberg: Carl Auer Systeme.

Lightman, A. (1994). … und immer wieder die Zeit. Einsteins Dreams. München: Droemer.

Lindemann, H. (2018). Systemisch-lösungsorientierte Gesprächsführung in Beratung, Coaching, Supervision und Therapie. Göttingen: Vandenhoeck & Ruprecht.

Loth, W. (2008). Nicht ob, sondern wie – Überlegungen aus Anlass einer professionellen Beziehungsstörung. Systhema, 22, 226–243.

Loth, W., Schlippe, A. von (2004). Die therapeutische Beziehung aus systemischer Sicht. Psychotherapie im Dialog, 5, 341–347.

Ludewig, K. (2002). Leitmotive systemischer Therapie. Stuttgart: Klett-Cotta.

Ludewig, K. (2009). Einführung in die theoretischen Grundlagen der systemischen Therapie (2. Aufl.). Heidelberg: Carl Auer Systeme.

Ludewig, K. (2015). Systemische Therapie. Grundlagen, klinische Theorie und Praxis. Heidelberg: Carl Auer Systeme.

Luhmann, N. (1984). Soziale Systeme. Frankfurt a. M.: Suhrkamp.

Luhmann, N. (1988). Selbstreferentielle Systeme. In F. B. Simon (Hrsg.), Lebende Systeme (S. 47–53). Berlin: Springer.

Luhmann, N. (1999). Funktionen und Folgen formaler Organisation. Berlin: Duncker & Humblot.
Luhmann, N. (2000). Organisation und Entscheidung. Wiesbaden: Westdeutscher Verlag.
Luhmann, N. (2004). Einführung in die Systemtheorie (2. Aufl.). Heidelberg: Carl Auer Systeme.
Luhmann, N. (2005). Sozialsystem Familie. In N. Luhmann (Hrsg.), Soziologische Aufklärung 5: Konstruktivistische Perspektiven (3. Aufl., S. 189–209). Opladen: VS.
Luhmann, N. (2009). Glück und Unglück der Kommunikation in Familien. In N. Luhmann, Soziologische Aufklärung 5: Konstruktivistische Perspektiven (4. Aufl., S. 210–219). Wiesbaden: VS.
Lüscher, K. (2012). Familie heute: Mannigfaltige Praxis und Ambivalenz. Familiendynamik, 37, 212–223.
Lüscher, K. (2013). Das Ambivalente erkunden. Familiendynamik, 38, 238–247.
Lüscher, K., Fischer, H. R. (2014). Ambivalenzen bedenken und nutzen. Familiendynamik, 39, 84–95
Mähler, G., Mähler, H.-G. (1992). Trennungs- und Scheidungsmediation in der Praxis. Familiendynamik, 17, 347–372.
Marks, S. (2013). Scham – grundlegende Überlegungen. Familiendynamik, 38, 152–160.
Maturana, H. (1982). Erkennen: Die Organisation und Verkörperung von Wirklichkeit. Braunschweig: Vieweg.
Maturana, H., Varela, F. (1987). Der Baum der Erkenntnis. Wie wir die Welt durch unsere Wahrnehmung erschaffen. Die biologischen Wurzeln des menschlichen Erkennens. München: Scherz.
McNamee, S. (2017). Relationale Forschung – Praxis verändern. Familiendynamik, 42, 240–245.
Mead, G. H. (1934/1973). Geist, Identität und Gesellschaft. Frankfurt a. M.: Suhrkamp.
Minuchin, S. (1977). Familien und Familientherapie. Freiburg: Lambertus.
Mollbach, A. (2008). Gegenwart und Zukunft des Coachings – aus Unternehmenssicht. Organisationsentwicklung – Supervision – Coaching, 15 (4), 404–420.
Montada, L., Kals, E. (2007). Mediation (2. Aufl.). Weinheim: Beltz.
Morrison, E. W., Robinson, S. L.. (1997). When employees feel betrayed: A model of how psychological contract violation develops. Academy of Management Review, 22, 226–256.
Müller-Christ, G., Pijetlovic, D. (2018). Komplexe Systeme lesen. Das Potential von Systemaufstellungen in Wissenschaft und Praxis. Berlin: Springer Gabler.
Nagel, R. (2007). Lust auf Strategie. Workbook zur systemischen Strategieentwicklung. Stuttgart: Klett-Cotta.
Nagel, R. (2014). Organisationsdesign. Modelle und Methoden für Berater und Entscheider. Stuttgart: Schäffer-Poeschel.

Nagel, R., Wimmer, R. (2014). Systemische Strategieentwicklung (6. Aufl.). Stuttgart: Schäffer-Poeschel.

Nassehi, A. (2012). Funktionale Analyse. In O. Jahraus, A. Nassehi, M. Grizelj, I. Saake, C. Kirchmeier (Hrsg.), Luhmann Handbuch. Leben, Werk, Wirkung (S. 83–84). Stuttgart u. Weimar: J. B. Metzler.

Nassehi, A. (2017). Die letzte Stunde der Wahrheit. Kritik der komplexitätsvergessenen Vernunft. Hamburg: Murmann.

Nicolai, L. (2018). Ressourcenaktivierung und positive Umdeutung. In K. von Sydow, U. Borst (Hrsg.), Systemische Therapie in der Praxis (S. 182–193). Weinheim u. Basel: Beltz.

Oestereich, C. (2013). Vom Gegenwind zum Aufwind – eine Erfolgsstory des systemischen Denkens in unterschiedlichen Handlungsfeldern. Systeme, 27, 5–10.

Ollefs, B. (2017). Die Angst der Eltern vor ihrem Kind. Gewaltloser Widerstand und Elterncoaching. Göttingen: Vandenhoeck & Ruprecht.

Ollefs, B., Schlippe, A. von, Omer, H., Kriz, J. (2009). Jugendliche mit externalem Problemverhalten: Effekte von Elterncoaching. Familiendynamik, 34, 256–265.

Olthof, J. (2017). Handbook of narrative psychotherapy for children, adults, and families. London: Karnac.

Omer, H., Belfer, S., Mellinger, L. (2007). Gewaltloser Widerstand bei der Behandlung geschlagener Frauen. Systeme, 21, 29–51.

Omer, H., Rosenbaum, R. (2006). Kranke Hoffnungen und die Arbeit mit Verzweiflung. Systhema, 20, 169–185.

Omer, H., Schlippe, A. von (2004). Autorität durch Beziehung. Die Praxis des gewaltlosen Widerstands in der Erziehung. Göttingen: Vandenhoeck & Ruprecht.

Omer, H., Schlippe, A. von (2010). Stärke statt Macht. Neue Autorität in Familie, Schule und Gemeinde. Göttingen: Vandenhoeck & Ruprecht.

Omer, H., Schlippe, A. von, Förster, J. (2017). Gestern, Hier und Morgen der »Neuen Autorität«. Ein Interview-Spiel mit Haim Omer und Arist von Schlippe. Systhema, 31, 185–190.

Omer, H., Schlippe, A. von (2009). Stärke statt Macht: »Neue Autorität« als Rahmen für Bindung. Familiendynamik, 34, 246–254.

Omer, H., Steinmetz, S. G., Carthy, T., Schlippe, A. von (2013). The anchoring function: parental authority and the parent-child bond. Family Process, 52, 193–206.

Papousek, M. (2001). Intuitive elterliche Kompetenzen. Frühe Kindheit, 4–10.

Peuckert, R. (2012). Familienformen im sozialen Wandel (8. Aufl.). Wiesbaden: Springer VS.

Pleyer, K.-H. (2001). Systemische Spieltherapie – Kooperationswerkstatt für Eltern und Kinder. In W. Rotthaus (Hrsg.), Systemische Kinder- und Jugendlichenpsychotherapie (S. 125–159). Heidelberg: Carl Auer Systeme.

Pleyer, K.-H. (2003). »Parentale Hilflosigkeit«, ein systemisches Konzept für die therapeutische und pädagogische Arbeit mit Kindern. Familiendynamik, 28, 467–491.
Polanyi, M. (2009). The tacit dimension. Chicago: The University of Chicago Press.
Polkinghorne, D. (1998). Narrative Psychologie und Geschichtsbewusstsein. Beziehungen und Perspektiven. In J. Straub (Hrsg.), Erzählung, Identität und historisches Bewusstsein. Die psychologische Konstruktion von Zeit und Geschichte (S. 12–45). Frankfurt a. M.: Suhrkamp.
Raddatz, S. (2006). Einführung in das systemische Coaching. Heidelberg: Carl Auer Systeme.
Reiners, B. (2013). Kinderorientierte Familientherapie. Göttingen: Vandenhoeck & Ruprecht.
Retzer, A., Simon, F. B., Weber, G., Stierlin, H., Schmidt, G. (1989). Eine Katamnese manisch-depressiver und schizoaffektiver Psychosen nach systemischer Familientherapie. Familiendynamik, 14, 214–235.
Retzlaff, R. (2008). Spiel-Räume. Lehrbuch der systemischen Therapie mit Kindern und Jugendlichen. Stuttgart: Klett-Cotta.
Rhiner, B. (2018). Multisystemische Therapie (MST). In K. von Sydow, U. Borst (Hrsg.), Systemische Therapie in der Praxis (S. 862–872). Weinheim u. Basel: Beltz.
Richardson, H. B. (1945). Patients have families. New York: Commonwealth Fund.
Richter, H. E. (1963). Eltern, Kind, Neurose. Reinbek: Rowohlt.
Richter, H. E. (1972). Patient Familie. Reinbek: Rowohlt.
Riedl, R. (1981). Die Folgen des Ursachendenkens. In P. Watzlawick (Hrsg.), Die erfundene Wirklichkeit (S. 67–90). München: Piper.
Rieforth, J. (2015). Die aktuelle Situation der Mediation – Anregungen für die systemische Beratung und Therapie. Kontext – Zeitschrift für Systemische Therapie und Familientherapie, 46, 412–421.
Rogers, C. R. (1981). Der neue Mensch (Aufsatzsammlung). Stuttgart: Klett-Cotta.
Rohrberg, A., Herrmann, D. (2019). Hinter den Kulissen. Kleiner Leitfaden für kollektiv geführte Organisationen. Göttingen: Vandenhoeck & Ruprecht.
Rotthaus, W. (Hrsg.). (2001). Systemische Kinder- und Jugendlichenpsychotherapie. Heidelberg: Carl Auer Systeme.
Rotthaus, W. (2011). Authentische Elternschaft: von der Idee der Dominanz zur Idee der Selbstverantwortlichkeit. In H. Schindler, W. Loth, J. von Schlippe (Hrsg.), Systemische Horizonte (S. 109–118). Göttingen: Vandenhoeck & Ruprecht.
Rufer, M. (2018). Veränderungen des Settings als Intervention. In K. von Sydow, U. Borst (Hrsg.), Systemische Therapie in der Praxis (S. 420–427). Weinheim u. Basel: Beltz.
Rufer, M., Schiepek, G. (2014). Therapie als Förderung von Selbstorganisationsprozessen: Ein Beitrag zu einem integrativen Leitbild systemischer Psychotherapie. Familiendynamik, 39, 326–335.

Rutter, M. (1987). Psychosocial resilience and protective factors. American Journal of Orthopsychiatry, 57, 316–331.
Satir, V. (1990). Kommunikation, Selbstwert, Kongruenz. Paderborn: Junfermann.
Schapp, W. (2005). In Geschichten verstrickt. Zum Sein von Mensch und Dialog (4. Aufl.). Hamburg: Meiner.
Scheer, H.-D. (2012). Reflecting Team Arbeit in Organisationen (2. Aufl.). Norderstedt: BoD.
Schiepek, G. (1999). Die Grundlagen der Systemischen Therapie. Theorie, Praxis, Forschung. Göttingen: Vandenhoeck & Ruprecht.
Schiepek, G. (2012). Systemische Therapie – eine Annäherung. Kontext – Zeitschrift für Systemische Therapie und Familientherapie, 43, 338–362.
Schlippe, A. von (2001a). »Talking about asthma«: The semantic environments of physical disease. Families, Systems, and Health, 19, 251–262.
Schlippe, A. von (2001b). Therapeutische Zugänge zu familiären Wirklichkeiten. Ein Beitrag zu einer klinischen Familienpsychologie. In S. Walper, R. Pekrun (Hrsg.), Familie und Entwicklung. Aktuelle Perspektiven der Familienpsychologie (S. 345–363). Göttingen: Hogrefe.
Schlippe, A. von (2009). Der Blick aus dem Adlerhorst. Reflektierende Positionen in der Teamentwicklung. In H. Neumann-Wirsig (Hrsg.), Supervisions-Tools (S. 181–187). Bonn: Manager Magazin Edition.
Schlippe, A. von (2014a). Das kommt in den besten Familien vor. Systemische Konfliktberatung in Familien und Familienunternehmen. Stuttgart: Concadora.
Schlippe, A. von (2014b). Das Auftragskarussell. Ein Instrument der Klärung eigener Erwartungserwartungen. In T. Levold, M. Wirsching (Hrsg.), Systemische Therapie und Beratung – das große Lehrbuch (S. 223–227). Heidelberg: Carl Auer Systeme.
Schlippe, A. von (2014c). Konfliktlösung in der Familie. In G. Augustin, R. Kirchdörfer (Hrsg.), Familie: Auslaufmodell oder Garant unserer Zukunft? (S. 493–518). Freiburg: Herder.
Schlippe, A. von (2014d). Bevor das Kind in den Brunnen fällt! Konfliktmanagement als Kernaufgabe in Familienunternehmen (Lehrfilm). Stuttgart: Concadora.
Schlippe, A. von (2015). Systemisches Denken und Handeln im Wandel. Kontext – Zeitschrift für Systemische Therapie und Familientherapie, 46, 6–26.
Schlippe, A. von (2018). Ein Businessplan für das Juwel: »Schräge kommunikative Anschlüsse«. Familiendynamik, 43, 248–251.
Schlippe, A. von, Braun-Brönneke, A., Schröder, K. (1998). Systemische Therapie als engagierter Austausch von Wirklichkeitsbeschreibungen. System Familie, 11, 70–79.
Schlippe, A. von, Groth, T., Rüsen, T. (2017). Die beiden Seiten der Unternehmerfamilie: Familienstrategie über Generationen. Auf dem Weg zu einer Theorie der Unternehmerfamilie. Göttingen: Vandenhoeck & Ruprecht.

Schlippe, A. von, Hülsbeck, M. (2016). Psychologische Kontrakte in Familienunternehmen. Familienunternehmen und Strategie, 122–127.

Schlippe, A. von, Schweitzer, J. (2009). Systemische Interventionen. Göttingen: Vandenhoeck & Ruprecht.

Schlippe, A. von, Schweitzer, J. (2012). Lehrbuch der systemischen Therapie und Beratung I: Die Grundlagen. Göttingen: Vandenhoeck & Ruprecht.

Schmid, B., Hipp, J. (2003). Kontraktgestaltung im Coaching. Organisationsentwicklung – Supervision – Coaching, 255–263.

Schmidt-Lellek, C., Schreyögg, A. (Hrsg.) (2008). Praxeologie des Coaching. Wiesbaden: VS.

Schmidt, G. (2014). Einführung in die hypnosystemische Therapie und Beratung (6. Aufl.). Heidelberg: Carl Auer Systeme.

Schmitt, A. (2014). Die Mängel des systemischen Theoriegebäudes aus praktischer Sicht. Familiendynamik, 39, 144–155.

Schmitt, A., Weckenmann, M. (2009). Settingdesign in der (systemischen) Therapie mit Kindern. Teil I: Indikationen. Familiendynamik, 34, 74–91.

Schnarch, D. (2011). Intimität und Verlangen: Sexuelle Leidenschaft in dauerhaften Beziehungen. Stuttgart: Klett-Cotta.

Schneewind, K. (2012). Familienpsychologie – Brücken zwischen Forschung und Anwendung. Familiendynamik, 37, 104–112.

Schneewind, K. (2019). Familienpsychologie und systemische Therapie. Göttingen: Hogrefe.

Schoenwald, S., Henggeler, S. (2006). Mental health services research and family-based treatment: bridging the gap. In H. Liddle, D. Santisteban, R. Levant, J. Bray (Eds.), Family psychology. Science based interventions (2nd ed., pp. 259–282). Washington: American Psychological Association.

Schreyögg, A., Schmidt-Lellek, C. (Hrsg.) (2009). Die Organisation in Supervision und Coaching. Wiesbaden: VS.

Schulz von Thun, F. (1981). Miteinander Reden 1: Störungen und Klärungen. Reinbek: Rowohlt.

Schwartz, H. (2003). Mediation in Erbangelegenheiten. Familiendynamik, 28, 323–337.

Schweitzer, J. (2007). Systemische Therapie. In W. Senf, M. Broda (Hrsg.), Praxis der Psychotherapie (5. Aufl., S. 244–255). Stuttgart: Thieme.

Schweitzer, J., Born, M., Drews, A., Bossmann, U. (2019, im Druck). Dilemmaerleben und Dilemmakompetenz im Krankenhaus: Führungskräfte in Sandwichpositionen. In P. Angerer, H. Gündel, S. Brandenburg, A. Nienhaus, S. Letzel, D. Nowak (Hrsg.), Arbeiten im Gesundheitswesen: Psychosoziale Arbeitsbedingungen – Gesundheit der Beschäftigten – Qualität der Patientenversorgung. Landsberg: EcoMed.

Schweitzer, J., Bossmann, U., Zwack, J., Hunger, C. (2016). Konfliktsituationen im Coaching. Psychotherapeut, 61, 110–117.

Schweitzer, J., Nicolai, E. (2010). SYMPAthische Psychiatrie. Handbuch systemisch- familienorientierter Arbeit. Göttingen: Vandenhoeck & Ruprecht.

Schweitzer, J., Schlippe, A. von (2006). Lehrbuch der systemischen Therapie und Beratung II: Das störungsspezifische Wissen. Göttingen: Vandenhoeck & Ruprecht.

Schwing, R., Fryszer, A. (2009). Systemisches Handwerk. Werkzeug für die Praxis. Göttingen: Vandenhoeck & Ruprecht.

Schwing, R., Fryszer, A. (2013). Systemische Beratung und Familientherapie. Kurz, bündig, alltagstauglich. Göttingen: Vandenhoeck & Ruprecht.

Selvini Palazzoli, M., Boscolo, L., Cecchin, G., Prata, G. (1983). Das Problem des Zuweisenden. Zeitschrift für systemische Therapie, 1, 11–20.

Sieder, R. (2010). Nach der Liebe die Trennung der Eltern: Alte Schwierigkeiten, neue Chancen. Familiendynamik 35(4), 348–359

Simon, F. B. (2001). Tödliche Konflikte. Zur Selbstorganisation privater und öffentlicher Kriege. Heidelberg: Carl Auer Systeme.

Simon, F. B. (2002). Paradoxien in der Psychologie. In R. Hagenbüchle, P. Geyer (Hrsg.), Das Paradox. Eine Herausforderung des abendländischen Denkens (S. 71–88). Würzburg: Königshausen-Neumann.

Simon, F. B. (2004). Meine Psychose, mein Fahrrad und ich. Heidelberg: Carl Auer Systeme.

Simon, F. B. (2007). Einführung in die systemische Organisationstheorie. Heidelberg: Carl Auer Systeme.

Simon, F. B. (2012a). Einführung in die Systemtheorie und Konstruktivismus (2. Aufl.). Heidelberg: Carl Auer Systeme.

Simon, F. B. (2012b). Einführung in die Systemtheorie des Konflikts (2. Aufl.). Heidelberg: Carl Auer Systeme.

Simon, F. B. (2018). Formen. Zur Kopplung von Organismus, Psyche und sozialen Systemen. Heidelberg: Carl Auer Systeme.

Simon, F. B., Clement, U., Stierlin, H. (2004). Die Sprache der Familientherapie. Ein Vokabular: Kritischer Überblick und Integration systemtherapeutischer Begriffe, Konzepte und Methoden. Stuttgart: Klett-Cotta.

Simon, F. B., Rech-Simon, C. (1999). Zirkuläres Fragen. Systemische Therapie in Fallbeispielen. Ein Lernbuch. Heidelberg: Carl Auer Systeme.

Simon, F. B., Weber, G. (1990). Keins von beiden: Über die Nützlichkeit der Neutralität. Familiendynamik, 15, 257–265.

Sparrer, I., Varga von Kibéd, M. (2018). Ganz im Gegenteil. Tetralemmaarbeit und andere Grundformen systemischer Strukturaufstellungen (10. Aufl.). Heidelberg: Carl Auer Systeme.

Spohr, B., Gantner, A., Bobbink, J., Liddle, H. (2011). Multidimensionale Familientherapie. Jugendliche bei Drogenmissbrauch und Verhaltensproblemen wirksam behandeln. Göttingen: Vandenhoeck & Ruprecht.

Staemmler, F. (1989). Etiketten sind für Flaschen, nicht für Menschen. Gestalttherapie, 3, 71–77.

Steinhübel, A. (2005). Systemisches Coaching. In H. Schindler, A. von Schlippe (Hrsg.), Anwendungsfelder systemischer Praxis (S. 297–330). Dortmund: Borgmann.

Steinhübel, A. (2010). Führen in der Sandwich-Position. Berlin: Cornelsen.

Stern, D. (1998). Die Mutterschaftskonstellation. Stuttgart: Klett-Cotta.
Stierlin, H. (1980). Eltern und Kinder. Das Drama von Versöhnung und Trennung im Jugendalter. Frankfurt a. M.: Suhrkamp.
Stierlin, H. (1989). Individuation und Familie. Frankfurt a. M.: Suhrkamp.
Stierlin, H. (1990). Zwischen Sprachwagnis und Sprachwirrnis. Familiendynamik, 15, 266–275.
Stierlin, H. (2001). Psychoanalyse – Familientherapie – systemische Therapie: Entwicklungslinien, Schnittstellen, Unterschiede. Stuttgart: Klett-Cotta.
Straub, J. (Hrsg.) (1998a). Erzählung, Identität und historisches Bewusstsein. Frankfurt a. M.: Suhrkamp.
Straub, J. (1998b). Geschichten erzählen, Geschichte bilden. Grundzüge einer narrativen Psychologie historischer Sinnbildung. In J. Straub (Hrsg.), Erzählung, Identität und historisches Bewusstsein (S. 81–169). Frankfurt a. M.: Suhrkamp.
Strunk, G., Schiepek, G. (2006). Systemische Psychologie. Eine Einführung in die komplexen Grundlagen menschlichen Verhaltens. München: Spektrum Akademischer Verlag.
Süllow, M. (2007). Die Praxis des gewaltlosen Widerstands – eine Therapeutenbefragung. Systhema, 21, 343–356.
Sydow, K. von (2008). Bindungstheorie und systemische Therapie. Familiendynamik, 33, 260–273.
Sydow, K. von (2018). Differenzierungsorientierte Paar-/Sexualtherapie. In K. von Sydow, U. Borst (Hrsg.), Systemische Therapie in der Praxis (S. 799–809). Weinheim u. Basel: Beltz.
Sydow, K. von, Beher, S., Retzlaff, R., Schweitzer, J. (2007). Die Wirksamkeit der Systemischen Therapie/Familientherapie. Göttingen: Hogrefe.
Sydow, K. von, Borst, U. (Hrsg.) (2018). Systemische Therapie in der Praxis. Weinheim u. Basel: Beltz.
Szasz, T. (1972). Geisteskrankheit – ein moderner Mythos? Freiburg: Walter.
Taibbi, R. (2007). Doing family therapy. New York: Guilford.
Thelen, C. (2014). Marte Meo: Ein Vergrößerungsglas für Ressourcen. In M. Aarts, C. Hawellek, H. Rausch, M. Schneider, C. Thelen (Hrsg.), Marte Meo: Eine Einladung zur Entwicklung (S. 135–164). Eindhoven.
Tootell, A. (2002). »Ich versuch's einfach!« Wie Dylan Wise sein Selbstvertrauen wiederentdeckte. Systhema, 16, 5–19.
Tolstoi, L. (2007). Krieg und Frieden. Köln: Anaconda.
Trost, A. (2018). Bindungswissen für die systemische Praxis. Ein Handbuch. Göttingen: Vandenhoeck & Ruprecht.
Tschacher, W., Storch, M. (2017). Embodiment: Die Wechselwirkung von Körper und Psyche verstehen und nutzen. Göttingen: Hogrefe.
Tschanz Cooke, K. (2014). Genuin Satir – Die systemischen Konzepte einer Pionierin machen Schule. Familiendynamik, 39, 306–313.
Tsirigotis, C., Schlippe, A. von, Schweitzer, J. (Hrsg.) (2006). Coaching für Eltern. Mütter, Väter und ihr »Job«. Heidelberg: Carl Auer Systeme.

Tucholsky, K. (2013). Das Lächeln der Mona Lisa. Gesammelte Aufsätze aus der »Weltbühne«. Hamburg: Severus.

van der Kolk, B. (2015). The body keeps the score. Mind, brain, and body. London: Penguin Books.

Varela, F., Thompson, E., Rosch, E. (1992). Der mittlere Weg der Erkenntnis. Der Brückenschlag zwischen wissenschaftlicher Theorie und menschlicher Erfahrung. München: Goldmann.

Vogd, W. (2013). Polykontexturalität: Die Erforschung komplexer systemischer Zusammenhänge in Theorie und Praxis. Familiendynamik, 38, 32–41.

Vogt-Hillmann, M., Burr, W. (Hrsg.) (1999). Kinderleichte Lösungen. Lösungsorientierte kreative Kindertherapie. Dortmund: Modernes Lernen.

Vossler, A. (2000). Als Indexpatient ins therapeutische Abseits? Kinder in der systemischen Familientherapie und -beratung. Praxis der Kinderpsychologie und Kinderpsychiatrie, 49, 435–449.

Walsh, F. (1996). The concept of family resilience: crisis and challenge. Family Process, 35, 261–281.

Weckenmann, M., Schmitt, A. (2009). Settingdesign in der (systemischen) Therapie mit Kindern. Teil II: Interventionen. Familiendynamik, 34, 182–192.

Weick, K. (1995). Der Prozess des Organisierens. Frankfurt a. M.: Suhrkamp.

Weinblatt, U. (2013). Die Regulierung des Schamgefühls bei intensiven Eltern-Kind-Konflikten: Praktiken des gewaltlosen Widerstands, die die Öffentlichkeit einbeziehen. Familiendynamik, 38, 62–71.

Weinblatt, U. (2016). Die Nähe ist ganz nah! Scham und Verletzungen in Beziehungen überwinden. Göttingen: Vandenhoeck & Ruprecht.

Weinblatt, U. (2018a). Mentalisieren und Spiegeln. In K. von Sydow, U. Borst (Hrsg.), Systemische Therapie in der Praxis (S. 291–301). Weinheim u. Basel: Beltz.

Weinblatt, U. (2018b). Elterliche Präsenz – Non-violent Resistance (NVR). Elterncoaching. In K. von Sydow, U. Borst (Hrsg.), Systemische Therapie in der Praxis (S. 880–890). Weinheim u. Basel: Beltz.

Weiß, T. (1988). Familientherapie ohne Familie. Kurztherapie mit Einzelpatienten. München: Kösel.

Welzer, H. (2005). Das kommunikative Gedächtnis. Eine Theorie der Erinnerung. München: Beck.

Werner, E., Smith, R. (1982). Vulnerable but invincible. A longitudinal study of resilient children and youth. New York: McGrawHill.

Wetzel, R., Dievernich, F. (2014). Der Gott des Gemetzels. Wie Organisationen und Familien auf modernen Gleichheitsdruck reagieren. Kontext – Zeitschrift für Systemische Therapie und Familientherapie, 45, 126–154.

White, M. (1992). Therapie als Dekonstruktion. In J. Schweitzer, A. Retzer, H. R. Fischer (Hrsg.), Systemische Praxis und Postmoderne (S. 39–63). Frankfurt a. M.: Suhrkamp.

White, M. (2010). Landkarten der narrativen Therapie. Heidelberg: Carl Auer Systeme.

White, M., Epston, D. (1992). Zähmung der Monster. Heidelberg: Carl Auer Systeme.
Wienands, A. (2010). Einführung in die körperorientierte systemische Therapie. Heidelberg: Carl Auer Systeme.
Willke, H. (1997). Systemtheoretische Grundlagen des therapeutischen Eingriffs in autonome Systeme. In L. Reiter, E. J. Brunner, S. Reiter-Theil (Hrsg.), Von der Familientherapie zur systemischen Perspektive (S. 67–80). Berlin u. Heidelberg: Springer.
Wilson, J. (2006). Woran erkennt man, ob ein Goldfisch weint? Wie man Bilder für therapeutische Geschichten mit Kindern findet. Systhema, 20, 5–13.
Wimmer, R. (2010). Systemische Organisationsberatung – jenseits von Fach- und Prozessberatung. Revue für postheroisches Management, 4, 88–103.
Wimmer, R. (2012). Organisation und Beratung. Systemtheoretische Perspektiven für die Praxis (2. Aufl.). Heidelberg: Carl Auer Systeme.
Winek, J. (2010). Systemic family therapy. From theory to practice. Los Angeles u. London: Sage Publications.
Wittgenstein, L. (1921/1968). Tractatus logico-philosophicus (5. Aufl.). Frankfurt a. M.: Suhrkamp.
Wittgenstein, L. (1994). Ludwig Wittgenstein. Ein Reader (hrsg. von Anthony Kenny). Stuttgart: Reclam.
Wright, L. (2016). Dreizehn Tage im September: Das diplomatische Meisterstück von Camp David. Stuttgart: Theiss.
Zwack, M., Bossmann, U. (2017). Wege aus beruflichen Zwickmühlen. Navigieren im Dilemma. Göttingen: Vandenhoeck & Ruprecht.

Sachregister

ADHS 62, 132
affektlogisch 33, 73
Alkoholabhängigkeit 108
Alleinerziehende 121, 125
Allparteilichkeit 129
Ambivalenz 106 f., 109, 166
Ambivalenz, Anwalt der 108, 129
Ambivalenzfreundlichkeit 107
Amnesie, soziale 59
Angebot, implizites 91 ff.
Anker, Ankerfunktion 142 f., 145
Anlass, Anliegen, Auftrag und Kontrakt 66 f.
apokalyptischer Reiter 129
Attraktor 41, 43 f., 49, 100, 128
Attraktorbildung 41
Aufstellung 107, 152
Aufstellungsarbeit 107
Auftraggeber 68, 99, 125 f., 160
Auftragsklärung 65, 67, 69, 148
Autopoiese 24, 30

Babysprechstunde 138, 140
Battered Parents 142
Beauftragungssituation 99
Bedeutungsfelder 21, 35, 47, 55
Bedeutungsgebungsprozess 35, 47
Behaviorismus 26
Beobachterabhängigkeit 98
Beobachter erster Ordnung 112
Beobachter zweiter Ordnung 110, 112
Beobachtung erster Ordnung 15, 49

Beobachtung zweiter Ordnung 15, 49, 87, 110, 112 f.
Beschreibungen 61 f., 71, 82, 89, 94, 97, 99, 133, 135, 138
Beschreibungen, betonierende 82
Besuche, freundliche 144
Beziehung 11, 19, 70, 73, 78, 82, 98, 116, 118, 129, 134, 143, 147 f., 153, 156, 167
Beziehungsrealität 106
Bezogenheit 106
Bindung 106, 130, 153
Bindungsbeziehung 137, 145
Bindungskommunikation, siehe Kommunikation, Bindungs- und Entscheidungskommunikation 153 f.
Bindungstheorie 23
Biosemiotik 26
Blutsverwandtschaft 117
Borderline-Syndrom/-Störung 62 f.
Bündnisrhetorik 65, 70, 72
Burn-out-Syndrom 63

Camp-David 149
Chaotisierung 75
Coaching 69, 133, 141, 151, 159 f., 162
Contracting 69 f.
conversational remembering 49

De-Eskalation 143
Demenz 63, 141

Depression 15, 63
depressiv 76, 91, 131
Diagnose 14f., 57, 61 ff., 66, 131 f.
Differenztheorie 30, 33
Dreiecke, perverse 29
Dreiecksbeziehung, therapeutische 127
Dreieckskontrakt 69, 161
Drogenabhängigkeit 143

Eigendynamik 74, 116, 120
Eigentrivialisierung 128
Einzelarbeit 132 ff., 159
Elterncoaching 71, 118, 137, 140 f., 145
Embodiment 47, 107
Empowerment 161
Enactment 82, 121
Entscheidungskommunikation, siehe Kommunikation, Bindungs- und Entscheidungskommunikation 116, 152, 154
Erkenntnistheorie 25, 27, 55 f., 84, 113, 166
Erwartungen 36, 38 f., 65, 68 f., 95, 99, 127, 133, 148
Erwartungs-Erwartungen 38 f., 95 ff., 113, 120, 164
Eskalation 34, 39, 77, 87, 142 ff.
Eskalation, komplementär 143
Eskalation, symmetrisch 142 f.
Essstörung 63
Evidenzbasierung, evidenzbasiert 11, 23, 73, 77
externalisiert 104

Familie, konventionelle 121
Familie, unkonventionelle 121
Familienarbeit, systemische 20
Familienarbeit, verhaltenstherapeutische 20
Familienpsychologie 123
Familienskulptur 18, 97
Familiensystemtheorie 28
Familientherapie 123
Familientherapie, kinderorientierte 126, 136
Familientherapie, multidimensionale 123
Familientherapie, tiefenpsychologische 19
Familientherapie, verhaltenstherapeutische 20
Fluktuation, kritische 45
Fragen, zirkuläre 91, 97, 120, 135, 151
Freiwilligkeit 124, 148, 160
Führung 156
funktional differenzierte Gesellschaft 35, 78

Gedächtnis 47 ff., 76, 140
Gedächtnis, soziales 49, 76
Gegenstand 24 f., 55, 102, 104
Gegenstandstheorien 55 f.
Geschichten 47 f., 50 ff., 54, 103 f., 110
Gesprächspsychotherapie 163, 165
Gesprächspsychotherapie, klientenzentrierte 163
gewaltloser Widerstand 141
Goldfischaquarium 122

Harvard-Konzept 149
Heuristik 10, 101
hilflos 119, 136, 138, 142
Hilflosigkeit 142
Hypnotherapie 114

Imperativ, ethischer 90
Implikation 91 ff.
Indexpatient 81, 90
Individuation 106
Invulnerable Children 74

Joining 80

Kategorienfehler 165
katholisch 91
Kausalität 84 f., 120

Kausalität, zirkuläre 28
Kinder- bzw. Spieltherapie 134
Kindertherapie 135, 137
Koalitionen 127
Koevolution 33
Kommunikation, Bindungs- und Entscheidungskommunikation 116, 152 ff., 157
Kommunikation, enthemmte 79, 82
kommunikative Anschlüsse, schräge 158
Kompetenzen 93, 131, 162
Kompetenzen, intuitive elterliche 139
Komplettierungsdynamik 43 f., 48
Komplexitätsreduktion 86, 88
komplexitätsvergessen 25, 166
Komplexitätsvergessenheit 17
Konflikte 17, 29, 39 f., 86, 129, 146, 152 f., 158
Konflikte, heiße 128
Konflikte, kalte 128
Konstruktionismus, sozialer 24, 27
Konstruktivismus 22 ff., 27
Kontextmarkierung 36, 77, 157
Kontingenz, doppelte 37, 85, 95
Kontrakte, psychologische 158 f.
Konversation 46, 133
Kopplung, strukturelle; strukturell gekoppelt 32, 34 f., 60
Krankheit 58, 60, 89 f., 94, 98
Krankheit, psychische 16, 59 f., 134
Kulturwerkzeuge 21 f., 47
Kybernetik erster und zweiter Ordnung 15

Leben, Bewusstsein, Kommunikation 32
Lehrmeister, angeborener 85

Mailänder Schule 81, 117
Marte-Meo-Modell 138
Mediation 146 ff., 150
Medikalisierung 60
Medikamente 73, 94, 167

Memory, False 48
Mentalisierung 23
Merkwelt 26
Metaperspektive, siehe auch Erwartungs-Erwartungen 38
Mirroring, siehe Systemic Mirroring 72
Missverständnisse 40, 95, 120, 159
Motivunterstellung 40, 86 f., 150
Multidimensionale Familientherapie 123
Multifamilientherapie 122 f.
Multiproblemfamilien 124
Multisystemische Familientherapie 123
Muster, kommunikative 60, 75, 87, 121, 128
Musterveränderungen 81, 117 f.

narrative Interventionen 106
narrative Theorie 23, 30, 46, 103 f.
Narrativierung 43, 48
Neugier 70, 130

Organisationsberatung 116, 151
Organisationsdesign 116

Paartherapie 127, 130 ff., 147
Paradoxien 16, 29, 87, 106, 129, 165, 167
Parentifizierung 29
Personzentrierte Psychotherapie 163
Personzentrierte Systemtheorie 42
Perspektiven 15, 17, 56, 58, 64, 69, 88 f., 99, 133, 166
Polykontexturalität, siehe auch Bedeutungsfelder 35, 106, 153
Potenziallandschaften 100
Problemtrance 50, 66, 101
Projektsteuerungsteam 117
Prophezeiung, selbsterfüllende 96
Psychoanalyse, psychoanalytisch 13, 22, 135
Psychose 61

Rahmensteuerung 77, 79, 82 f.
Rahmung, affektlogische 73
Rassismus 51
Re-Attachment 145
Re-Authoring 106
Reflektierende Position 112, 120, 122, 152
Reflektierendes Team 18, 29, 97, 109 ff., 122, 135
Reframing 88, 151
Regulationsstörungen 139
Resonanzgruppen 117
Risikokinder, siehe auch Invulnerable Children 74

Schachspiel 34, 55
Scham 71 f., 118, 122
Schleifen, geeichte 127, 150
Schließung, operative (selbstreferentielle, rekursive) 31
Schlussinterventionen 29
Schlusskommentar 109
Schmetterlingseffekt 45, 100
Selbstbeobachtung 86, 110, 114, 138
Selbstorganisation 39, 73, 78, 96, 129
Selbstorganisationstheorien 29, 164
Selbstreferenz 110 f.
Selbstverständlichkeit 27, 36, 85, 95
Selektivität 103 f., 153
Sexismus 51
Sexualtherapie 130
Sinn 54 f., 59 f., 74, 77
Sinnattraktor 43
sinnbasierte Systeme 118
Sinnbildungsprozesse 167
Sinngenerierung 21, 118
Sinnsysteme 35, 55, 117
Sinnwelten 54, 59 f., 88
Sit-in 143 f.
Skepsis 48, 101 f., 108, 125, 127, 129
Skulptur 97, 120, 133, 151
Skulpturarbeit 107
SMART-Regel 151
Spieltherapie 136

Splitting, therapeutisches 108
Sprache 21, 27, 32, 46 f., 70, 84 f., 141
Sprachphilosophie, sprachphilosophisch 23, 29
Sprachspiele 27
Stabilität 73, 75 f., 78
Stieffamilie 121
Störung 38, 46, 60 f., 92, 94, 99, 130
Streik 89, 92
Strukturdeterminiertheit, strukturdeterminiert 31, 40
Sündenbock 81, 118, 136
Symptomträger 29, 118
Synergetik 30, 41 f., 48
Systemgedächtnis (s. a. Gedächtnis, soziales) 48
Systemic Mirroring 72
Systemtheorie 14, 17, 22 f., 28, 30, 32, 98, 113, 153
narrative Theorie 23, 30, 46, 103 f.
Theorie dynamischer Systeme 74, 100, 121
Theorie sozialer Systeme 30, 37 ff.

Tacit Knowing 167
Teams 79, 111, 116, 151 f., 155 f.
Teamskulptur 18
Telefonliste 145
Tetralemma 107 f.
Tiefengeschichte 52 f.
Traumatisierung 47
Trennungsberatung 146
Trennungs- und Scheidungsberatung 146 f.

Unfreiwilligkeit 69 f., 125
Unternehmerfamilie 152, 157 ff.

Veränderung 75, 82, 97, 115, 124, 128
Veränderungsenergie 102
Veränderungsquotient (VQ) 93 f.
Verkörperung 24, 107

Verwahrlosungsgefährdung 143
Vollinklusion 78
Vollperson 154
Vorverständnis, anthropologisches; siehe auch Vorannahmen, implizite 25

Wahrnehmungsfehler, feindseliger 39, 43, 128
Wirklichkeitsbeschreibungen 90, 94
Wirkwelt 26

Zurechnung, personenbezogene 34, 84, 87, 152
Zuweisende 99

WAS MAN ÜBER SYSTEMISCHE INTERVENTIONEN WISSEN SOLLTE

Arist von Schlippe |
Jochen Schweitzer |
Systemische Interventionen
UTB Profile Band 3313
3., unveränderte Auflage 2017.
128 Seiten, mit 7 Abb., kartoniert
ISBN 978-3-8252-4810-9

Was ist systemische Intervention? Systemisches Denken hat sich weite Arbeitsfelder erschlossen, von der Einzel- und Paartherapie über die Supervision bis zur Organisationsentwicklung, in der Medizin und Sozialarbeit wie im Management und der Politikberatung. Bei systemischer Intervention wird ein Problem als Geschehen gesehen, an dem verschiedene interagierende Menschen beteiligt sind, nicht als ein „Ding", das eine Person „hat". Störungen, Probleme und Anlässe werden somit im sozialen Kontext betrachtet und behandelt. Das Werk bietet eine übersichtliche Einführung mit vielen Beispielen und Detailanweisungen für die praktische Gesprächsführung.

Vandenhoeck & Ruprecht Verlage
www.vandenhoeck-ruprecht-verlage.com

LEBEN. LIEBEN. ARBEITEN: SYSTEMISCH BERATEN

Herausgegeben von Jochen Schweitzer und Arist von Schlippe

Ute Clement
Wandel in Organisationen
Über Roadmaps, Heldenreisen und Saftpressen
2018. 104 Seiten mit 9 Abb., kart.
ISBN 978-3-525-40657-1

Corina Ahlers
Patchworkfamilien beraten
2018. 87 Seiten mit 2 Abb., kart.
ISBN 978-3-525-40627-4

Christian Hawellek | Ursula Becker
Menschen mit Demenz erreichen und unterstützen – die Marte-Meo-Methode
2018. 83 Seiten mit 4 Abb., kart.
ISBN 978-3-525-40626-7

Carsten Hennig
Humane Arbeit
Herausforderungen für die Beratung
2018. 96 Seiten, mit einer Abb., kart.
ISBN 978-3-525-40621-2

Andreas Eickhorst
Frühe Hilfen
Früh im Leben und früh im Handeln
2019. 88 Seiten, mit 2 Abb. und 1 Tab., kart. ISBN 978-3-525-40493-5

Andrea Rohrberg | Dorothea Herrmann
Hinter den Kulissen – kleiner Leitfaden für kollektiv geführte Organisationen
2019. 94 Seiten mit 4 Abb., kart.
ISBN 978-3-525-40482-9

Christoph Ewen | Carla Schönfelder | Yvonne Knapstein
Bürger, Behörden und Blockaden
Konflikthafte Entscheidungen in Planung und Politik im Dialog begleiten
2019. 83 Seiten, mit 9 Abb. und 2 Tab., kart. ISBN 978-3-525-40483-6

Eine Auswahl. Alle Bände auch als eBooks. Mehr zur Reihe finden Sie unter
www.vandenhoeck-ruprecht-verlage.com/LLA

 Vandenhoeck & Ruprecht Verlage
www.vandenhoeck-ruprecht-verlage.com